N'OUBLIE PAS LES OISEAUX

W0393126

DU MÊME AUTEUR

Chez Julliard

Le lendemain, Gabrielle, roman, 2007
Un refrain sur les murs, roman, 2011

Chez d'autres éditeurs

Traits d'union, *L'Avant-scène théâtre*, n° 1169, 2004
Pierre et Papillon, L'Avant-scène théâtre,
collection des « Quatre-Vents », 2002

MURIELLE MAGELLAN

N'OUBLIE PAS LES OISEAUX

roman

Julliard
24, avenue Marceau
75008 Paris

Ouvrage publié sous la direction de Betty Mialet

© Éditions Julliard, Paris, 2014
ISBN : 978-2-260-02071-4

Pour Samuel

« J'en ai vu, comme nous, qui allaient à pas lents
Et portaient leur amour comme on porte un enfant,
J'en ai vu, comme nous, qui allaient à pas lents
Et tombaient à genoux, dans le soir finissant,
Je les ai retrouvés, furieux et combattant
Comme deux loups blessés. Que sont-ils maintenant ? »

BARBARA

« Il m'a semblé que l'écriture devait tendre à cela, cette impression que provoque la scène de l'acte sexuel, cette angoisse et cette stupeur, une suspension du jugement moral. »

ANNIE ERNAUX

C'est l'histoire d'un amour.

C'est l'histoire vraie d'un amour.

Cet homme complexe que je raconte a existé, et la jeune femme obsessionnelle qui l'a aimé et qui dit « je » aussi. C'est moi.

Les extraits de carnets intimes sont vrais également. Ce sont les miens. Ceux que je tiens depuis toujours et que je n'avais pas ouverts depuis longtemps. Je les consultais pour en choisir des extraits que j'insérais seulement après avoir avancé dans la rédaction et ce, même s'ils éclairaient parfois de façon décalée le récit que je venais de faire.

Les « mots du matin » de celui que j'appelle souvent « l'homme slave » sont vraiment les mots qu'il me laissait. Le « cahier de liaison » dont je cite des extraits existe. Je n'ai rien changé.

Bien sûr il y a tout ce que je ne sais pas. Et puis la subjectivité. Le filtre de la mémoire. La mise à distance de l'écriture. Mais je n'ai rien inventé. Ou presque rien.

C'est parce que cette histoire est vraie en tout point - à d'infimes détails près – que la romancière que je suis a voulu la raconter. Pour en extraire la réalité romanesque, et la restituer, la partager, dans sa nudité, sa beauté, sa cruauté, et sa douceur.

Prélude

J'avais trente-cinq ans et je n'avais jamais vu de morts.

Quand je me suis approchée du visage apaisé et doux de l'homme slave, mon ex-compagnon, le père de mon fils, je me suis dit que notre enfant de trois ans et demi devait le voir aussi, qu'il comprendrait mieux ce que je lui avais annoncé le matin et qu'il aurait ainsi une image de son immobilité, et que cette image n'était pas triste.

J'ai pris la voiture et je suis allée le chercher à la maison à l'autre bout de la ville. Une amie d'enfance le gardait. Quand je suis arrivée, j'ai dit à mon garçon : Est-ce que tu veux bien aller voir papa et l'embrasser une dernière fois, puisqu'il est mort ?

Il a dit non. Il voulait jouer. Surtout faire un tour de manège et acheter une babiole dans le magasin d'à côté. J'ai accepté. Après je repartirais. Inutile d'insister. Il a fait son tour de manège et ensuite on a choisi un truc à 5 euros. Je ne sais plus quoi. Une voiture peut-être. Et en sortant du magasin il a demandé : « On va voir papa qui est mort alors ? »

J'ai dit : « Tu veux ? » Il a répondu : « Oui. »

On est partis.

Quand on est arrivés à l'hôpital, le corps avait quitté la chambre pour reposer dans l'« amphithéâtre d'anatomie ». (L'homme avait fait don de son corps à la science.) J'ai aimé le nom de cet endroit pour lui. C'était parfait.

Je suis allée toute seule le voir d'abord. Pour vérifier que la sensation de sérénité était toujours là et que je pouvais y amener notre fils. Je l'ai regardé et oui, toujours. Je lui ai parlé. J'ai pleuré un peu sur tout ce que je vais vous raconter de notre amour, sa beauté et ses secousses.

Puis je suis allée chercher notre enfant. On est entrés. Il a demandé : « Il dort ? » J'ai répondu : « Non, tu vois, il ne bouge plus du tout, tu vois, il est mort. C'est ça être mort. » Il a dit : « D'accord. » Il a ajouté : « Je peux lui faire un bisou ? » J'ai répondu oui, justement, pour lui dire au revoir. Je l'ai porté à hauteur du corps et il lui a fait un bisou. Ou deux. Il était content.

J'ai demandé : « On y va ? » Il a répondu : « Je reste jouer encore un peu. »

Il a joué quelques minutes encore avec son truc que je lui avais acheté, dans cet endroit insolite aux lumières grises. Je le regardais épatée par ça, cette vie d'abord. Avant tout.

Il faisait un peu le clown.

Il m'a dit : « Il va pas rigoler papa ? – Non, il peut plus rigoler maintenant. » J'ai souri. « Je peux courir ? – Si tu veux, ne fais pas trop de bruit. »

Il a couru et il m'a lancé : « Dis bravo. » J'ai dit

bravo doucement. Il a couru à nouveau, plus vite. Puis : «Dis bravo.» J'ai répété. «Bravo mon cœur.»

Et puis il a dit : «On y va.»

J'ai dit d'accord et nous sommes sortis.

J'ai jeté un dernier regard vers le corps reposé.

C'était la dernière fois que je voyais l'homme slave, le père de mon enfant, mon grand amour de jeunesse, mon amour fou.

Petit carnet Super Conquérant parme
13-08-2002
Il va me manquer.
J'aime l'enfant que nous avons ensemble.
J'ai aimé immensément cet homme.

Premier mouvement

La première fois que j'ai vu l'homme slave, j'avais dix-sept ans, je vivais encore à Montauban chez mes parents. C'était sur une photo dans un bureau de l'antenne Sacem de la ville.

Le responsable à qui ma mère venait de dire que j'écrivais des chansons et que je les chantais m'encourageait à tenter le concours de cette école parisienne qui avait ouvert un an plus tôt et dont il avait ici un dossier descriptif. Dans ce dossier, une photo de la première promotion, avec des jeunes aux mines réjouies dont j'enviais déjà la destinée et au milieu d'eux, un adulte, d'une quarantaine d'années, grand blond dégarni au visage un peu buriné et à l'œil rieur.

J'ai emporté le dossier avec moi et j'ai rêvé devant cette photo. C'était là que j'avais envie d'être. Avec eux.

J'ai passé les sélections sur cassette et je suis « montée » à Paris pour l'audition-scène. L'homme de la photo était là, dans le jury. Quand j'ai quitté le plateau pour rejoindre la salle, il m'a indiqué la chaise à côté de lui afin de regarder les autres candidats.

Étonnée, je me suis exécutée, un peu raide, un peu impressionnée. Il m'a souri.

J'avais dix-sept ans. J'ai pensé : « S'il me sourit et que je ne suis pas prise, c'est un con. »

> **Cahier rouge à rayures, 288 pages**
> *16-07-84*
> *Je fais un extra en bleu pour annoncer une nouvelle qui n'est pas moindre puisqu'elle va peut-être décider de ma vie : je suis reçue à l'École des variétés de Paris. Ils en ont pris 12 sur 500! Pour cette école j'abandonne prépa lettres sup, l'exam de Sciences Po, et l'équipe théâtre de Montauban.*

« Je suis un enfant de la balle », nous a dit le professeur lors de son premier cours. Il était le fils d'un metteur en scène d'origine russe, homme de radio, de cinéma – qui avait, entre autres faits d'armes, travaillé avec Jean Renoir et s'était ruiné en dirigeant le théâtre parisien des Bouffes du Nord – et d'une ex-comédienne de la Comédie-Française. Notre professeur lui-même avait assisté Renoir et chanté, presque bambin, dans *Le Déjeuner sur l'herbe*.

Je ne sais plus s'il nous a précisé cela. Il a employé les termes « enfant de la balle », ça oui, je m'en souviens, mais à part ça, il était modeste et il fallait un interrogatoire serré pour obtenir de lui une bribe de curriculum vitæ.

Pour moi, cette école était une terre étrangère. Une expédition en Patagonie. J'étais provinciale, fille de

Juifs d'Algérie extirpés de leur classe populaire par des parents acharnés, saignés aux quatre veines pour que leurs enfants fassent de hautes études, et qui, même s'ils avaient désormais de « belles situations », comme on disait dans la famille, ne savaient rien des saltimbanques, des artistes, ni des projecteurs. Ma grand-mère maternelle était certes ouvreuse de cinéma et avait dû se glisser dans la salle quelquefois, et ma grand-mère paternelle, divorcée, culottière de métier (elle cousait les pantalons), aimait raconter sa vie en long, en large et en travers, conteuse au talent spontané, truculente et bien plus douée pour le suspense et la romance que les auteurs aux noms anglo-saxons des collections Harlequin qu'elle dévorait. Mais rien qui ressemble à un embryon de carrière artistique dans tout ça. D'ailleurs, je me souviens que ce jour-là, je n'ai pas compris ce que signifiait « enfant de la balle ». J'ai dû le demander par la suite.

Car j'étais timide et naïve, mais curieuse. Très.

Surtout de cet homme-là.

> **Cahier rouge à rayures, 288 pages**
> *15-10-84*
> *Notre professeur de scène s'appelle Francis Morane. Artiste en substance, dans le passé, dans le présent et dans l'avenir, d'une quarantaine d'années bien pesées, grand, imposant, fort, beau. Je crois qu'il a beaucoup à nous apprendre. Je crois qu'il a beaucoup fait donc qu'il sait beaucoup. Je crois qu'il le sait. C'est le professeur qu'on voit le plus dans la semaine. J'aurai l'occasion d'en reparler, je crois* [*sic* !].

Très vite, j'ai aimé sa façon de s'emparer des cours d'expression scénique dont il avait la charge avec un mélange d'humour, d'exigence, de créativité, de simplicité. Sa traque : la sincérité. Et j'en avais. Je n'avais d'ailleurs que cela. Une impétuosité qui me faisait cracher des chansons tendance «rive gauche», aux influences «barbaresques» mêlées de variétés années 80 mal assumées. J'étais un cri dans une enveloppe discrète. Une gueule ouverte dans un corps mal fagoté, mais douée d'une telle nécessité d'expression que la divine pudeur en prenait pour son grade dès que je montais sur scène.

Le plus souvent, la parole du professeur était tranchée et loyale. Tendre et *cash*. Cette sorte de mélange qui permet de tout dire sans que cela fasse trop mal, parce qu'il n'y a pas d'intention perverse, rien qui attaque la personne elle-même. Il avait plutôt une grande aptitude à voir quelle sorte d'animal on était et ses coups de griffe portaient surtout quand il constatait qu'on s'éloignait de nous pour séduire, par exemple, ou avoir du succès, être efficaces. On finissait par s'attacher beaucoup à lui et à souffrir de ses moindres réserves, malgré la prudence de la formulation. Comme quoi.

La promotion d'avant (celle de la photo) n'a pas tardé à annoncer la couleur aux filles de mon groupe. Ce type était un tombeur, un séducteur, un don Juan. Formidable personne mais ne pas s'empêtrer dans ses filets sentimentaux ou sensuels. Il ne reste pas. Il change. Il cherche. Il butine. Il a une amie en ce moment mais ce n'est pas la même que l'an dernier. On n'arrive plus bien à suivre. En plus il travaille comme un fou. Il faut être à disposition.

Ces mises en garde n'avaient aucun impact sur moi, si sûre de ne pas tomber dans le piège. Il était bien trop vieux avec sa quarantaine, et moi, de toute façon, pas du tout son style avec ma virginité en bandoulière. Il n'y avait aucun risque.

D'autres camarades plus aguerries ne tardèrent pas à étudier la question. L'une d'entre elles remporta la timbale et devint en quelques semaines sa dernière conquête. Elle avait un charme fou, vingt-cinq ans, de l'humour, une belle voix et de la musicalité ; le couple en jetait. Je n'étais pas jalouse mais je trouvais qu'elle avait de la chance, quand même, de partager pour un temps un amour avec lui.

> **Carnet bleu, 100 pages**
> *19-02-85*
> *Par exemple, hier, j'ai appris plusieurs choses. Un, que Francis m'aimait bien, vu que j'ai fait une régie avec lui et F. Deux, que F. m'aimait bien. Trois, que Francis et F. sortaient ensemble. Hier soir, j'étais excitée de bonheur et folle de jalousie. J'adore Francis, j'adore F., mais je supporte mal leur affection... Je ne sais pas partager.*

Oui. Cette phrase sera l'un des thèmes de ma « symphonie de l'homme slave ». La chance, quand même, qu'avaient les femmes de partager un amour avec lui, ne serait-ce que quelques mois, même si elles connaissaient déjà la fin de l'histoire.

Moi, je notais scolairement sur un classeur les exercices qu'il nous donnait, énoncés et commentaires, je faisais mon miel de ses observations et de sa finesse de vue. Je dévorais tout et je n'étais pas la seule, même si les autres y allaient dans un plus grand désordre, en bons fêtards souvent doués, moins appliqués, plus pressés de tout, confiants et insolents.

Il nous disait :

Faire mieux chaque jour.

Marcher sa création (se balader, déambuler dans le monde).

Rester ouvert à tout (à l'actualité, aux autres, ne pas se refermer sur notre discipline).

Donner envie (de tout, d'être avec nous, de chanter avec nous, etc.).

Il disait que le pire dans les projets artistiques, ce n'étaient pas les obstacles extérieurs mais les obstacles venus de l'intérieur.

Il disait qu'on allait souffrir dans la pratique de notre art. Que ce ne serait pas qu'une partie de rigolade.

Il craignait qu'on vende notre âme au diable.

Il nous disait de ne jamais donner au public ce qu'il demande. C'est l'artiste qui sait ce que veut le public. «Donne au public ce qu'il veut, tu vas l'emmerder. Amène-le quelque part qu'il ne connaît pas.»

Il nous disait de porter l'émotion et de ne pas se faire porter par elle.

Il disait qu'on devait considérer notre travail comme si on était un chirurgien, avec la vie ou la mort des gens entre nos mains.

Pourtant, l'homme slave n'était pas à l'aise dans cette position de professeur; être «celui qui sait» l'embarrassait, sans parler de l'aspect policier de la fonction, puisque certains d'entre nous étaient de jeunes cons qui s'absentaient des cours ou lambinaient, faisant l'impasse sur le peu de travail de préparation demandé. Contrôler. Reprocher. Ce n'était pas sa nature. Un jour il nous a dit, après une séance de travail catastrophique : «Ce qui vient de m'arriver aujourd'hui avec vous est la pire chose qui puisse m'arriver ici : ne pas avoir affaire à des artistes, mais à des élèves.» Il n'était pas russe pour rien. Quand il était blessé, il n'arrondissait plus les angles. C'était tout de suite des voïvoïvoï aussi dramatiques qu'il pouvait être drôle, et qui se transformaient parfois en grosses gueulantes. Contre nous quand on venait en touristes, mais aussi contre la direction avec qui il était en conflit parce qu'elle voulait faire de nous des stars (sans y parvenir) alors que lui nous encourageait à être des saltimbanques, des rêveurs pour qui le succès viendrait ou ne viendrait pas, donnée incontrôlable !

Pendant ces deux ans je me suis jetée corps et âme dans cette formation. Silencieusement. Opiniâtrement. Brutalement.

J'étais laide. Du moins, c'est ce que je croyais. Pas complètement laide, mais tellement plus laide que les autres. Le professeur de danse lorsqu'il me voyait arriver me houspillait : «Que ton pas est lourd ! Divorce un peu du sol !» Je marchais en scrutant les trottoirs, les chaussures, à grandes enjambées de garçon manqué.

C'est ce que j'étais. Une enfant aux genoux écorchés, grandie entre deux frères qui grimpaient aux arbres et qu'il fallait suivre.

Pour plaire à mon père aussi, croyais-je, je m'étais entichée de football. Sauf que lui ne s'était intéressé à cette discipline que le temps de la Coupe du monde en Argentine (j'avais onze ans), alors que moi, j'avais gardé le vice. Je n'y jouais pas mais je regardais les matchs à la télé en connaisseuse. Je criais, je m'enthousiasmais ! Ce n'était pas encore « tendance » pour une femme d'aimer le foot et mon père avait fini par juger cela un peu trop viril pour une jeune fille. J'avais raté mon coup.

(Mon premier flirt, un Suédois rencontré un été en Israël dans un camp de vacances, a commencé à me remarquer grâce à ça. J'étais restée le soir dans le salon télé pour suivre un match avec les garçons du groupe et je bondissais sur mon siège. L'équipe de France jouait. Je commentais. J'expliquais. Je vibrais. Le beau Suédois n'en revenait pas. Il s'était écrié : « *What a girl! What a girl!* » Mais après avoir fait ma facile conquête, il s'était penché sur les atours d'une autre Française, plus féminine quand même.)

Cela me donnait vraiment une drôle de dégaine ce mélange de goût pour le sublime (poésie, théâtre, grande chanson) et de pulls larges et épaules rentrées, sourcils froncés, colère inépuisable.

Pourtant, un jour, je suis arrivée en avance à l'École. Je suis entrée dans le café qui faisait l'angle. Notre professeur de scène était au bar et discutait avec un jeune beau garçon de la première promotion, plutôt rock, fils de producteur, rien à voir avec l'enfant de province-*via*-babeloued que j'étais. Il appartenait plutôt à cette race d'hommes et de femmes qui paraissent savoir ce qui se fait aujourd'hui, et ce qui ne se fait plus, et ce qui se fera, et qui portent cette faculté à la boutonnière, comme une Légion d'honneur désinvolte, un prix refusé. Certains appellent cela « avoir la carte ». Ce n'est pas le seul privilège des métiers artistiques je crois. Même dans les collèges, dans les clubs de sport, dans les entreprises, on en voit arriver avec cette posture-là et on déroule un tapis rouge impressionné sous leur pied, sans bien savoir pourquoi.

L'homme slave m'a vue entrer, donc, avec l'air de celle qui s'excuse d'être venue au monde, il a tourné la tête vers moi et il a dit, solennel : « Qu'est-ce que tu es belle, toi ! » Le jeune rocker a considéré notre professeur, un peu étonné ; sans doute ne partageait-il pas son avis. Mais le grand Russe a enfoncé le clou : « Elle est belle, hein ? » L'autre mouflet a bien été obligé de dire oui.

Je m'en suis souvenue souvent, de cette exclamation. J'y ai mille fois plongé mes pensées pour dissiper mes inquiétudes de jeune femme. « Qu'est-ce que tu es belle, toi ! »

C'était un homme comme ça, spontané, généreux. Inattendu.

Qui ne retenait pas ses mots réconfortants pour les écorchés à grande gueule que nous étions, s'il les pensait.

Qui payait les additions discrètement aux grandes tablées à poches vides que nous formions parfois.

Bel ange fatigué mais toujours en service.

Un jour, en cours d'année, notre professeur avait invité toute une flopée (tous peut-être ?) d'élèves des promotions une et deux dans sa maison à la campagne, loin. Il avait fait les choses en grand. Il y avait à manger et à boire pour tout le monde. On chantait, on jouait de la guitare, lui-même s'était autorisé à nous fredonner du Brassens, qu'il adorait, avec sa voix de gros fumeur et son œil rieur ; il se délectait de toutes les misogynies du rimeur de Sète et de sa poésie surtout, car il était très friand de poésie ; quand il chantait, on entendait chaque nuance, chaque recoin de phrase. Et pourtant il ne soulignait rien, il posait juste. Malgré ma jeunesse, je ressentais cette perception intime, perspicace, des mots et de l'espace derrière eux que leur interprète nous laissait entrevoir. Peut-être est-ce d'ailleurs dans cet espace que notre amour a pris ses racines ? Dans cette reconnaissance autour des mots, de leur trace invisible. Dans chacune de ses inflexions, je le *voyais*. Il me voyait évidemment, c'était sa force, mais je le voyais aussi. J'en étais sûre.

C'est vers 22 heures que le professeur a disparu mystérieusement pendant quelques minutes. Il est revenu rigolard en brandissant une grande boîte en carton. Il nous a demandé de débarrasser la table, qui était encore encombrée de verres et d'assiettes, pendant qu'il déballait de son côté, et avec beaucoup de soin, une roulette de casino en bois d'acajou lourd. Il l'a déposée sur la table, a sorti des jetons, nous a consultés pour établir la valeur de l'unité, et il a réexpliqué les règles à ceux qui s'étaient approchés et qui entendaient bien tenter leur chance.

En plein, on remporte trente-cinq fois la mise, à cheval, dix-sept fois, en carré, huit, en sizain, cinq. Lui ne jouerait pas, il tiendrait la banque.

— Tu tiendras la banque ? Ça veut dire que tu payes

si je gagne trente-cinq fois 100 francs ? avait vérifié l'un des aînés.

— Je paye, avait confirmé le Russe.

Faites vos jeux !

Je n'avais presque pas d'argent sur moi. En tout cas pas d'argent à perdre, vu la maigreur de mes finances à l'époque. J'ai dû jouer 20 francs qui ont fondu en quatre ou cinq coups. J'étais frustrée mais je regardais.

Je regardais.

Il était très sérieux. Ça ne plaisantait pas. Autour de la table, oui. Ils étaient tous endiablés de se retrouver au casino si soudainement, mais lui, non. Il donnait leur gain à ceux qui gagnaient. Il empochait quand c'était la banque qui l'emportait. Pas d'arrangements. Pas de négociation. L'homme slave était joueur lui-même, gros joueur apprendrais-je, et c'était avec gravité et concentration qu'il envisageait la chose. Sacrée. Un rendez-vous avec l'extrême. Même dans ce contexte où le jeton était autour de 50 centimes de francs, et où aucun d'entre nous ne risquait la ruine, il attestait que jouer, miser, perdre, gagner, n'était jamais anodin ou léger. En toréador, il se mettait en jeu avec un mélange d'élégance et d'engagement total. Il rêvait « cornes de taureau », quitte à créer sur pièces le taureau face à lui, à le faire surgir du morne quotidien, mirage peut-être, mais stimulant, excitant.

Cahier rouge à rayures, 288 pages

19-03-1985

J'ai eu une discussion très agréable avec Francis Morane. Je la transcris ici le plus fidèlement possible :

F. : Tu vas bien ?

M. : Oui, ça va.
F. : Tu peux, tu sais. Tu as toutes les raisons pour aller bien.
M. : Ah bon... ?
F. : Oui, c'est très bien. Et tu iras encore mieux très vite. Tu verras.

Dès le début de ma formation au Studio des variétés, il m'a eue dans le viseur. Il me portait une attention particulière, je le sentais et il le disait, de surcroît. J'en étais très flattée. Il me complimentait beaucoup sur ma passion, ma foi, et ma sincérité. Il prononçait aussi le mot « humilité », qu'il prononcerait pour moi tout au long de notre histoire, comme une qualité qu'il reconnaissait et qui comptait pour lui. Tout cela me transportait, me faisait voler au-dessus des difficultés violentes que je rencontrais, comme mon adaptation à la vie parisienne, ma sensation de décalage (en termes de références, de look, d'attitude), ma lutte intérieure pour me trouver, me définir, comme beaucoup de jeunes gens, et surtout, des problèmes familiaux oppressants que je devais affronter à distance, car après une enfance joyeuse avec des parents aimants et solides, là-bas tout partait à vau-l'eau. Ma mère, notamment, souffrait d'une forte psychose maniaco-dépressive qui la conduisait régulièrement à l'hôpital, sans que personne ne trouve encore le traitement convenable.

La caution régulière de notre professeur pansait mes plaies et me donnait l'énergie folle de travailler, très scrupuleusement.

Carnet bleu, 100 pages
21-04-85
Francis m'a dit le 18 alors que je voulais lui parler et qu'il était pressé : « C'est vraiment dommage que nous n'ayons pas le temps de parler. Mais nous le prendrons un jour. »

Mon équilibre dépendait de lui. Certes, il était à nos yeux à tous le plus influent, le plus important de l'équipe pédagogique, celui qu'on voyait le plus souvent et dont la voix portait même dans les bureaux de la direction, mais me concernant, les autres professeurs avaient beaucoup de réserves, et probablement à juste titre, sur mes capacités à danser (!), chanter bien, improviser, etc. Mon image dans l'école reposait sur la disposition du «prof de scène» à noter et approuver ma différence, ma spécificité, et ma force de travail.

Le monde s'écroulait donc dès qu'il émettait des doutes sur mes performances. Et cela arriva plusieurs fois. La première année, il y eut ce jour où je lui avais donné la cassette de mes premières chansons, celles qui m'avaient permis de réussir l'audition d'entrée et de faire un petit triomphe local au théâtre de Montauban, à seize ans.

Le professeur m'avait remis la cassette quelques jours plus tard en me soufflant qu'il n'y avait rien à sauver, ou presque rien. Que toutes ces chansons étaient trop maladroites et qu'il fallait que je m'adresse à de vrais auteurs si je voulais chanter et me constituer un répertoire. Selon lui, je ne pouvais pas me permettre de gâcher ce qu'il identifiait comme une indéniable puissance en scène par un répertoire aussi faible.

C'était un désastre pour moi, car la plupart du temps, c'étaient bien mes textes qui étonnaient et emportaient mes auditeurs. Mais lui n'était pas sensible à mon écriture. Plutôt macho, il n'y voyait, je crois, qu'une complainte adolescente et féminine, il n'entendait pas de promesse. (Le seul texte qui ait trouvé grâce à ses yeux était un texte en prose, que j'avais commis au cours d'un exercice collectif, et qui n'était pas un cri de révolte comme l'étaient mes chansons à cette époque mais une musique âcre et tendre qui deviendra plus tard ma pente naturelle.)

Toute son admiration se portait sur ma nature d'interprète, mon énergie, et ma désormais bien nommée « sincérité ».

J'étais sonnée, mais je m'étais remise de la virulence de ce retour par un exercice d'autoparodie qui avait fait hurler de rire mes camarades et j'avais entendu le gros rire du Russe aussi. C'était une sorte de minisketch dans lequel je chantais « Nantes » de Barbara (chanson que j'avais interprétée plusieurs fois avec succès dans l'année) en me moquant de mon investissement émotionnel, en l'exagérant donc au point de feindre de ne pas pouvoir aller au bout de ma performance. Je m'interrompais alors et expliquais à mon auditoire, hilare, que, comme j'étais une chanteuse « sincère et à tripes », je n'arriverais pas à terminer la chanson sans craquer et que, du coup, j'allais la leur raconter. S'ensuivait une explication de texte qui donnait à peu près : « Donc, dans la chanson, je révèle que le type, c'est mon père et qu'à la fin, il est mort... » La grosse rigolade que cela suscita emporta le morceau et me donna la ration d'oxygène et de reconnaissance nécessaire pour continuer et regarder l'homme slave en face.

Mais il y eut d'autres charges la première année et aussi la deuxième.

Même s'il concédait du bout des lèvres que mes nouvelles chansons étaient mieux écrites, il avait la sensation que j'axais mes efforts sur la recherche de « pseudomodernité », que j'étais trop influencée par les sirènes de la direction, laquelle voulait nous formater, que je me perdais, et le mot est tombé un jour me faisant très mal : « efficacité ». C'était la pire des insultes dans sa bouche de rêveur. Il considérait que j'étais efficace. Et même s'il l'avait dit gentiment, il l'avait dit fermement, et je n'avais pas manqué de l'entendre. J'étais KO à nouveau. En pleurs. Lessivée.

> **Petit carnet Majuscule blanc**
> *2-11-85*
> *Hier, j'ai reçu une bonne gifle qui m'a tristement rappelé le bon vieux temps de l'année dernière. Bien sûr, j'ai retenu de toutes mes forces mes larmes, ce que j'ai réussi à faire jusqu'à la fin du cours. Mais une fois dehors j'ai craqué sur l'épaule du charmant P. qui passait par là, sans le faire exprès, avec ses copains, et qui a dû assumer la lourde tâche de me consoler.*
> *Le motif de cette pluie ? Francis n'a pas du tout aimé la chanson « Décadence ».*
> *Il m'a dit la chose qu'il m'avait déjà dite l'année dernière. Qu'il fallait que j'arrête de chanter mes chansons, et a ajouté le manque total d'authenticité.*

Durant cette période, le professeur était donc sans concession avec moi. Il continuait de me houspiller régulièrement, estimant que je m'égarais. Je ne comprenais pas pourquoi. Je sentais qu'il avait raison, mais je n'arrivais pas à saisir ce que j'étais, *moi*. J'étais jeune.

Tellement.

C'est dans cet état d'hébétude que je me frottai à l'exercice qu'il nous avait donné avec un brin de défi, et qui consistait à reprendre « Comme un avion sans aile », en se l'appropriant. Toute la promotion chanterait la même chanson. C'était la consigne. On avait une semaine pour préparer.

J'avais cherché comment m'emparer de cette chanson-énigme et me démarquer des autres. Comment séduire le saltimbanque, en vérité. C'était mon obsession.

À l'époque, les images de ma mère lors de ses internements nous disant, à moi et mes frères : « Ne me laissez pas là, s'il vous plaît, ne me laissez pas là... », me hantaient comme le savent tous ceux qui sont passés par là. Je l'avais souvent au téléphone. Je culpabilisais d'être partie. Mais je tenais bon. En force. En silence. Je ne le disais à personne pour ne pas craquer. Ou presque personne. J'ai toujours préféré le silence à la pitié. Je crois.

Alors, j'ai chanté « Comme un avion sans aile » comme ça.

Comme si le narrateur était fou, à la façon de ceux que j'avais aperçus en rendant visite à ma mère. Tant pis si c'était trop théâtral pour de la chanson. J'envoyais mon truc, on verrait bien !

Je commençais face public, puis, peu à peu, je me mettais à tourner en rond, mais comme si ça n'avait pas lieu, très neutre, comme si c'était normal : « Même si j'peux pas m'envoler / J'irai jusqu'au bout / Oh oui, je veux jouer / Même sans les atouts... » J'avais emprunté à un enfant (le fils de l'amie comédienne avec qui je cohabitais) un avion miniature en métal, aux ailes rouges. Et sur « Oh libellule / Toi, t'as les ailes fragiles », je sortais l'avion de ma poche. Je le faisais voler au bout de mon bras. Je tournais le dos au public, je me taillais dans ma bulle. C'était à l'homme slave aussi que je tournais le dos. Une façon de lui dire : « Tu dis que je triche, alors, voilà pour toi ! Mon dos. » « Mon cul », aurais-je pu écrire mais je n'en étais pas là.

La chanson se terminait ainsi. Avec mon petit avion qui ne décollait jamais de mon bras. Et la petite mélodie qui concluait le morceau et que le pianiste faisait décroître doucement.

À la fin, il y eut un silence. Puis les applaudissements fournis de mes camarades.

Mais lui se taisait et j'avais déjà expérimenté que les suffrages du groupe ne rejoignaient pas toujours ceux du professeur.

Il finit par dire, un peu noué, que j'avais réussi une chose extrêmement rare ici. Vraiment : je l'avais ému aux larmes.

Petit triomphe de la jeune femme en colère qui avait mis des semaines à faire la reconquête de celui qui ne l'aimait plus, croyait-elle.

Grand soulagement surtout.

Regain d'espoir.

Sauvetage bis.

Répit.

Cahier jaune à rayures
16-11-85
Je serais curieuse de connaître la nature exacte de mes sentiments pour Francis. J'ai, sans aucun doute, beaucoup d'admiration pour lui. Mais je me demande si mes sentiments quelquefois ne vont pas au-delà. Ce serait normal, vu qu'il correspond tout à fait à ce que j'attends de quelqu'un.

26-11-85
J'ai fait un rêve tendre cette nuit. Mon héros, c'était Francis. J'étais dans ses bras, il m'aimait. Ça finissait bien... Délires d'amours adolescentes ! Ô admiration qui me dévore !

Avec mon avion en métal, je le chassais déjà.

Je voulais déjà ça. Le marquer au fer rouge de moi. Par petites touches, car incapable de mieux. Incapable de grande séduction immédiate.

Je ne le savais pas mais je travaillais pour dans dix ans. Je posais des jalons. Puisque je n'étais pas de celles qui obtiennent vite. Rien. Jamais.

Carnet Majuscule 1985
21-12-85
Le pire dans mon histoire, c'est que je suis amoureuse de Francis (j'en suis sûre depuis hier soir), que je me vois par ses yeux, et que je n'imagine pas l'éventualité de ne plus être appréciée de lui. Je crois que c'est ce qui a été le plus douloureux pour moi ce trimestre. C'est aussi pour ça que je n'arrive pas à être amoureuse de quelqu'un d'autre et que je ne vibre plus beaucoup à part au nom de Francis. Il ne faudrait pas que quelqu'un mette la main sur ce carnet un jour. J'ai

déjà du mal à m'avouer tout ça à moi, alors à un autre...

La deuxième année de notre scolarité (qui était sa troisième année d'enseignement), il a décidé de partir. Là. Sec. En cours d'année. Ras le bol. Enfin, j'écris «ras le bol», mais sa décision était mûrement réfléchie, argumentée. Et peut-être même plus que ça : impulsée par un désaccord profond. Une sincère déception. Des années plus tard, il a ressorti devant moi la copie de la lettre qu'il avait écrite au directeur à l'époque, et ça le désolait toujours. J'étais surprise qu'il l'ait gardée. J'ai longtemps cru que ce départ avait été pour lui une libération, c'était moins simple. Cet homme ne vivait rien à moitié et il avait pris cet enseignement très à cœur, même s'il l'encombrait, d'une certaine façon. Un ami de la première promotion m'a raconté une anecdote concernant son audition qui avait eu lieu dans les locaux de la Sacem à Paris. Il avait presque trente ans et déjà un talent très défini, très affirmé. Après son audition, il avait croisé l'homme slave dans l'ascenseur. «Il se marrait. Son sourire bien à lui. Tendre et moqueur. Pudique.» Il lui avait déclaré : «Je ne devrais pas te le révéler mais tu es reçu, à l'unanimité. Je te dis ça pour que tu t'interroges : à qui ça va servir le plus que tu fasses cette école ? À toi, ou à eux ?»

Il était ainsi : un homme libre qui pouvait tout quitter. Du jour au lendemain. Ou presque.

Pour nous, c'était le drame. *The* drame.

Il nous a annoncé son départ avec cette forme de tristesse mêlée de détermination. Il nous a laissé des consignes d'entêtement et de travail. De joie aussi. On se croiserait sans doute, dans nos vies.

En attendant, il soufflait une dernière fois sur nos voiles sa belle philosophie. Sa rareté d'homme.

La jolie blonde, pétillante, qui avait été sa compagne l'était encore, mais plus pour longtemps. D'autres horizons s'ouvraient à lui et il allait s'éloigner d'elle comme de nous, sans se retourner.

Je me souviens être allée au théâtre le soir de cette annonce, avec une camarade qui était aussi désespérée que moi (comme on peut l'être à dix-huit ans, avec cet art de transformer une simple émotion en tragédie grecque, en fin du monde). On s'est dit que si ça se trouvait, on ne le reverrait jamais. On nous informerait un jour de sa mort et on pleurerait tout notre saoul, meurtries de n'avoir pas pu apprendre davantage avec lui.

Car c'était l'autre grand thème de sa symphonie : la mort. Comme il se brûlait à tout et que ça transpirait (aux gitanes sans filtre en premier lieu), la mort marchait dans son pas. Discrète et obstinée. Chaque fois qu'on le croisait, on imaginait que c'était peut-être la dernière : il serait fauché par un cancer foudroyant, un accident de moto, un arrêt cardiaque. L'arrêt cardiaque était le présage le plus répandu dans nos rangs, vu l'état d'agitation perpétuelle et non comptée de l'homme.

Cahier jaune à rayures

4-03-1986

Francis qui quitte l'école, ça fait plutôt mal. À l'intérieur en plus. Encore une fois, ça va être dur de s'en remettre.

La preuve, je traîne. Je n'ai pas l'âme à travailler

malgré la promesse d'exigence que je me suis faite. Je m'invente des raisons.
Sans Francis, plus de référence, plus d'âme, plus vraiment, pour l'instant, de motivation.

Le professeur a disparu de nos vies de fin d'études. Il est passé nous voir une fois ou deux, notamment pour assister au spectacle de fin de promotion qui avait lieu à Bobino, je crois. Dans la loge commune, chacun d'entre nous a trouvé une rose, accompagnée d'un mot destiné à tous : « Soyez attentifs, généreux, et exigeants. »

Une fois de plus, ce jour-là, j'ai chanté pour lui. Avec ma maladresse, ma voix à couacs, mais aussi ma virulence, ma fougue. Il ne pouvait pas ne pas le voir, que c'était pour lui. Il le voyait assurément. Mes sentiments se sont toujours vus comme le nez au milieu de la figure. Je suis du genre à me mettre dans les jupes de ceux que j'aime. À les suivre comme une gamine « baba » tant qu'ils me l'autorisent. Je suis une admiratrice. Une fan. Pas du goût de l'homme slave, donc, qui devait préférer les territoires plus arides. Les *animales* plus dures à dompter. Et puis, de toute façon, j'étais une enfant. Dix-huit ans. Pas même le profil d'une Lolita. Pas du tout. Je devais le faire sourire. L'attendrir. Quelque chose de ce registre détestable pour moi.

Ce soir-là, j'ai obtenu un compliment, un « bravo ma chérie », un geste tendre. Et c'est tout. Au revoir.

À la sortie de l'école, j'ai fait ce que voulaient mes parents, je me suis inscrite en faculté de lettres. Cela ne me déplaisait pas de m'imbiber à nouveau de littérature. Pour mes vieux jours, pensais-je. Car j'affirmais déjà mon désir d'écrire plus tard. Quand je serais vieille. Quand j'aurais suffisamment vécu.

Je me souviens – c'est étrange, je ne m'en souviens que maintenant, en écrivant – qu'avant son départ, j'avais parlé à l'homme slave de cette hypothèse de reprendre les études, et il avait désapprouvé. Ça ne lui plaisait pas. Sans doute craignait-il que je rentre dans le rang, que je quitte doucement la route chaotique du saltimbanque pour rejoindre le prestige de la chaire universitaire. Lui-même s'était arrêté avant le bac pour faire de la mise en scène. Les études, ce n'était pas dans les mœurs de cette branche-là de la famille. Les études, chez eux, c'étaient les planches, la scène. Le turbin. Se lever tôt et se coucher tard. Le Russe m'avait plutôt conseillé de faire du théâtre. Oui. Ça, oui. Il y croyait pour moi.

Alors je l'ai fait aussi.

Du théâtre, des études, et des petits jobs pour vivre. De la saisie informatique, des distributions de bons de réduction en grande surface, des cours particuliers de français, d'anglais, et plus tard même, de la vente de pull-overs. Je remplissais la coupe de mon emploi du temps pour satisfaire tous ceux qui m'étaient chers et moi au passage. M'abreuver, m'abreuver sans cesse. Quitte à m'épuiser.

> **Petit carnet Majuscule blanc**
> *21-03-86*
> *Je crois que Francis est perdu pour moi. Dans le sens où notre relation ne se prolongera pas au-delà de ma scolarité. Cela me peine beaucoup mais à la fois je sais que je ne lui apporte rien.*

Je n'ai plus vu l'homme slave.

J'ai choisi un cours de théâtre un peu au hasard la première année (on y travaillait Phèdre en s'enroulant sur le dos d'Hippolyte, ou en grimpant au rideau, mais j'aimais bien), puis l'année suivante, j'ai été reçue dans la classe libre d'Élisabeth Depardieu. Nous étions douze à bénéficier de cours gratuits pendant deux ans. J'apprenais. Goulûment encore. Je courais de Jussieu à République, de République à Montreuil, de Montreuil à la rue Ballu. Je bondissais dans les wagons bondés avant que les portes ne ferment, je montais quatre à quatre les escaliers du métro en me demandant comment faisaient ces Parisiennes pour trotter d'une marche à l'autre élégamment, je rentrais tard sans me préoccuper de la couronne ombrée qui cernait mes yeux.

J'avais gardé des amitiés et des contacts avec mes camarades chanteurs. On se demandait si on avait des nouvelles du professeur ?

Certains en avaient et je les enviais.

Il organisait l'Année de l'Inde au Trocadéro. Untel avait été appelé comme régisseur.

Il faisait un son et lumière géant dans un château du sud-ouest de la France. Untel avait été appelé pour y chanter.

Il faisait le feu d'artifice du 14 Juillet à la tour Eiffel. Comme tous les ans.

Il préparait le bicentenaire de la Révolution.

Ouah...

Cahier vert à rayures
Lundi 25 octobre 1986
J'aimerais revoir Francis Morane, il me manque.

Et puis un jour, presque deux ans après la fin de ma scolarité musicale, en 1987 (j'avais vingt ans), le téléphone a sonné. C'était une assistante du Russe. Il cherchait quelqu'un pour être speakerine-audio sur la croisière du *Figaro*. Il avait pensé à moi et à une autre personne ; il hésitait. Il faudrait faire un essai. Est-ce que j'étais libre ? Est-ce que je voulais bien me déplacer ? Le principe serait d'annoncer aux voyageurs, heure par heure, les animations de la croisière. Des stars, des écrivains, des journalistes, des musiciens seraient sur le bateau. Ça n'étaient pas des vacances. Si je pouvais passer rue du Château pour l'audition.

Mon cœur a bondi : il pense encore à moi ! Il pense à moi ! Des filles qui peuvent faire ça, il y en a douze mille et c'est moi qu'il appelle ! Mais pourquoi ? Et puis c'était dément. Partir ! Grèce, Italie, Turquie... (je n'en verrais rien, mais bon). Être payée (peu !). Écouter des artistes réfléchir au monde ! J'étais de gauche et c'était un journal de droite ? Qu'à cela ne tienne. Mes principes ne résistaient pas à ce coup de fil qui sonnait comme l'appel du grand large.

C'était la première fois que j'entrais dans ce drôle d'endroit, rue du Château, dont j'apprendrais plus tard que c'était aussi son lieu de vie. Quid de la maison de campagne ? Je ne savais pas. Que s'était-il passé durant tout ce temps ? Avait-il déménagé ? Vivait-il avec quelqu'un ? Je ne sais pas. (Il y a des pans mystérieux dans la vie de cet homme, des zones d'ombre. Les femmes ont tant défilé qu'on ignore à qui s'adresser pour savoir. Je ne veux d'ailleurs m'adresser à personne.)

En entrant, j'ai découvert une grande pièce de plain-pied qui donnait sur un jardinet. La pièce, surchargée de matériel technique, de son, d'images, contenait aussi un grand bureau en bois et d'autres plus petits pour les divers assistants. À gauche de l'entrée, une cuisine américaine débouchait sur un palier duquel partait un escalier pour monter à l'étage. Les murs étaient tapissés de photos de spectacles.

Ce jour-là, j'étais entièrement tendue vers cette audition et je ne suis pas sûre d'avoir réalisé que j'étais en vérité dans une maison, en plein Paris.

On me fit patienter un peu et je demandai à utiliser les toilettes. Dans ce lieu de repli, des posters de femmes nues, un peu façon cabine de camionneur, étaient punaisés. Entassées sommairement, des revues X impudiques et assumées traînaient. C'était insolite pour la jeune femme que j'étais, ouverte d'esprit mais tout de même ! Je connaissais la grivoiserie du personnage, j'ignorais en revanche qu'elle était aussi librement affichée. Des clients, des collaborateurs devaient fréquemment se retrouver dans ces toilettes, aussi étonnés que moi ! Ce décor me rappelait certaines lectures dans lesquelles des plumes brillantes mettaient tout leur talent à exprimer l'indécence, la luxure, le désir, l'infranchissable. Je comprenais que, comme de ces plumes-là, tout pouvait surgir de cet homme. Les plus curieuses contradictions. La grande poésie et le soleil noir. Ronsard et Sade. Je découvrais que de tels êtres existaient dans le monde réel, des êtres qui laissaient aller leur esprit sans frein, d'un sexe de femme à la métaphysique. Ça me troublait mais me plaisait aussi.

Ce jour-là, je n'ai pas vu mon ex-professeur. Il n'était pas là. On m'a fait enregistrer ma voix une fois ou deux. Je ne me souviens vraiment pas. Il fallait probablement jouer de fausses annonces de spectacle. À moins qu'on ne m'ait fait lire un poème quelconque.

On a dû me dire que c'était bien et qu'on m'appellerait. Voilà. Ce serait rapide.

Cahier vert à rayures
Mercredi 16 septembre 1987
Cette idée de croisière moranienne me plaît bien. Mais ça n'est pas sûr du tout. Morane ne voudra pas de ma jeunesse, fragile et maladroite. Je lui en veux à l'avance de m'avoir mis l'eau à la bouche.
Ne pas y penser.

Et quand on m'a appelée pour me dire que j'étais retenue, j'ai jubilé ; une bonne ration d'hystérie et d'autosatisfaction ! Un quart d'heure d'indestructibilité jouissive ! Il m'avait choisie, moi ! Il m'avait choisie, moi !

Être près de lui me mettait pourtant imperceptiblement en danger. Un danger indéfini. Innommable. Celui sans doute de l'attirance tenace qui n'a pas encore été identifiée. L'attirance de la peau et de l'esprit mêlés, mais qui n'a pour l'instant nulle part où s'agripper ; aucune prise ni d'un côté, ni de l'autre. Soit parce qu'elle est niée, soit parce que la porte n'est pas encore ouverte. Elle se mue alors en rôdeuse qui attend son heure et dont on ne perçoit que l'effluve ou, pire encore, l'ombre portée, furtive. Inquiétante.

Le bateau était un paquebot Costa, avec piscine, cinéma, minigolf, deux salles de spectacle, et divers espaces de loisirs. Les invités étaient prestigieux et le public payant était constitué de lecteurs du journal, assez vieux et riches pour pouvoir ainsi s'octroyer une croisière en octobre.

Inutile de dire que je n'en avais jamais vu des comme ça dans ma petite vie. À Montauban, malgré notre récent statut de bourgeois (puisque mon père était chirurgien et ma mère professeur de français), nous ne fréquentions pas ces milieux-là. Mes parents n'y étaient pas à l'aise et préféraient de loin la compagnie de nos voisins ouvriers ou techniciens, simples et sans manières. Ils vantaient leur honnêteté et leur vaillance et se sentaient aussi proches d'eux que de leurs propres parents. J'ai mis du temps à comprendre que malgré la grande maison qui nous abritait, nous étions élevés comme des gens du peuple, ni plus ni moins, et que les riches, les vrais, à la façon de ceux présents sur ce bateau, seraient toujours pour moi une planète inconnue, pas forcément hostile, mais définitivement lointaine.

Et vogue le navire.

Feuille volante conservée dans le cahier jaune
— Croisière du Figaro. *Notes en vrac*
Les gens ont des cravates.
Ils froncent l'œil devant mon travail encore fragile.
Alors que le bateau flirte avec les poissons et chante avec les muses, on va parler argent bientôt à la radio 120.

Ne pas causer de soi quand on est écrivain. Même un bon. On lasse [*sic* !].
Si valise perdue, moi aussi [ma valise avait été perdue dans le transfert de l'avion au bateau].

En biais
Bureau d'excursion aujourd'hui ouvert jusqu'à 20 heures. Sans interruption.
Pour les excursions du 4 octobre, réserver jusqu'à 10 heures demain matin. Philppe Villin présentera votre croisière en Radio 120.
André Brincourt. Jean d'Ormesson.
Brigitte Beliveau et les comédiens de la Comédie-Française.

En metteur en scène de l'événement, l'homme slave avait organisé et pensé chaque détail du déroulement de cette croisière culturelle et intellectuelle. Certes il avait composé avec la nature du public et la commande (des débats politiques, des échanges philosophiques, etc.), mais il y avait mis sa patte. Ses invités étaient un mélange de saltimbanques authentiques, et d'artistes très « bon chic bon genre. » évidemment choisis pour contenter l'assistance mais pour lesquels le Russe avait également beaucoup de respect. Parmi les programmations décalées, je me souviens de Farid Chopel, un peu ivre, qui avait fait un show désordonné et grinçant dont il avait le secret et au cours duquel il avait tant provoqué que trois ou quatre vieux s'étaient levés outrés, brandissant leur canne pour demander comment c'était possible que ce minable soit sur le bateau ! C'était possible parce que le metteur en scène était un corsaire. Antipolitique virulent, plutôt anar (il ne votait pas, mais s'il avait voté, son bulletin aurait assurément penché à droite), aimant les collisions d'univers, essayant toujours de glisser l'improbable ici ou là. (Ainsi, il avait codirigé *Starmania* [la première version], puis dirigé *Mayflower* ou *La Révolution française*, en chargeant ses interprètes d'autant d'humanité et d'implication qu'un autre aurait mis dans *Le Cid*, ou *Polyeucte* ; et sur ce bateau Chopel côtoyait des pianistes de renom, un membre de l'Académie française, un futur prix Goncourt, un peintre sur corps, des artistes de cirque ou des pensionnaires de la Comédie-Française.)

Le maître des lieux avait aussi prévu des soirées à thème dont deux portaient sa signature : la soirée russe, et la soirée Casino.

J'ai mangé du caviar pour l'une des rares fois de ma vie lors de la première, et, encore trop pauvre, j'ai erré de table en table pour examiner la petite chorégraphie des joueurs lors de la deuxième.

Les joueurs ne jouent pas pour gagner. Les joueurs jouent pour risquer. Moi quand j'entre dans un casino, je n'en sors qu'à la fermeture. C'est ça jouer. Sinon, je n'entre pas. Si c'est pour passer une heure ou deux, c'est ridicule.

C'est quand le casino ferme que tu vois où tu en es. C'est comme ça.

C'est pour cette raison que je n'entre plus du tout dans un casino.

Si tu joues, tu joues. Si tu joues, pense ton jeu, fais ta logique.

Regarde le croupier, comment il boule. Il a une main. Pas toujours mais souvent, il a une main. Il lance d'une certaine manière. Ce n'est pas qu'il triche, c'est normal. C'est un être humain. Il a un geste. Une énergie. Différente de celle de son collègue. C'est pour ça que les croupiers se relaient régulièrement. Aussi pour ne pas qu'ils s'attachent. Qu'il n'y ait pas le temps d'avoir un lien, même silencieux, avec le joueur.

Observe dans quelle zone il boule. Si ce n'est jamais la même chose. Si c'est régulier. Quand la main change, tout peut changer pour toi. Tu peux jouer un coup ou deux plus petits, pour voir quel genre de main a le nouveau croupier. S'il est avec toi.

Quand tu joues, il n'y a que le jeu qui compte. Tu oublies tout le reste. Tu es à l'abri du réel.

C'est pour ça qu'il y a de très gros joueurs. Des addicts. Ça ne se partage pas. Ça se vit. »

Sur le bateau, le premier levé, c'était lui. Le dernier à la besogne, c'était lui aussi. Pas de boîte de nuit, pas de bamboche jusqu'à l'aube. Ce n'était pas un fêtard à proprement parler. Même si certains ont de beaux souvenirs de beuveries à la vodka avec lui, je crois pouvoir dire que c'était toujours en dehors des périodes de travail. Et assez rare en vérité.

Dès qu'il avait fini sa journée, il allait se coucher. Pas seul, bien sûr. Il avait sur le bateau une assistante, assez jolie, un peu androgyne. Ils riaient bien ensemble. Belle connivence.

Il travaillait tellement sur ce bateau, il était si sollicité de toutes parts, qu'il s'avérait impossible pour moi de le voir, donc, d'échanger. Je l'apercevais, bien sûr. Il venait me dire bonjour le matin et me donner le programme de la journée. Un petit *smac* (car c'était ainsi qu'il saluait les filles qu'il aimait bien), un «bonjour ma chérie», et c'était tout. J'étais frustrée mais je le guettais. Je l'observais en train d'œuvrer, de diriger, de conduire cette énorme machine. J'étais trop jeune pour mesurer vraiment l'ampleur du travail, la pertinence, pourtant je m'imprégnais de tout comme un buvard stupide qui ne sait pas qu'un jour l'encre absorbée sera déchiffrée, laborieusement peut-être, mais quand même.

Sa haute silhouette énergique passait. Repassait. Parfois, il s'arrêtait et me disait : «Il faut qu'on trouve un peu le temps pour parler quand même...» Je rougissais. Mais on ne trouvait jamais le temps. Non. Ça faisait des années que ce fuyard rechignait à se pencher sur notre cas.

Et puis un jour, un après-midi, le bateau était en escale, délesté de son public ; je parlais avec quelqu'un dans la salle de spectacle. Je me souviens, en tout cas, qu'il y avait un piano. Peut-être était-ce une salle de répétition ? Je parlais avec ce quelqu'un, je ne sais pas qui. Et le Russe est entré.

Il m'a dit : «Je n'ai pas beaucoup de temps mais on peut se dire quelques mots quand même. Tu veux ?»

La personne qui était avec moi s'est éclipsée aussitôt et je me suis retrouvée là, avec lui. Si impressionnée.

En apparence, j'assurais. C'est en secret que je défaillais. Mais comme il déchiffrait très bien les mondes intérieurs, cette dimension ne lui échappait pas.

Je ne sais pas ce qu'on s'est dit. Ça a dû durer dix minutes, tout au plus. Il était près de moi. Il me souriait. Il m'écoutait. Il me faisait rire. Il a dû me demander, oui, où j'en étais de mes envies de chanson, de théâtre. Il a dû m'affirmer à nouveau que j'avais quelque chose à faire dans les métiers artistiques. Il a dû se réjouir pour moi de mon succès à la classe libre. Il a dû m'encourager à la sensibilité, à la singularité, à l'excellence. Il a dû me conseiller aussi. Il ne craignait pas les conseils. Il se compromettait en partageant ses intuitions, ses mises en garde.

Il a dû me demander pour les amours, où j'en étais. Et certainement que j'en étais nulle part. J'avais eu, c'est sûr, quelques aventures, mais à cette époque-là le célibat me collait à la peau. Peu d'hommes m'embarquaient. J'étais difficile. Et quand un homme me plaisait, je ne lui plaisais pas. Je ne boxais pas dans la bonne catégorie. J'étais tout à fait inapte à l'amour en vérité. À côté de mes pompes.

Mais je ne savais pas tout cela. J'ai dû répondre : « Célibataire ».

Ou peut-être ai-je raconté un début d'historiette, un frémissement quelconque. Je savais aussi donner le change et laisser des détails sentimentaux occuper mon espace affectif en attendant mieux.

Je crois que tout était décrypté par l'homme slave. Plus encore aujourd'hui, je suis persuadée qu'il n'était pas dupe de mes élucubrations. Il faisait sans doute le tri entre ce qu'il pouvait me dire ou pas. Entre ce que je pouvais entendre ou pas. Et il me regardait, attentif à cette candeur, trésor qu'il estimait au-delà de tout.

Et puis il a été rappelé. Une assistante (ou un assistant) est venue le chercher. Il m'a murmuré : « C'était court, mais c'était bien de te parler. » Il est parti.

J'ai encore en moi la musique particulière de ce moment. Un moment volé, qu'on avait peut-être pour cette fois désiré tous les deux.

Je ne sais pas.

Peut-être.

Quand on est rentrés de croisière, on a pris l'avion de Gênes à Paris. Tout le monde était épuisé. J'étais dans le même vol que lui. Je ne cessais de l'observer, quand il était à portée de vue. Il avait l'air harassé. Il portait bien la fatigue, elle accentuait son côté cowboy. Même si elle le vieillissait aussi, mais comme on pourrait dire de Clint Eastwood qu'il était vieux à quarante ans : marqué. Buriné. J'ai envié la femme qui partageait ce moment avec lui : la fin d'une aventure collective pour se diriger vers leur aventure intime. Nous le perdions tous, sauf elle. Elle pouvait lui prendre la main. Juste ça. Être à côté de lui dans l'avion. Poser sa tête sur son épaule. Et elle le ferait tout à l'heure encore, et demain, quand nous ne serions plus là.

À l'aéroport, chacun a récupéré son bagage. Et puis on s'est retrouvés dans la file de taxis. J'étais derrière eux. Un peu loin derrière eux. Ils étaient silencieux. Est-ce que j'étais jalouse? Non. J'étais avec eux en quelque sorte, dans cet instant qu'ils vivaient et que j'aurais voulu vivre aussi. Avec un homme qui lui ressemblerait.

Quand leur taxi est arrivé. L'homme slave s'est retourné vers moi et m'a dit : «Viens que je t'embrasse» ou quelque chose comme ça, qui signifiait qu'il ne voulait pas partir sans me dire au revoir, quand même.

Son dos d'homme grand, sa tête qui se tourne, sa voix caverneuse pour m'appeler... Tout cela est tellement loin.

Tellement là.

Cahier vert à rayures
Dimanche 25 octobre 1987
Retour de croisière :
Francis Morane. Francis Morane comme une conscience.
La trouille au retour. Reprendre, travailler, oser.

L'absent. Il était l'absent. L'homme qui échappe.

Il était l'homme référence. Il était l'homme que je voulais croiser, dans la rue, par hasard. Je le guettais parfois, j'espérais qu'il apparaisse.

Les autres ont-ils aussi dans leur vie l'espoir d'*un* être à croiser ? Ou était-ce moi seulement qui avais cette bizarrerie-là ?

Oui, je marchais, j'attendais un bus, je rêvais, et soudain je me disais : « Tiens, j'aimerais bien, là, maintenant, croiser le Russe. » Je ne sais pas pourquoi. Était-ce parce que je me sentais belle, bien, forte, et que j'avais envie d'être vue par lui ? Était-ce parce que, au contraire, j'avais besoin d'un regard, et que je savais que le sien serait tendre et pénétrant et sensuel ? Car il était sensuel. Extrêmement. Sans doute ce sentiment de privilège venait-il de là. Du fait qu'on était en correspondance sensuelle avec lui. Homme ou femme. Branchés. Le temps d'un moment. Et puis plus rien. Il disparaissait. Il n'était plus joignable. Je le saurais bientôt. Il était l'homme pris.

Je me souviens. Je voulais aussi le croiser quand j'étais moi-même en compagnie de quelqu'un que j'espérais séduire. Je pensais que ce quelqu'un n'en reviendrait pas que je connaisse un homme comme lui, et ce quelqu'un serait impressionné et j'emporterais son cœur ainsi. Grâce au regard du Russe sur moi. Il était mon talisman. L'homme dans un coin de mon continent intérieur. Je ne parlais jamais de lui, trop pudique. Mais il était mon joker. Une carte à abattre un jour de grand enjeu.

Quand ? Pas trop tard, j'espérais. Puisqu'il pouvait mourir à n'importe quel moment. Et moi aussi d'ailleurs.

Et puis mon quotidien a repris. J'y allais dans la vie à grands pas, à grand appétit, à grandes dents. J'embourrais mon emploi du temps de cours de théâtre, de cours de chant, de fac, de petits boulots, d'écrits sur des carnets, de spectacles à découvrir, de stages, de rencontres, d'assistanats.

Je commençais à en croiser, des gus à fortes personnalités, des inspirés, des talentueux. Je commençais à entrevoir tous les carrefours, et les places. Je ramais. Je trimais sans compter. Je riais si on me faisait rire. J'aimais rire. Je n'étais pas joyeuse. J'étais sombre. Mais je traquais les occasions de rigolades. Et j'écrivais toujours, sur mes carnets, que malgré les visages qui se multipliaient comme des petits pains dans ma vie protéiforme, il n'y en avait pas un comme celui de cet homme-là.

Carnet bleu
27-06-88
Les R., les P., même, n'ont pas égalé Francis dans mon cœur.

Oui. Je cherchais à vivre intensément comme lui. Je le cherchais lui dans les hommes à aimer.

Lui en jeune. Je me disais, ce serait idéal. Mais je ne trouvais pas. Et puis « lui en jeune », ça n'aurait pas marché. Il ne m'aurait pas regardée. Ou pas longtemps. Juste un coup d'œil. Je le sais car j'en ai trouvé un qui doit à l'homme slave de m'avoir eue à ses pieds. Parce qu'il lui ressemblait. Pas physiquement, mais dans cette aisance attentive, impliquée.

Une brillance modeste. Il était pianiste.

Nous allions régulièrement danser avec une bande d'amis dans un club de jazz que Paris connaît pour son ancienneté et qui s'appelle « Le Caveau de la Huchette ». Le plaisir de danser sur une piste minuscule devant des musiciens qui jouent en *live* séduisait nos esprits d'étudiants en quête d'originalité.

Je bougeais très mal mais peu importait ! Les hommes invitaient les femmes et *one, two*, c'était parti. Tout le monde se lançait joyeusement.

Ceux qui ne voulaient pas s'exhiber mais seulement écouter de la musique s'installaient généralement sur une mezzanine, d'où ils pouvaient, en plongée, profiter du spectacle des danseurs.

Ce soir-là, il y avait deux jeunes garçons assis là-haut. L'un, très beau, blond, glabre, l'autre brun, irrégulier, intrigant, à l'œil vif. Nous jouions à cette valse des regards si fréquente quand on a vingt ans. Je te regarde, tu me regardes, j'ai vu que tu me regardais mais je fais comme si je ne t'avais pas vu.

(En vérité, le brun ne jouait pas à ça. Moi oui, mais lui me regardait clairement. Directement. Droit. Avec un petit sourire persistant.)

La musique swinguait. Le batteur caressait ses cymbales, le guitariste manouche, en *guest*, envoyait ses accords venus d'un autre temps. Pas d'âge normé parmi les musiciens ; jeunes, vieux, si ça jouait bien, ça allait bien. Pas d'âge normé chez les danseurs non plus. Dans le clair-obscur de la boîte, on laissait flotter les robes et claquer les talons, on se serrait et se desserrait, on tournait, et retournait. Certains afficionados connaissaient la technique du rock-danse de salon, assez spectaculaire mais que nous jugions formatée, et de toute façon, ils ne s'invitaient qu'entre eux. Nous nous en fichions !

Au bout d'un moment, le jeune homme brun est descendu de la mezzanine, s'est dirigé vers moi, et m'a invitée. J'ai accepté. Il a précisé qu'il dansait mal, mais que danser n'était pas la question entre nous. Et ça, la clarté de son désir, j'ai aimé. Cette façon de ne pas perdre de temps alors que je suis reine des circonvolutions, ça m'a plu.

Le jouvenceau blond a jeté son dévolu sur l'une de mes amies (celle d'enfance). Et comme il se doit, à la fermeture du club, les deux jeunes gens nous ont proposé de prolonger la soirée autour d'un verre.

— Heu... oui... pourquoi pas... pas longtemps alors...

— Pas longtemps, a souri le brun. Bien sûr.

Il était pianiste, étudiant au Conservatoire de Paris. Il était en train de passer les concours internationaux. Il travaillait dix heures par jour. Il n'avait le temps que de ça. La musique. C'était tout ce qui comptait. Jouer. Jouer. En vivre. Ne pas intégrer un orchestre. Être soliste. Tout faire pour. Ne pas regretter. Il y a sacrifié son enfance. Il y sacrifie ses jeunes années. Ses amours. Tout tend vers ça. La musique. Coûte que coûte. Les concours, les gammes, l'obsession.

Bien sûr, quelques jours plus tard il m'a entraînée dans son lit. Bien sûr, je suis tombée amoureuse. Bien sûr, cet engagement dans son art, sans se départir de son humour, de sa tendresse, et de cette allure d'équilibriste, m'a fait penser à l'homme slave. Et c'est pour cela que j'ai craqué. Je l'avais trouvé, peut-être.

Cahier vert à rayures
5-10-88
Par maints endroits, L. réagit comme Francis. Entre autres dans la volonté que les gages de notre partie de cartes soient correctement effectués (si nous acceptons le jeu, il faut aller au bout)... Il tire de ses inepties un amusement tout à fait moranien, avec un rire sans retenue, et un regard sans pudeur.
Ensuite comme Francis il aime les femmes, doit les séduire aisément et en profiter, ce qui n'est pas idéal pour moi. Comme Francis, L. est extrêmement gentil.

Bien sûr, je me suis brûlé les ailes. Après quelques semaines de flirt, il m'a quittée doucement, une pointe de regret dans les yeux, attendri par mon dépit mais sans s'y attarder.

C'était fini.

Voilà pourquoi je sais que ma quête du Slave «en jeune» était une visée impossible. Il eût fallu que je sois une muse, un profil inspirant pour un homme doué en construction, qui aime avoir à son bras une silhouette élégante et silencieuse, consacrée et pétillante, cultivée et discrète.

Tout ce que je n'étais pas.

Le pianiste ne fut pas mon premier amour mais il fut mon premier chagrin d'amour. Mon premier amour, c'est l'autre.

Comprenne qui veut.

Cahier vert à rayures
Dimanche 1er février 1989
Je me demande si la vie pour moi n'est pas prioritaire sur l'art.

18 février 1989
Je rêve d'une histoire d'amour dont J.B., mon nouveau prétendant, n'est pas le héros. Ni même L. Mon héros n'a pas de visage... Je n'ai pas aimé L. Je me suis débarrassée de lui en lui rendant ses livres. J'ai juste été plus amoureuse que d'habitude. Je n'ai encore jamais aimé.

J'ai désormais vingt-deux ans et je trace ma route. Sombre. Volontaire. Acharnée. J'ai une sorte de maturité venue je ne sais d'où. Je me suis protégée avec elle. Comprendre, observer, ne pas juger, (ou très peu), avoir de l'indulgence.

Je me réfugie dans l'apprentissage pêle-mêle, je me lance à corps perdu dans les espaces encore possibles à infiltrer : le Conservatoire national de Paris, l'École du Théâtre national de Chaillot. L'un hésite mais ne me veut pas, l'autre oui. Je suis reçue à ce concours d'acteurs qui me propose une scolarité de deux ans. Encore ! Je prends ! Je continue la faculté. Les petits boulots. Je remplis chaque seconde de ma journée sans répit. J'ai lu dans les témoignages d'artistes que c'était ça le secret, travailler, s'acharner, foncer. Alors je fais comme eux. Je travaille. Je suis tombée dans le labeur culturellement. Rien ne nous est donné, tout est à conquérir quand on est une petite fille de Bab el-Oued.

Et ça me va.

C'est donc désormais le Théâtre national de Chaillot que j'arpente de mon pas obstiné. Très appliquée toujours, un peu fade. Tout peut s'allumer quand je suis sur scène, mais encore faut-il que je sois en confiance, libérée. En dehors, je disparais. Je raisonne. Je réfléchis. J'intéresse mais je lasse. J'en souffre plutôt. Car nombre de mes camarades sont belles, pétulantes, drôles, sexy ! Les garçons jettent leur dévolu sur elles avec gourmandise et moi je les regarde en douce, ces garçons, avec la certitude qu'un jour j'aurai accès à eux, qu'ils me voudront malgré mon corps lourd et mes démons effrayants. Beaux mecs et belles natures, ils sont néanmoins très préoccupés par leur ego, et souvent moins décapants et créatifs que ceux de la chanson, à mes yeux pas si tendres.

Et je pense à l'autre. Le Slave qui savait si bien transmettre, de façon si bienveillante. Drôle. L'autre qui savait regarder, se glisser. Deviner.

Dans l'équipe pédagogique de Chaillot il y a des formateurs formidables, des fous furieux, des très conscienciеux, mais pas des comme lui. Ce mélange d'inspiration et d'humanité. Aucun n'est abandonné à sa tâche, à l'artiste en face de lui, comme il savait l'être. Ici la plupart des professeurs me semblent plus préoccupés par la ligne prestigieuse ajoutée à leur CV, ou par la guerre des méthodes qui les oppose et par lesquelles ils se définissent, que par l'opportunité de transmettre, d'expérimenter, d'ouvrir la voie. Souvent, je pense à cette phrase de la *vox populi* : « Un de perdu, dix de retrouvés. » Parfois, oui. Mais certains êtres sont si singuliers, si à part, qu'on ne retrouve pas le temps d'une vie des humains aux contours semblables. D'autres êtres rares, oui, mais pas du même bois.

Du haut de mes vingt-deux printemps, j'ai donc un petit air blasé sans doute pénible pour mes enseignants car ils ne m'impressionnent pas. « J'ai déjà donné. »

L'École du Théâtre national de Chaillot n'a pas la réputation du conservatoire de Paris, mais présente une surface insensée à nos jeunes années. Le grand hall est une sorte de véranda babylonienne, avec des baies vitrées gigantesques qui donnent sur les jardins du Trocadéro et la tour Eiffel. Ce lieu est d'ailleurs souvent utilisé pour des cocktails, des événements, des conférences de presse, et même parfois, une petite scène y est dressée et des musiciens y jouent.

C'est dans ce grand hall que nous mangeons nos sandwichs le midi, face à la tour Eiffel. Nous regardons les skateurs faire de la voltige dans les jardins du Trocadéro. Ils m'en imposent, ces gosses en baggy et casquette à l'envers. Je me dis souvent qu'ils mériteraient d'être à notre place parce que eux pratiquent leur discipline à un bien meilleur niveau que nous, la nôtre. Je garde pour moi mes réflexions et je croque dans mon jambon-beurre.

Le monde nous appartient. Non ? Comment ne pas être électrisé par un tel décor ? Pour aller d'une salle à l'autre nous passons par de longs couloirs obscurs, ou par les coursives techniques de la grande salle dans laquelle nous savons tous que Gérard Philipe a joué. C'est ici aussi que Jean Vilar a révolutionné l'approche de la mise en scène. Ici encore, que Vitez a monté *Le Soulier de satin*. Et maintenant, Savary y traîne ses guêtres de circassien.

On vole, on vole, mais on se prend régulièrement le mur du réel. Pas de travail. Pas de castings. Pas d'auditions... Que sais-je ? Cette école que nous espérions magique pour nos carrières ne l'est pas. Certes, on voit la tour Eiffel mais les jours de brouillard elle a des allures de chimère. La déception et la démotivation de certains élèves sont telles que la direction décide un écrémage au bout de quelques mois. Que ceux qui ne s'adonnent pas assez au travail éjectent. De trente nous passons à dix-huit ou dix-neuf. Je suis rescapée, grâce à ma meilleure amie de la promotion, si belle comédienne aujourd'hui, qui fait mon apologie. L'équipe pédagogique avait l'intention de me virer, ma transparence mâtinée de dédain avait un air de désinvolture alors que je me tuais à la tâche !

Quelques flirts, pas d'amour, le temps passe sur la jeune fille en fleur avec son espoir et sa foi pour seuls carburants. L'angoisse de ce que sera demain. L'angoisse de ne pas réussir. L'angoisse de la solitude. L'angoisse de ne pas gagner d'argent. Mais bon an, mal an, je fonce.

Et puis un jour...

« Un, deux. Un deux. Test. Oh la belle bleue. Oh la belle rouge... »

Il est midi et nous remontons du fin fond de notre salle de répétition qui se trouve en sous-sol. Je suis avec une camarade assez sexy et nous entendons ça : « Un, deux. Un deux. Test. Oh la belle bleue. Oh la belle rouge... »

La voix provient d'un micro, dans le grand hall. Une voix d'homme douce et lasse qui raille pour faire passer la routine du test-micro. On sait qu'il va y avoir un événement ce soir parce que l'État français reçoit le Dalaï-Lama et une rencontre avec la presse aura lieu ici. Ils doivent être en train de faire la mise en place. Et immédiatement la fille sexy dit : « Ouah... t'entends la voix du mec ? »

Mon cœur s'accélère. Je souris. Cette voix, ça fait plus de deux ans que je ne l'ai pas entendue.

Une voix comme un antre. Mélange de basses héréditaires et de clopes en série. Une voix rare. Un grain d'une sensualité et d'une douceur ténébreuses. Une voix qui n'avait rien à forcer. Qui pouvait dire simplement. Qu'on écoutait.

Il avait conquis son monde avec cette voix, et sa fossette, et son rire flamboyant. Un rire bien franc qu'il laissait vrombir tant pour les blagues salaces que pour exprimer sa tendresse. Son charme ne faisait pas de hiérarchie.

J'avance dans le grand hall. Je ne suis pas sûre, mais presque. Et quand je l'aperçois, je frémis.

C'est bien lui.

Je frémis et je frime dans la seconde qui suit. Je m'approche de l'homme à la putain de voix. Je me plante devant lui. J'attends que ses yeux se posent sur moi. Et quand c'est fait, je lance : « Salut ! » L'homme dégaine son sourire. Son arme fatale bis. Ma copine sexy n'en revient pas. Elle me dit : « Il dégage, lui... Tu le connais ? » Eh oui, je le connais.

J'apostrophe : « Tu te souviens de moi ? »

Il éclate de rire. « Ben toi ! Ma chérie... »

Ce n'est même pas de la coquetterie. J'ai toujours cru qu'on pouvait m'oublier, m'effacer du disque dur si je ne réapparaissais pas pendant longtemps. Stupide moi qui obtient quand même du grand en jean qu'il descende de son estrade pour mes beaux yeux, et pour me faire un *smac* sur la bouche dans sa plus grande simplicité.

(Voilà donc que je croisais par hasard l'homme que je voulais croiser par hasard. Voilà donc que mes vœux secrets étaient exaucés.)

— Je t'oublie pas toi, quand même...

— Merci ! Ça va ? Tu... tu travailles ?

— Oui... Tu vois... (Nostalgie immense dans le silence qui suit, comme un reflet de tout ce qu'il aimerait faire d'autre, de plus artistique sans doute, ou de surnaturel. Le fantasme d'un ailleurs, à la façon de ses ancêtres paternels qui ont quitté Kiev en hâte, parce que juifs et anarchistes. Nostalgie chromosomique.) Et toi, ma chérie ? Tu fais quoi, là ?

— Je suis élève comédienne ici.

— Bravo... bravo. C'est bien. Ça me plaît. Et tu ne devais pas aller à l'université ?

— Si. Je continue l'université aussi.

— (Gros rire.) Ça sert à rien ça, si ? À quoi ça sert ?

— Ben quand même... C'est bien.

— Alors, si c'est bien...

On l'appelle, il se retourne. Me regarde. Je dis :

— Bon... J'ai l'impression que... on t'attend ?

— Oui.

— Bon... Au revoir.

— Oui. (Sourire.) J'ai pas de temps, là. Mais si tu m'appelles, on déjeune. Et tu me racontes tout, d'accord ? Le théâtre, la chanson... la vie.

— D'accord.

— J'y vais, mais tu m'appelles alors ?

— Oui. D'accord.

Et disparition. Absence. Je ne suis pas encore partie que je ne suis déjà plus là pour lui. Absorbé par ce qu'il a à faire et qui compte plus que tout. Je n'existe plus.

Du moins le croyais-je.

Je me dis que je vais le prendre au mot.

Je vais l'appeler.

Puisqu'il l'a demandé.

Avec l'homme slave il y a eu tant de coups de fil difficiles à passer, tant de lettres difficiles à poster, tant de mots difficiles à dire.

Avec lui j'ai tout arraché de moi. Comme un torrent. Ou plutôt comme un vertige. Un jeu. Comme quand on mise tout sur le 20 et qu'on attend, au bord de l'abîme.

J'étais de ces personnes pour qui un appel, un courrier (un mail aujourd'hui, ou même un texto), était une aventure singulière. Mes lectures sartriennes m'avaient convaincue, à tort peut-être, que mes actes, mes choix, engageaient ma vie tout entière. Et que je la construisais ainsi.

J'ignorais ce jour-là que rappeler cet homme était la première enjambée sur ma plus périlleuse embarcation affective.

Je l'ai appelé. J'ai dû laisser un message à sa secrétaire, au bureau qu'il occupait à l'époque, rue Papillon.

J'aimais le nom de cette rue. Ça ne m'étonnait pas de lui d'habiter rue du Château et d'avoir des bureaux rue Papillon. Ça lui ressemblait.

Il m'a rappelée. On est convenus d'une date pour déjeuner et il m'a demandé de venir le chercher dans ses bureaux, on irait grignoter dans le coin.

Je suis arrivée bien à l'heure, et je l'ai attendu un peu dans la salle d'attente. Je me souviens de mon cœur tremblant. Serré. Impressionné.

Je me souviens que j'ai pris une revue qui traînait sur la table basse et que j'ai lu. J'ai d'abord feuilleté mollement parce qu'il pouvait surgir d'un instant à l'autre mais il ne surgissait pas. Et puis je suis tombée sur un article sur les révoltés du *Bounty*. La vraie histoire des révoltés du *Bounty*. Alors je me suis concentrée. J'ai lu ça avec attention, cet article. L'histoire de ce navire qui devait aller à Tahiti récolter des plants et les amener aux Antilles pour nourrir les esclaves à moindres frais. Les rapports tendus entre le capitaine Bligh et Fletcher Christian. Et puis la mutinerie. Ça me passionnait. J'aimais être passionnée par cet article, plutôt que d'attendre bêtement. J'étais rassurée d'avoir une part de moi qui n'était pas en apnée devant le moment à venir. Qui pouvait être absorbée par autre chose. Un sursaut d'indépendance. Je me disais que ça me donnait vraiment envie de voir le film, *Les Révoltés du Bounty*, que l'article citait à plusieurs reprises. « Moi qui adore Marlon Brando. »

Je me suis dit plein de choses pour passer le temps qui me séparait de ce déjeuner en tête à tête avec cet homme-là. Notre premier déjeuner en tête à tête, si j'y pense.

Le premier de notre vie.

Carnet cartonné rouge et noir

16-01-90

Je vais manger avec Francis Morane. Je suis émue. C'est quelqu'un qui a beaucoup compté pour moi au Studio et après. Pour son exigence et son intégrité. Je ne sais pas si on va savoir quoi se dire. J'espère.

[...]

Francis est décidément merveilleux. Dangereusement séduisant. Il ne triche pas. Et ça fait banco avec moi. Je dois le revoir mardi prochain. Il me dit des choses tellement bien. « Tu es belle », « tu fais partie de ceux qui ne peuvent pas faire autrement que de faire ce métier, tu y arriveras. »

[...]
Francis Morane va à l'essentiel. C'est ce qui fait son charme.

Le déjeuner a dû durer une heure. Pas plus. Si pressé. Mais avant de nous séparer, il m'a dit qu'il désirait écouter mes nouvelles chansons, oui. Est-ce que je voulais venir mardi dîner avec lui et F., la pétillante blonde qu'il avait conquise lors de son passage au Studio des variétés, et avec qui il semblait être plus ou moins resté en contact ? Elle aussi avait des choses à lui faire écouter, on ferait d'une pierre deux coups. Il nous recevrait rue du Château puisqu'il y a un clavier et du matériel hi-fi de qualité.

J'ai dit d'accord ! Oui. Absolument. Ça me ferait plaisir. Et je suis partie sur mon petit nuage rejoindre ma vie d'apprentie débordée, étonnée d'avoir au programme, si prochainement, de le revoir, lui.

La maison-bureau de la rue du Château s'était enrichie de chats, de poissons dans un grand aquarium, et d'une chienne prénommée Faustine, un joli et joyeux labrador qui nous fit un accueil expressif.

Le Russe avait cuisiné pour nous j'imagine. Je ne me souviens plus. J'étais plutôt en retrait, il faut dire. L'amie était drôle et elle le faisait rire. Il jouait au ping-pong verbal avec elle. Ça fusait de toutes parts. Je me régalais, bon public, rieuse, heureuse de stationner un moment avec deux êtres que j'estimais hors du commun.

Quand il me l'a demandé, je me suis mise au piano pour chanter. J'ai lancé mes quelques ritournelles, soucieuse et timide. Je craignais de subir à nouveau son désaveu. Il s'est marré ! Il m'a dit : « Ça y est, tu commences à écrire... », et il a ajouté que je progressais, que mes mots prenaient de la consistance, qu'ils n'étaient plus seulement un cri désordonné d'adolescente inspirée.

Il était assez épaté. Surtout par ma ténacité, ma lente résolution, et ses effets bienfaisants sur mes créations.

> **Carnet cartonné rouge et noir**
> *24-01-90*
> *Francis Morane est rare. Il est même seul. C'est le seul qui me touche si profondément, avec qui je sois en accord si parfait dans la démarche. Bref. Il me faudrait ma dose de Francis Morane plus souvent.*

On est parties vers 23 heures. L'homme slave avait du travail et allait se lever tôt une fois de plus. Qu'importe. Nous étions rassasiées.

Pourtant, quelques jours après cette soirée, l'amie présente ce soir-là m'a appelée pour me demander un truc. Un truc anodin, une adresse, un téléphone. Et elle a glissé, au détour de la conversation, que notre ex-professeur s'était étonné de ne pas avoir de mes nouvelles depuis la soirée.

— Appelle-le, ça lui fera plaisir.

— Ah bon ?

— Oui, au moins pour le remercier du repas.

Et elle est revenue à sa demande de numéro que je lui ai transmis. Et elle a raccroché.

Et elle ne m'a plus jamais rappelée.

(Le hasard l'a remise sur ma route il y a trois ou

quatre ans, dans le hall immense de France Télévisions. J'ai entendu de l'étage une voix enjouée et vive qui m'appelait. J'ai levé la tête ; c'était elle. Elle me faisait de grands signes amusés. Le saltimbanque était mort depuis longtemps, j'avais des ridules au coin des yeux, et presque vingt ans de plus. Flattée qu'elle me reconnaisse malgré tout.)

Quand on a raccroché je me suis interrogée. Pourquoi m'avait-elle dit ça, elle ? Oui. Oui, c'était vrai qu'en partant de ce dîner, le Russe m'avait serrée fort et m'avait dit : « Donne des nouvelles, d'accord ? » et j'avais répondu : « D'accord. » Mais je pensais qu'il voulait dire, dans six mois, dans un an. Un jour dans ta vie. Donne des nouvelles. N'attends pas que je crève. Ose.

Mais pas huit jours après ! Huit jours après, c'est pour ceux qui sont vraiment proches, non ? Pour ceux qui comptent plus que les autres ? Voilà pourquoi je n'avais pas rappelé. Même pour remercier du repas.

Malgré ma naïveté, j'entrevoyais que « remercier du repas » était un leurre. Je ne voyais pas l'homme slave se froisser d'une impolitesse de ce genre. Alors qu'avait-il dit à notre camarade ? L'avait-il vraiment dit ? Avait-elle mal compris ?

Cette fois encore je l'ai pris au mot. Avec un mélange d'innocence et d'appréhension. L'appréhension d'entraîner un peu plus l'engrenage.

J'ai appelé. C'était un vendredi en fin de journée et je suis tombée sur le répondeur de sa société. J'ai dû balbutier : « Bonjour. Je suis Murielle. Je rappellerai. » J'étais persuadée qu'on en resterait là, qu'il faudrait peut-être, d'ici à une huitaine de jours, que je retente ma chance, et s'il faisait silence encore, ce serait bien la preuve que mon amie avait mal compris et qu'il n'attendait rien de moi que des nouvelles épisodiques, comme il se doit.

Pourtant, le lundi matin, à 8 heures, alors que je me préparais pour me hâter vers Chaillot, le téléphone a sonné.

J'ai répondu.

Et j'ai entendu.

« Allô ? »

Et je l'ai immédiatement reconnu, bien sûr.

Et immédiatement le sol s'est ouvert sous mes pieds. Car il n'avait besoin de rien dire. L'horaire de son appel, la vitesse de sa réaction à mon message, tout était aveu de quelque chose qui m'effrayait et me renversait.

Il a dit :

— Ça m'a fait plaisir ton message. Je voulais t'embrasser. On essaie de se voir vite ?

— Oui. Oui, d'accord.

— Je te rappelle alors ?

— Oui.

— Tu ne voulais pas me demander quelque chose de particulier ?

— Non... non en fait...

— C'est bien. Bonne journée alors.

— Bonne journée.

La terre a tremblé.

Je me souviens.

Je me souviens que j'ai senti mon cœur s'enfiévrer. Incendie. Maelstrom. Je me souviens que je me suis dit : « Il est vieux. Vingt-cinq ans de plus que moi. Mais mon cœur n'a jamais fait ça dans mon corps. Jamais si clairement. »

Las... las... Et j'écoutais cette tempête en moi. Tout en la laissant me frapper je l'analysais. Comme un sismographe qui serait lui-même pris dans la catastrophe.

Je suis lucide. Je ne peux pas ne pas constater ce qui se produit en moi et qui ne s'est jamais produit jusqu'à aujourd'hui. Même avec le pianiste. Je ne peux pas dire non à cette proposition de la vie que j'attends et espère depuis que je suis en âge de me laisser envahir par l'idée d'aimer.

Que vont dire les autres ? Est-ce que je peux assumer ? À quoi joue-t-il ? Oui, ces questions-là aussi affleuraient immédiatement. Mais, revers de main. Ouste. Puisque je percevais encore les ondes de choc de ce coup de fil, et que j'estimais que seule cette sensation pouvait me servir de diapason, je balayais mes dernières réticences.

Carnet cartonné rouge et noir

20-02-90

Il est 9h30 et j'ai le cœur qui bat comme à quinze ans... Francis Morane m'a appelée, tout à l'heure, à 9h10 pour avoir de mes nouvelles. Pour qu'on fasse un repas « en amoureux ». Merde ! Ça chamboule tout ! Ça fait des émotions, ça oui... L'excitation, la trouille, le non, le oui... Le bonhomme doit approcher les cinquante balais, j'en ai vingt-trois !

[...]

C'est dingue, ça, Francis Morane, c'est quand même

le fantasme de mes dix-sept ans. C'est quand même le bonhomme référence.
Que va-t-il se passer si les choses se passent ?
N'empêche que son coup de fil m'a mise dans un état qui n'avait pas besoin de mots pour parler. Maintenant ça va mieux. J'essaie d'assurer, de raisonner.
Et N. ? [un petit flirt en cours.] *Je te raconte pas le boxon !*
Ce qui me terrorise, c'est le regard des autres. »
14h30 : Francis ne va-t-il pas changer d'avis ? Mon ton impressionné au téléphone ne l'a-t-il pas dissuadé d'insister ? Et s'il ne s'agissait que de croquer une adolescente grandissante ?
Mais Francis, c'est une aubaine. C'est une exception. Et s'il insiste, je serais la dernière des connes de refuser.
Je suis peut-être la dernière des connes.

Je suis partie prendre mes cours à Chaillot dans cet état-là. Vibrante et perdue et vivante. J'ai traversé ce grand hall magique. J'ai rejoint mes amis à qui je n'ai rien dit, bien sûr, si clandestine, si obsessionnelle avec le secret et la vie intérieure. Je n'aurais de toute façon pas supporté leurs mises en garde ou même leurs « oh » et leurs « ah ». Je ne voulais pas que leurs mots réduisent mon histoire.

Non, je ne voulais pas de l'avis de mes camarades, sans doute étriqué, sans doute obtus. Je conduisais ma vie. Quand même. Comme je le voulais. Sous mes airs. Et cet homme-là, je savais que je le voulais. Ne serait-ce qu'un peu. Je l'avais pensé, écrit, rêvé. « Le même en plus jeune. » Balivernes. La vie me proposait l'original, je n'allais pas rater ça.

Carnet cartonné rouge et noir

21-02-90

Francis, c'est à mon âge qu'il faut l'accepter. Après, c'est trop vieux. Après, on veut plus ou moins se caser. Et vouloir se caser avec Francis, c'est de la science-fiction.

En deux jours, il m'a appelée trois fois.

Même s'il ne s'agit que d'une aventure, supposons. Ce sera bien à prendre. Car Francis, c'est quand même le must*! Je pourrai ensuite retrouver ma solitude. Je me suis pas mal attachée à elle.*

Il ne faut pas que je craque trop pour lui.

Il faut que je garde mes secrets.

Deuxième mouvement

Était-ce de la maturité de sa part, ou de l'insouciance, du calcul ou de l'égoïsme – je n'ai jamais vraiment bien su avec lui –, le fait est qu'il nous fallut presque un mois pour que l'on parvienne à se revoir. Il m'appelait, je le rappelais, il me disait des choses douces, tendres, brèves – ces coups de fil passaient en un éclair –, il ne me questionnait pas sur ma journée, il ne me disait rien de la sienne, c'était juste : « Ça va ? », « Je voulais t'embrasser », « Je te rappelle vite », « C'est bon de t'entendre », « Je te dis, quand on peut se voir... ». Ces quelques mots me suffisaient. Je ne m'imaginais pas lui raconter mes péripéties d'élève comédienne qui me paraissaient puériles, et je ne voyais pas comment il pourrait, lui, me raconter les siennes. Le mur qui nous séparait ne m'échappait pas. Il se dressait même entre nous comme une menace. Il valait mieux le contourner, l'ignorer. Voilà pourquoi ces brefs appels (qui seront souvent aussi brefs tout au long de notre relation, mais de nature différente) me convenaient.

Il se passa presque un mois, donc, où nous nous appelions, mais ne nous voyions pas : il était pris, il avait un déplacement ici, un autre déplacement là et il ne parvenait pas à libérer du temps pour ce premier rendez-vous amoureux qu'il avait pourtant désiré, lui.

Si cette période d'atermoiement était troublante pour moi, elle était aussi bénéfique. Peu à peu, je me faisais à l'idée de mon propre désir et de son incongruité ; je prenais la mesure de tous les éléments compliqués de l'histoire (la différence d'âge, le côté dispersé de l'homme) tout en constatant qu'ils n'empêchaient pas ma disponibilité à l'aventure. Je pense que lui, dans cette valse de messages et de délais, m'envoyait des indices tout simples sur qui il était. Tendre mais indisponible. Présent mais partagé. Une autre jeune femme aurait refusé le *deal* tacite, moi, je l'ai accepté. Disons plutôt que je l'ai laissé se mettre en place, avec cet étonnement qui a toujours été le mien, épatée de ce que l'un ou l'autre veut bien me donner, déjà heureuse et surprise que cela soit possible.

Puis, enfin, il libéra un soir.

Carnet cartonné noir
3-03-90
Je vais avoir vingt-trois ans, j'ai peur.

8-03-90
Francis m'a dit : « Alors quand est-ce qu'on fait des câlins ? ». Ça m'a un peu troublée... Je plonge dans le chou de la vie. Quoi qu'elle me réserve.

12-03-90
J'ai rêvé toute la nuit de mon rendez-vous avec Francis.

> *J'ai des pincements de cœur ce matin en y pensant. Je n'écris que sur lui depuis son coup de téléphone, c'est donc que ça compte. J'ai parlé à N. de Francis* [le flirt qui allait s'amorcer avant que je le croise]. *Il m'a dit : « C'est pas grave je t'ai déjà attendue longtemps, je peux bien attendre encore un peu... »*

Nous allâmes dîner dans un petit restaurant qui était juste en face de sa maison rue du Château. Une petite dame blonde, d'une cinquantaine d'années, faisait le service. Elle était l'épouse du patron, et avec une sorte de rondeur souriante, elle accueillait le Russe toujours très chaleureusement. Quand j'entrai dans ce restaurant, je me figurai qu'elle devait en avoir vu défiler des petites nouvelles à son bras, et que ça devait faire de bons sujets de conversation avec son mari ! Mais je m'en foutais. Ne pas avoir le premier rôle, sentir que je suis jugée, jaugée, m'importent peu. Il y a toujours une part en moi qui se dit : « Nous verrons bien si je suis le dindon de la farce ou pas. » En l'occurrence, ce qui était prioritaire pour moi, c'était de vivre pleinement, *à fond*, ce moment que j'avais espéré depuis toujours, qui m'intimidait et m'intriguait aussi. Je me demandais bien comment le bel homme mûr allait s'y prendre pour devenir mon amant !

Il le fit dans la plus grande délicatesse et la plus grande élégance. Le dîner passa comme un dîner habituel. Avec la pertinence, l'attention, l'humour, et la fatigue qui impliquait qu'on ne traînait pas au restaurant avec lui. Mais rien qui soit du registre visible de la séduction. Rien qui tente de se montrer sous un autre jour. Pas du tout. Il était tel quel. Et j'en éprouvais, par conséquent, la même sensation de privilège que les dernières fois, le même frisson du moment volé. (L'amour, même légitime, ne doit-il pas se vivre majoritairement dans les alcôves, les boudoirs, les voitures, et sous les porches obscurs ? Quelques sorties officielles, main dans la main, certes, mais pour mieux profiter ensuite de l'impasse ou de la traboule !)

Au moment d'aller boire un verre chez lui, il me dit juste : « Tu veux bien ? » J'acquiesçai. Il réitéra la question, avec un sourire espiègle.

« Tu veux vraiment bien boire un verre ? »

Je confirmai. Je voulais « vraiment bien » boire un verre.

Et nous entrâmes.

Mon cœur s'est mis à battre. Très fort. Il y avait un canapé coincé quelque part dans ce grand salon-studio bordélique. Je m'y suis assise. L'homme slave a dû se servir un Coca, et moi, un verre d'eau ou de vin. Il y avait des poils de chat dans la maison et sur ce canapé ; je me suis mise à éternuer. (J'ai compris seulement des années plus tard que j'étais allergique.) Je perdais peu à peu mon maigre zest de féminité tant, pensai-je, j'étais en train de prendre froid. Mes yeux rougissaient. Mon nez coulait. Mon rimmel aussi.

Ça a fait rire l'homme slave qui, au beau milieu d'une phrase un peu alambiquée de ma part, m'a demandé l'autorisation de m'embrasser.

Je la lui ai donnée.

Il s'est quand même inquiété de savoir, avant de

recommencer, si ça n'était pas un problème, son âge. Je lui ai répondu : « Ton âge, je m'en fous. »

Et c'était parti.

J'ai le souvenir d'une première nuit tendre, désirante, ludique, maladroite. Une nuit où il m'a guidée. Une nuit où je me disais qu'après toutes les bombes qu'il avait eues dans son lit, je devais faire pâle figure avec mon inexpérience.

Mais, s'il a souri, il n'a rien manifesté de désobligeant, bien sûr. Il a dû penser quand même que je n'étais pas la bonne adresse pour le sexe libre, imaginatif, et débridé (qu'il appréciait particulièrement, je l'apprendrais plus tard), mais que ce n'était pas grave, c'était autre chose, et ça lui allait bien.

J'espérais.

Carnet cartonné noir

14-03-90

Yeah! Les dés sont lancés... J'ai flirté avec Francis hier. On a différé le passage à l'acte. C'est pas ça, l'important. L'important, c'est que je suis bien dans ses bras. Qu'il est rare. Très rare. Ce qui va être dur par rapport aux autres, c'est la différence d'âge énorme. Mais bon. Je le trouve beau. J'aime ce visage qui porte la vie. Je suis comme heureuse. Finalement, quand la différence d'âge est si grande, elle s'abolit presque. Ce qui est étonnant, c'est que mon cœur ne panique pas.

[...]

La concordance des temps, qu'est-ce que j'en ai à foutre...

Voilà comment nous nous quittâmes au petit matin, tôt (parce qu'il se levait toujours tôt, travaillait toujours tôt), conscients l'un et l'autre de l'immense affection qui nous liait, mais aussi du canyon qui séparait nos réalités.

Qu'importe. Je me disais secrètement que cette aventure était une chance pour moi, j'allais avoir un initiateur érotique, ce serait bien pour la suite de ma vie amoureuse. Je prévoyais, dans une crise de rationalité, que notre amour durerait deux ans, que j'aurais ainsi conquis l'homme qui me plaisait le plus au monde, et qu'après, je repartirais dans la vie, pour peut-être une histoire plus classique avec des enfants, puisque ce projet-là était plutôt clair dans ma tête. Impossible de passer dans le monde sans avoir d'enfant. Ce serait parfait.

Oui. J'étais éprise, et pourtant étrangement à distance. Un mélange de pasionaria et de spectatrice amusée. Je le suis toujours. C'est ce qui crée souvent de gros malentendus avec ceux qui croisent ma vie affective, et que j'effraie avec mon air envahissant et puissant, puis léger et cuirassé, alors que moi je me sens simplement « éprise et étonnée ».

La petite mécanique de mon plan romantico-intellectuel sur deux ans s'enraya très vite. Certes, l'homme slave me rappela le soir pour m'embrasser, mais plus ensuite pendant quelques jours. Je l'appelai, moi, il me rappela une fois pour me certifier qu'on allait se voir bientôt, mais quand ? Il remettait. Je n'étais toujours pas sa priorité. Cette procrastination, qui ne m'avait pas trop atteinte le premier mois avant notre première étreinte, devint plus douloureuse pour moi. Plus troublante.

C'était une époque sans téléphone portable. Pour recevoir un appel il fallait attendre à la maison. Certes, on possédait tous des répondeurs téléphoniques, mais le Russe n'y déposait que des messages succincts, « Je pense à toi, je t'embrasse, je te rappellerai », qui me laissaient très frustrée.

Je commençai donc à refuser de sortir pour ne pas manquer cet appel éventuel. Je le savais capable, à raison, de tenter de me joindre à 19 heures pour me dire : « Passe, je suis libre ce soir. » Jeune esclave consentante, je me mis à lanterner devant ma télévision, ou plongée dans mes livres et mes auteurs fétiches, ou dans mes études, prétextes idéaux pour refuser les quelques soirées de distraction que me proposaient mes amis. (Le portable a donné aux amoureux une telle liberté que je me demande souvent si ceux d'aujourd'hui peuvent concevoir qu'on ait pu rester vissés à nos chaises des journées entières à essayer de lire ou à zapper misérablement en attendant le coup de fil libérateur. L'attente est éternelle mais on peut au moins désormais l'amener avec nous, la trimballer comme une prothèse invisible dans nos diverses déambulations, elle n'a plus cette forme amorphe et paralytique d'autrefois.)

Carnet cartonné rouge et noir

18-03-90

Je n'ai encore rien dit de définitif à N. Je le garde lâchement comme roue de secours. Si les choses se précisent avec Francis, je lui parlerai. Je ne m'aime pas avec ces raisonnements-là, mais je préfère chercher l'objectivité. En réalité, je ne suis pas trop aimable.

19-03-90
Le doute comme une maison. Francis n'a pas appelé. Ça commence à ne pas me laisser indifférente. Sûr que je ne sortirai pas indemne de cette histoire. Même si elle s'arrête demain. Surtout si elle s'arrête demain.

Je ne sais plus combien de temps il fallut à nouveau avant que je revoie mon Céladon. Assez pour que je doute de moi très fort, de ma sensualité, de mon intérêt pour lui. Mon orgueil ne renonçait pourtant pas. Je voulais la vivre, cette histoire. Je voulais la vivre vraiment. Je ne me contenterais pas d'une nuit ou deux. Il ne pouvait pas me faire ça. Ça ne me suffisait pas ! J'en voulais plus. Pas beaucoup plus. Pas des vacances à Marrakech, ni de maison avec garage, mais je voulais avoir le temps de l'explorer, lui. Le comprendre. Résoudre l'énigme. Ou si ce n'était résoudre, au moins approcher.

Je voulais le voir au petit déjeuner.

Je voulais regarder un film avec lui au cinéma et à la télévision. (En regardait-il ?)

Je voulais dîner avec des amis à lui. (Au moins une fois ? Le faisait-il ?)

Je voulais faire une grasse matinée dans ses bras.

Observer son quotidien.

Avait-il des temps de repos ?

Ma mythologie me le représentait en activité incessante, au téléphone, en train de diriger des troupes, sur sa moto, en réunion avec des collaborateurs, en pleine étreinte, puis écroulé dans un sommeil lourd.

Y avait-il autre chose ?

Non, je ne voulais pas m'être approchée si près du but et finir comme une conquête d'une nuit. Une tentative avortée.

J'insistai. Je rappelai.

Je tapai l'incruste.

Ça l'amusait, je crois. Ça le touchait. Mais il ne se précipitait pas pour autant. J'ai même dû lui écrire, c'est sûr. C'est avec lui que j'ai découvert le vertige de la lettre postée. Je lui écrivais de longues lettres, ou parfois courtes, dans lesquelles je glissais l'amour, certes, mais aussi la pertinence et l'impertinence, que je croyais ne pas parvenir à exprimer devant lui, et encore moins au téléphone. Je ne les envoyais pas toujours, un peu craintive de l'effet que cela aurait ; le « trop » ou le « pas assez » contenus dans ma prose ne seraient-ils pas éliminatoires ? (Malheureusement, l'expérience m'a prouvé qu'en effet, de nombreux amoureux s'effraient d'une expression, d'un rire, d'un vêtement, ou d'une phrase excessive ou maladroite, et s'enfuient sans se retourner. Dommage. Tant d'amours sont perdues à cause d'un jugement hâtif, sévère, ou faute de curiosité ou de persévérance.)

Quand il fallait glisser la lettre dans la boîte aux lettres, ma main tremblait. Impossible de la relire, comme on le fait aujourd'hui mille fois avec un texto avant de l'envoyer ; l'enveloppe était fermée solidement. Souvent, j'ai rebroussé chemin, laissant la missive se froisser, puis se déchirer dans mon sac. Mais souvent aussi, j'ai jeté l'enveloppe dans la fente, en un élan courageux et vertigineux. Ce vertige, je l'éprouve parfois avec les nouvelles technologies, mais sans cette hébétude que procurait le métal si bien scellé de la boîte jaune.

De son côté, l'homme slave me laissait un message de temps en temps qui faisait ma ration jusqu'au prochain. Il arguait souvent des raisons professionnelles dont je vérifierais plus tard qu'elles étaient fréquemment justifiées, mais qu'elles servaient aussi parfois de prétexte.

Je ne sais pas, non, combien de temps passa entre notre première et deuxième nuit. Un certain temps. Et je ne crois pas non plus que cette deuxième nuit fût plus remarquable que la première. Elle était sans doute tendre. Un doux flirt. Une récréation. Le ton de ce début d'histoire était donné. Celui d'une aventure à la sexualité classique et prudente, une aventure qui comblerait les quelques espaces vides de l'homme affairé. Soit.

> **Carnet cartonné rouge et noir**
> *29-03-90*
> *Néanmoins l'homme de mes pensées me rappelle régulièrement, qu'est-ce qu'il manigance ?... Ça finit par m'amuser c't'affaire. Finalement, si on ne va pas plus loin, c'est lui qui y perd. Moi, ça ne m'empêchera pas de le voir et de profiter de lui. Je pourrai le faire plus facilement.*

Les mois ont passé. Mars, avril, mai, juin, juillet. Et le Russe ne m'avait laissé que les miettes de son emploi du temps.

Ma vision sommaire de la situation (« je vis une histoire forte de deux ans avec lui et après on se séparera, et je pourrai construire ma vie ») avait fait long feu ! J'apprenais qu'on ne faisait pas de plan en amour. J'apprenais à jouer avec les cartes qui m'étaient données, et sans connaître celles qui seront abattues par le si cher partenaire. Bien sûr, en cas de mésentente persistante, on peut quitter la partie. Mais je ne voulais pas la quitter, celle-là. Je n'y arrivais pas. J'avais l'intuition d'être au pied d'un amour. Cette tempête en moi lors de son coup de fil déclencheur m'avait fortement marquée. C'était *elle* que j'attendais à nouveau. Cette collision entre son désir et le mien. L'amour, de mon point de vue, je peux le dire aujourd'hui, c'est attendre longtemps, tapie dans les recoins d'un lien, pour que soudain surgisse l'improbable. Et il surgit. Souvent. Oui. Puissant.

Je ne voyais pas comment j'allais me sortir de cette amourette, éparse et frêle, et qui pourtant me prenait toute mon énergie, m'empêchait de regarder ailleurs.

Je sentais bien que c'était ridicule. Et, à part à un ami très proche de ma promotion du studio qui avait une écoute analytique et bienveillante et avec qui je pouvais échanger pendant des heures, je n'en parlais presque pas autour de moi ; non pas pour protéger la beauté d'une chose dont je ne pouvais que m'avouer la pauvreté, mais pour ne pas être soumise aux regards étonnés de mes camarades comédiennes dont les compagnons étaient si jeunes, si drôles, si bien foutus, et qui ne comprendraient jamais que je me mette comme ça en *stand by* pour un vieux schnock qui ne profitait même pas de l'aubaine !

En juillet, le susdit m'annonça qu'il partait, plus d'un mois, à Bidache, près de Biarritz. Il mettait en scène un son et lumière dans le château du village, avec des centaines de bénévoles. J'en avais déjà entendu parler les années précédentes ; c'était une de ces énormes machines dont il avait le goût. On ne se verrait pas durant tout ce temps-là.

Cahier Cambridge bleu
20-07-90
L'homme s'appelle Francis... il est vieux, me saute moi qui ai vingt-trois ans, puis il s'en va et me laisse dans le silence de lui pendant de nombreux jours. Pour ne pas être carrément impoli, il me rappelle quand je lui laisse un message de tristesse ou quand je lui envoie des fleurs par Interflora, 168 francs, merci du dérangement. Sinon rien... il faut lui concéder qu'il a des occupations très accaparantes. Il est vendeur de feux d'artifice.

Sous prétexte de ce déplacement absorbant, plus de nouvelles. Plus d'appels. Plus rien. J'aurais pu crever la gueule ouverte, il n'en aurait rien su ! En l'occurrence, c'était un peu ça, mais pour ne pas mourir définitivement, je me noyais dans le travail et la rédaction de mon mémoire de maîtrise qu'un professeur brillant, écrivain et journaliste, autre F. M. de ma vie, avait eu la courtoisie d'accompagner.

Et puis un jour : « Bonjour, c'est moi. Je t'appelle juste pour te dire que je pense très fort à toi et... je te rappellerai et... je t'embrasse très très fort. »

Je ne m'emballe pas. Je sens l'entourloupe. Il dit

qu'il va rappeler mais il ne le fera pas. Je connais la chanson.

Pourtant, il rappelle.

Cette fois, je suis là. Je réponds. Je tremble.

— Ça va ?

Le butor ne disait jamais « bonjour » ni ne s'annonçait. Il présupposait à juste titre qu'on le reconnaîtrait à son vibrato de fumeur.

— Ça te plairait de voir le spectacle ?

— Ben oui !

— C'est un son et lumière, hein... C'est du divertissement.

— Ben oui ! J'adore ! C'est beau.

— Alors, viens.

— Quand ?

— Après-demain. Ça te va, après-demain ?

Chaud. Froid. Bordel dans ma tête. Oui ! Oui, j'avais envie de voir son spectacle, mais surtout, j'avais envie de le voir lui. De passer du temps avec lui. S'il fallait aller à Bidache « après-demain » pour ça, j'irais à Bidache. Et puis s'il m'invitait à Bidache, où il serait entouré de ses collaborateurs, c'est qu'il acceptait de se montrer à mes côtés, ce qu'il n'avait jamais fait jusque-là, à part au restaurant du coin. Je serais donc comme celle sur le bateau ? Celle qui se tenait à ses côtés et le soutenait ? Deux jours peut-être, trois maxi, mais c'était toujours tellement plus que les quelques heures par-ci, par-là, qu'il m'avait accordées pour l'instant !

J'ai calmé mon palpitant parce que je ne croyais plus que ce que je voyais avec lui, et puis je n'étais pas non plus si naïve. Il m'appelait peut-être parce que l'une de ses conquêtes s'était désistée. (Son frère m'a avoué récemment que, lorsqu'il collaborait avec lui à Bidache, plusieurs étés consécutifs, il avait été témoin d'une valse si incessante et innombrable de femmes et jeunes femmes, que ça en devenait gênant même pour lui qui n'était pas non plus un petit collectionneur.)

Tant pis. Je prenais. Et tant pis aussi pour le mémoire de maîtrise que je rédigeais et dont chaque jour de travail était compté. Il attendrait. Je travaillerais le double en rentrant.

À Bidache, le taxi me laissa à l'entrée d'un vaste terrain, avec un maigre château au loin, une ruine biscornue, où une pléthore de petits êtres s'agitaient pour préparer le spectacle du soir. Des techniciens, mais aussi une petite armée de bénévoles en costume médiéval, des chevaux, des vaches, des moutons, tout cela allait jouer devant plus de mille personnes.

Un régisseur finit par m'apercevoir et me conduisit vers le metteur en scène qui était dans la cabine régie, en haut d'un échafaudage installé pour l'occasion.

Le Russe m'embrassa et me posa sur un tabouret haut dans le fond de la cabine. Concentré. Occupé.

J'observais. J'écoutais. Je m'ennuyais, mais comme on s'ennuie lorsqu'on guette un signe qui ne vient pas. Je m'ennuyais d'espérance. Je m'ennuyais parce que je ne regardais pas ce qui se passait vraiment, mais seulement ce qui ne se passait pas. Rien à décoder. Rien ne m'était adressé.

Ça s'activait de toutes parts. Des problèmes à régler, des inquiétudes pour la météo peut-être. J'étais quantité négligeable pour tous. Pour lui, je ne sais pas...

Il devait m'épier un peu quand même. Ou se demander ce qu'il allait bien pouvoir faire de moi.

Je vis donc le spectacle du haut de la cabine-régie. Je découvris l'envers de ce géant décor. Les « top », les échanges en talkie-walkie, les vannes, et aussi à quel point cet homme était consulté en toute chose, impliqué dans tout, une fois de plus.

Top cavalerie.

Top bergers et troupeaux.

Top foule.

Top feu d'artifice.

Il m'apparaissait comme un grand gamin à la tête de son énorme navire. Sérieux, gaillard, résolu. J'étais à la fois impressionnée et amusée. Je m'aperçus que, contrairement à moi qui ne rêvais que d'œuvres intimes, de spectacles intimes, où tout passe par le verbe et l'émotion en gros plan, l'homme que j'admirais, lui, aimait l'épique, l'immense, l'espace. Même si, à l'époque où il était formateur, il avait semblé se régaler à diriger les chanteurs en traquant leur monde intérieur, une majeure partie de sa réalité d'artiste était bien de penser grand, ample, viril.

(Pourtant, malgré mon admiration, je ne peux pas nier qu'aux entournures, avec la prétention de mes vingt ans, je jugeais ce qu'il faisait moins intéressant, moins exigeant que ce à quoi j'aspirais dans mes domaines de prédilection, le théâtre, la scène, l'écriture. Pourquoi faut-il que, le plus souvent, une émotion soit accompagnée de résonances étranges, comme une note de musique irrémédiablement suivie de ses harmoniques et de leurs dissonances ? Ne sommes-nous pas en quête éperdue de ces instants sans ambiguïté, sans brouillard, si épars dans une vie, et déçus éternels de cette quête aux résultats si maigres ? Ne faut-il pas finalement aimer même la complexité de ce que l'on ressent, comme on apprécie certains mets dont l'amertume vient au palais en second, ou en troisième ?)

Je crois bien que le sandwich de fortune qu'on m'avait généreusement offert avant le spectacle me servit de repas. Le show commençait tard puisqu'il fallait, pour les lumières et la pyrotechnie, attendre la nuit, et il durait deux bonnes heures. Le metteur en scène n'avait pas la force ensuite d'aller au restaurant ou de traîner à la cantine.

Nous rentrâmes donc à l'hôtel.

Nous passâmes la nuit dans les bras l'un de l'autre. Nous fîmes l'amour de façon un peu plus audacieuse, me semble-t-il, mais je n'en suis pas sûre. En tout cas, il y avait beaucoup d'amour de ma part. Je n'avais pas baissé les armes. Et comme il recevait tout cela affectueusement, j'étais aux anges.

... Jusqu'au petit matin. Alors que nous étions encore serrés l'un contre l'autre, le téléphone dans la chambre sonna. Nous émergions à peine. Il répondit. Immédiatement, quand il entendit la voix à l'autre bout du fil, il mit de la douceur dans son timbre, un vibrement de tendresse amoureuse. De toute évidence, il s'agissait d'un appel personnel attendu par lui. Espéré peut-être. Et il se mit à parler avec la fille au bout. Assez longtemps. Bien plus longtemps qu'il ne le faisait avec moi lorsqu'on s'appelait.

J'étais dans le lit, j'écoutais. Je n'en revenais pas. Je n'en revenais pas de son audace. Je n'en revenais pas non plus de la confiance qu'il me faisait en n'écourtant pas cet appel contre lequel j'aurais pu m'insurger. Je n'en revenais pas de sa légèreté vis-à-vis de celle au bout du fil qui ignorait sans doute son batifolage. (À moins que... ?) Je n'en revenais pas de ne pas éprouver vraiment de jalousie. Non. Ça allait. C'était logique. Il me semblait qu'un homme comme lui devait se partager. Qu'il était déplacé d'en vouloir l'exclusivité.

Je le regardais.

Est-ce qu'un autre que lui, de la même espèce, n'aurait pas prévenu à l'avance ? Dit quelques phrases telles que : « Je suis comme ça, c'est à prendre ou à laisser, je suis un homme fait ainsi, j'ai compris que dans la vie ceci, ou dans la vie cela... » ? Avec lui, rien n'était jamais expliqué, contraint. Il vivait. Il faisait. Il prenait le risque. J'aurais pu me dire que c'était irrespectueux. Et de fait, ça l'était. Mais je ne le vivais pas ainsi.

Il ne savait rien de ma possible jalousie.

Il ne savait rien de l'ogresse éventuelle que je pouvais devenir sous l'effet des passions.

Il avait l'immense culot de prendre cet appel, et l'immense imprudence de le faire durer. Sans rien connaître de moi. Je ne lui faisais donc pas peur ?

Il raccrocha.

— C'était qui ?

— Une amie. (Il sourit.)

J'hésitai puis :

— Je suis jalouse.

— Il ne faut pas. Il ne faut pas être jalouse.

— Je suis pas jalouse, mais je suis jalouse quand même.

(Sourire.)

— Quand est-ce que tu rentres à Paris ?

— Je t'appellerai.

— Oui, c'est ça...

— Si ! Je t'appellerai. Ne t'inquiète pas. Si tu veux, je t'appellerai.

— Je veux.

Cahier Cambridge bleu

28-07-90

— Murielle, as-tu un fiancé ?

— ... Non. Et toi, tu as une fiancée ?

— Une fiancée ? Non. Mais je suis très dissolu... Ça t'ennuie ?

— Oui.

— Pourquoi ?

— J'aurais préféré avoir l'exclusivité.

— Ah ça, ce n'est pas possible.

— Pourquoi ce n'est pas possible ?

— Pour... pour deux raisons. D'abord, je suis à un âge où...

Deux raisons donc m'ont été annoncées. Il a décidé de ne plus s'engager à long terme avec une femme, parce qu'il n'est plus assez jeune pour promettre quoi que ce soit et parce que les hommes qui vivent comme lui ne vivent pas bien longtemps. La deuxième raison est qu'il est libertin, volage, et dissolu de nature.

— Une femme qui veut vivre une relation de tendresse, de complicité, d'amour avec moi doit, non pas accepter cela mais l'absorber, non pas le subir mais l'absorber.

— C'est dur de penser que tu vas peut-être dire ça à une autre femme dans deux jours !
— Ah non non...
— Non quoi ?
— Non... Si je te le dis à toi, c'est parce que j'ai le sentiment de pouvoir vivre quelque chose de beau avec toi. Je ne le dis pas à toutes.
Je lui ai dit que tout cela demandait réflexion, que je ne savais pas si je savais absorber. *Que je l'espérais mais que ça n'était pas sûr.*
La nuit d'après, il m'a dit : « Le problème, c'est qu'on va beaucoup s'attacher l'un à l'autre. »

Rien ne fut tout à fait pareil. À partir de ce jour-là, de mon départ de Bidache, rien ne fut tout à fait pareil.

L'homme slave m'appelait désormais tous les jours. Il me donnait un peu plus de lui. Il ne me laissait plus de longs jours sans nouvelles. Il prenait des miennes. Et puis, quand il est rentré, on s'est vus. La question de « se voir » n'était plus une requête unilatérale ; elle venait aussi de lui. Même si cela restait des rencontres éparses, elles n'avaient plus cette forme molle et indéfinie des premiers temps. Elles étaient pleines de quelque chose.

Je ne sais pas si cette scène du matin a mis du ciment entre nous. Le fait que je le tolère, que je le comprenne, sans pour autant nier la réalité ? Je ne me conformais pas aux schémas préétablis de la relation amoureuse. Je n'arrivais pas à donner un cadre à cette notion dont les livres, les films me montraient bien qu'il y avait mille manières de la vivre. Les amours qui durent ? Oui, c'est beau. Les amours fulgurantes ? C'est beau aussi. La fidélité à tout prix ? Bon... L'infidélité cachée pour préserver le couple ? Pourquoi pas. L'infidélité avouée pour ne pas trahir ? Soit. Aimer deux personnes en même temps ? Le libertinage ? Est-ce que l'important n'était pas la nature de ce qui était vécu, plutôt que la forme ? Non, il n'y avait pas pour moi une bonne façon d'aimer, malgré mon jeune âge, je n'avais pas de croyance durable en la matière. C'était un espace flou. Le seul point sur lequel j'étais fixée était que, pour faire un enfant, je souhaitais un cadre amoureux stable ; mais je ne donnais pas pour autant plus de valeur romanesque à ce schéma-là.

Peut-être un autre détail eut-il lieu au cours de cette matinée et le séduisit ? Je ne sais pas. Une caresse particulière ? Une phrase prononcée ? La tendresse que je savais exprimer ? (il me disait souvent : « Tu es la tendresse même... »). Ce dont je suis sûre, c'est qu'il ne s'agissait pas de mes exploits purement sexuels car je me libérais mais j'étais encore inhibée et lui prudent. On ne faisait pas une paire très « rock'n'roll » ces jours-là. Ce n'est pas dans ce terreau que cette première histoire prit ses racines.

Cahier Cambridge bleu
29-07-90
Je lui ai écrit : « Jamais je n'ai tant désiré avoir cette faculté qu'ont ensemble le buvard, le poivrot, et la bonne terre : celle d'absorber. »
Si cela dure un peu, cette histoire sera, en tout cas, une révolution pour ma sensualité.
Il faut vivre au jour le jour, être farouchement épicurienne, aimer, et rester disponible pour aimer encore, ailleurs... pourquoi pas ?

Et voilà donc que je me sentais deux. Un drôle de deux. Mais deux. Pour la première fois, car dans mes précédents flirts, j'étais plutôt encombrée par l'idée du couple. Comme si je jouais une comédie que, par conséquent, j'interrompais rapidement. Avec lui, non. Malgré sa vingtaine d'années de plus que moi, ses rides, et son absence, j'étais deux. Et en plus, je pouvais continuer mes activités, me donner à fond pour mes rêves.

Quand nous nous voyions, le plus souvent, c'était pour dîner et faire l'amour. Rien d'autre. Pas de vie sociale. Comme des amants, mais, pourquoi pas ? De temps en temps, on regardait des films dans son lit, sur une grande télévision comme peu de gens en possédaient encore, et ces moments symbolisaient pour moi l'expression parfaite du bonheur avec lui. (Il en regardait donc, des films... !) Il détenait toute une collection de Laserdisc, des sortes de 33-tours sur lesquels étaient gravées les œuvres, et qu'on lisait avec un lecteur ultra-sophistiqué. Il suivait de près les nouvelles technologies et figurait toujours parmi les premiers à se procurer ce qui venait de sortir.

J'avais souvent l'intention de le questionner pour savoir s'il voyait d'autres filles que moi, si « le coup de fil de Bidache » était encore dans le secteur, et si on allait continuer à se fréquenter longtemps. Mais je me décourageais toujours. Je prenais ce qui était là. Comme si aborder ces questions allait banaliser notre relation, la normer. Car j'avais indéniablement (oui, mais qu'importe) la double impression d'un côté de ne pas mériter mieux et, de l'autre, d'évoluer dans les hautes sphères de l'amour. Complexes d'infériorité et de supériorité bien connus.

Un jour pourtant, je mis l'orteil dans l'eau : «Il y a d'autres femmes dans ta vie ou pas?» Il me fit une réponse assez habile qui disait que non, il n'y avait pas d'autres femmes comme moi dans sa vie en ce moment; j'étais la seule avec qui il partageait cette tendresse-là. Cela m'apaisa partiellement et puis en fin de repas, je revins à la charge. Oui, d'accord, la seule avec qui il partageait cette tendresse-là, mais est-ce que ça voulait dire qu'il y en avait d'autres avec un lien «différent»? Il se tendit un peu, agacé, et il finit par me dire : «On va pas se marier toi et moi... Hein? On le sait?»

Assez spontanément je répondis : «Oui, on le sait!» (Je repensais à mon plan : vivre une histoire d'amour intense avec lui pendant deux ans, et puis ensuite rencontrer quelqu'un avec qui faire des enfants, rentrer dans la normalité.)

Il eut un éclair de désarroi devant la promptitude de ma réponse, puis il enfonça le clou.

— On le sait qu'on ne va pas se marier, alors on ne va pas se faire des scènes comme si c'était le cas.

Je dis :

— D'accord mais quand même, on peut vivre une histoire sérieuse.

— Mais on vit une histoire sérieuse... À notre manière.

Je souris. C'était bien ce que je voulais entendre.

Pour ce soir-là!

Car dès le lendemain, ou quelques heures même peut-être après cet échange, j'ai commencé à me dire :

« Et pourquoi pas », « Pourquoi pas se marier ! », « Qu'est-ce qui nous en empêche ? », « C'est peut-être avec lui que je vais passer ma vie ? Pas deux ans, pas trois, mais trente ! ». Tout à coup je ne voyais plus pourquoi j'avais fermé si catégoriquement la porte à cette éventualité, alors même que lui me confirmait qu'elle était évidemment fermée. J'avais saisi cet éclair de désarroi dans ses yeux, comme un regret, et plus qu'aux mots de l'homme slave, c'est à ce regard volé que je m'accrochais. C'est lui qui avait mis le ver dans le fruit. Cet émoi traduisait peut-être simplement la vexation d'un homme devant l'aplomb d'une jeune femme excluant toute perspective de construction avec lui ; une blessure d'orgueil plus qu'un espoir amoureux déçu. Mais mon inconscient s'est engouffré dans l'autre hypothèse. Celle d'un trouble dû à un regret réel de sa part de ne pas avoir vu chez moi la foi, le désir de construire avec lui. En m'appuyant sur cette sensation, j'ai commencé à envisager pour nous l'option d'une vie de couple ordinaire qui jusque-là ne s'était jamais installée en moi. (Je m'étonne en vieillissant de la capacité de l'être humain à affirmer fermement un point de vue, une décision, qui est ébranlée à la seconde même où elle est énoncée. Le fait de l'articuler, avec quelque conviction que ce soit, contribue à la vider de son combustible. Il suffit parfois de prononcer « je ne ferai pas ça » pour commencer à le faire. Car le « dire », même au négatif, est le début de l'« envisager ». La façon la plus sûre de ne pas faire une chose est de ne pas la concevoir, et plus encore, la formuler !)

Ce « On ne va pas se marier » sur lequel nous étions l'un et l'autre d'accord a commencé un travail insidieux en moi, se faufilant dans mes incohérences.

Carnet Clairefontaine rouge à carreaux

4-10-90

Je pense à Francis avec qui j'ai envie d'établir maintenant une relation plus grave.

Cesser d'effleurer les choses comme une gamine.

J'étais désormais de plus en plus éprise. De plus en plus prête à assumer cette liaison, que je n'associais plus seulement à une aventure intense mais à un amour. Je questionnais encore mon curieux compagnon sur sa vie affective, ses engagements. Il s'était marié et avait divorcé deux fois. La première, très jeune. Et la seconde, peu de temps après. Il témoignait d'amours déçues par la réalité et le quotidien ; il le faisait de façon très évasive, impatiente ; comme si ça n'avait pas compté. Je ne comprenais pas pourquoi. Je le portais au bénéfice d'une certaine courtoisie pour les nouvelles arrivées, à qui il aurait épargné le récit de ses passions. J'appréciais l'attention mais ma solidarité féminine me poussait à m'identifier davantage à ses anciennes amours déconsidérées et je le jugeais un peu léger quand même, avec ses « ex ». Il me fallut du temps pour découvrir qu'il lui était en réalité nécessaire de minimiser ses amours échouées, afin de donner de la valeur à ses amours présentes et encore plus à l'Amour à venir, l'Amour rêvé, celui qu'il pensait parfois trouver et qu'il désirait vivre avec l'intensité d'une première fois, d'une ultime fois.

Il n'y avait pas d'enfant de ces deux unions.

Il m'avait pourtant semblé avoir entendu à l'époque du studio que le professeur avait une fille qu'il voyait peu. Mais quand je reposais la question, il me confirma qu'il n'avait pas eu d'enfant avec ces deux femmes. Je ne m'avançais pas plus sur le sujet que je devinais chatouilleux. Embarrassant.

Un samedi matin, alors que nous allions prendre un café dans un bar du quartier en guise de petit déjeuner, il me demanda sur le chemin : « Tu es indépendante, toi, Murielle ? » J'avais abondé, persuadée que c'était ce qu'il fallait faire pour le rassurer. « Oui, très indépendante ! » Il avait haussé un sourcil, un peu dépité. J'avais relancé, curieuse : « Pourquoi ? » Il avait grommelé que c'était difficile pour une femme indépendante de vivre un amour avec lui. Il n'avait pas trop développé mais il avait répété cela, que c'était souvent impossible pour lui de vivre un amour avec une « femme indépendante ». J'étais déroutée. Un peu stupéfaite même. En tournesol, je me précipitai pour nuancer : « Quand je dis que je suis "indépendante", je ne sais pas... Je crois ! Je ne suis pas *très* indépendante non plus ! Je veux pouvoir faire ce que j'ai à faire, c'est surtout ça. Avoir du temps pour moi. Mais, sinon, non, pas si indépendante que ça finalement... » Il me regardait en biais, comme pour sonder ma sincérité, et il finit par sourire. Une fois arrivés au café il me dit de l'attendre en terrasse (étions-nous à l'automne ?), il avait une course à faire. Que je commande mon café et un Coca. « Je reviens. »

Dix minutes après, il réapparaissait avec des paquets de cigarettes pour lui, et une rose pour moi qu'il m'offrit négligemment, comme pour me signifier qu'il ne fallait pas que j'y mette plus de sens que ça n'en avait.

Je ne parvins pas tout à fait à cacher mon émotion, la pétulance dans mes yeux. Les petites étoiles. Mais, en réalité, c'était plus profond que cela. J'étais bouleversée. Cette rose était la première incursion du vocabulaire amoureux dans notre histoire. Elle pénétrait mon récit intérieur. Mon souhait secret. Cette rose qu'il m'offrait avec désinvolture me transperçait.

Elle me transperce encore.

Anodine et intense.

Elle est son premier vrai geste incontrôlé vers moi. Le premier abandon de celui qui ne s'abandonnait pas.

J'aime cette rose, ce matin-là, rue Raymond-Losserand, parce qu'elle a été le seul symbole de cette partie de mon histoire. La seule expression tangible. Le seul cadeau.

J'aime cette rose qui me rappelle qu'avec lui je me contentais de peu. Est-ce parce que je valais peu à mes yeux ? Peut-être. C'était surtout qu'à mes yeux, *peu* de lui valait plus que *beaucoup* d'un autre.

J'aime cette rose car elle me persuade aujourd'hui, en toute maturité, qu'au-delà de mon inconscient (recherche du père, de la mère, ou que sais-je ?) il y avait des fondations profondes, variées, à l'amour que j'ai porté à cet homme indigne en bien des points, mais immensément digne d'être aimé.

Cahier Clairefontaine rouge à carreaux

15-10-90

Pour l'instant je le désire comme une gamine, ce vieux satyre jovial et insolent. Ce sage libertin. Ce salaud généreux. Peut-être que je me dirai que j'ai gâché des années de jeunesse à cause de lui. Ou des mois.

J'ai comme l'impression que je vis cette histoire pour l'écrire un jour (sic !).

Il allait partir en déplacement, et il souhaitait que je m'occupe de ses chats et de sa chienne Faustine. Pour simplifier mon organisation, et peut-être aussi pour protéger son matériel, il me proposait de dormir chez lui le temps de son absence. Il me laissait les clés. Je pouvais en profiter pour regarder des films. Ce n'était pas rien, cet accès soudain à son intimité, à ses possibles secrets. Pas rien pour moi qui ne me connaissais pas encore assez pour savoir si j'étais apte à ne pas fouiller dans ses affaires, ne pas être tentée de soulever les voiles, d'ouvrir les cahiers, les placards. Quelle femme amoureuse étais-je ?

J'appréhendais. Je discernais bien là une confiance, un blanc-seing. Un privilège. J'acceptai bien sûr, un peu impressionnée dans cette petite maison parisienne. Finalement peu encline à prendre plus qu'il ne voulait me donner, je fis le bon petit soldat.

Dès la première nuit, je m'installai dans sa chambre ; je mis en marche bon an, mal an son lecteur si sophistiqué (il fallait souvent changer de disque quand les fictions étaient très longues) et je regardai un film.

Vers minuit, au moment de me coucher et de fermer les rideaux, j'aperçus par terre un bout de dentelle, emmêlé dans les replis de l'étoffe.

Je me baissai et m'en saisis.

Je le relâchai aussitôt comme si c'était une pièce à conviction qu'il ne fallait pas déplacer.

Et pour cause. C'était une petite culotte de femme. Une petite culotte pas du tout à moi.

La trace d'une autre.

OUI, je supposais qu'il voyait d'autres femmes ! OUI, il ne m'avait rien promis, et surtout pas la fidélité. OUI, il avait vingt-cinq ans de plus que moi et on n'allait pas se marier, etc. Mais cette culotte de femme agit sur moi comme un assommoir. Un rappel cinglant que rien ne pouvait se construire, une confirmation incontestable que mes récents fantasmes de « couple » reposaient sur un socle nébuleux, spécieux. Il avait beau me laisser les clés de chez lui, le Russe n'en était pas moins un insatiable baiseur et séducteur et ma relation avec lui serait régulièrement ponctuée par ce genre de découverte malencontreuse.

J'ai souri. J'ai ragé. J'ai pleuré ? J'ai tourné autour de cette énigme. J'ai essayé de m'agripper à des conjectures apaisantes mais il n'y en avait pas. Non, ça ne pouvait pas être la petite culotte de la femme de ménage ou d'une assistante qui se serait changée dans sa chambre pour une raison lambda ; non, ça ne pouvait pas être à lui, à supposer qu'il aime mettre des petites culottes de femme, ce n'était pas sa taille. Il n'y avait pas d'échappatoire dans ce dispositif. Pas de porte de sortie. Cette petite culotte était forcément celle d'une maîtresse, une autre que moi. Avec qui il avait couché la veille de ma venue. Carrément. Une taille 38 en plus, à vue de nez. Une éminente inégalable.

Une fois cette conclusion tombée, que faire ? Il allait m'appeler pour avoir des nouvelles de ses putains de chats...

Lui hurler dessus au téléphone ?

Ne rien dire et mettre cette petite culotte en évidence sur la table de la cuisine ? L'encadrer ?

Je n'avais jamais vécu de scènes comme celle-ci et j'étais à la fois bien contente d'en vivre une enfin, et terrassée à l'idée de ne pas savoir bien réagir. De tout gâcher.

Surtout, au-delà de mon aptitude au recul salvateur, ce que je ne savais pas, c'est ce que je voulais vraiment.

Le quitter, outragée ? Fallait-il endurer ça ? Étais-je faible si je l'endurais ? Je voyais bien que ma tristesse ne durait pas. Étais-je normale ? Est-ce que je n'étais pas assez entière ? Fallait-il l'être ? Mais pouvait-on l'être avec un homme dont on sait bla bla bla bla... ? Étais-je prête à le perdre ? Quelle était la règle pour une femme intègre, une femme libre, une femme jalouse ? (Laquelle étais-je ?) Il faudrait bien une solution au problème que me posait cette petite culotte !

J'optai pour dormir et confier cet examen au lendemain. Je ne touchai plus l'objet que je laissai à sa place initiale. Et je m'assoupis. (J'ai une facilité insolente au sommeil, surtout face aux émotions fortes. Elles ont sur moi un pouvoir soporifique souverain, auquel seules certaines angoisses très spécifiques peuvent résister.)

Le lendemain, la solution n'émergea pas. J'avais pourtant espéré que la nuit m'aurait porté conseil, mais non. Rien. J'attendis encore.

Quand le fautif m'appela pour prendre des nouvelles de moi, de ses chats, de sa chienne, et de sa maison, je ne mentionnai pas la petite culotte. Je ne fis que lui parler sèchement. C'est tout.

À dire vrai, j'étais un peu désarmée et, je n'avais personne à qui confier cette situation cocasse et douloureuse. Trop d'orgueil sans doute pour avouer les faits. Et trop peur, une fois encore, d'entendre des hauts cris qui m'enjoindraient à ne pas tolérer une telle humiliation.

Cahier Cambridge bleu
18-10-90
Après avoir donné à manger au chien et aux chats de Francis-de-mon-cœur, gentilles bêtes mais néanmoins turbulentes, après avoir sorti Faustine dans la fraîcheur automnale, je décidai de monter jeter un coup d'œil dans la chambre au cas où mon cœur m'aurait laissé un petit mot gentil genre « Je t'aime merci beaucoup ». Dans la chambre susdite m'attendait une tout autre surprise : une culotte en dentelle rouge que je pris d'abord naïvement pour un foulard...

Lorsque l'homme slave rentra de son périple, c'était un soir, assez tard. Je l'avais attendu longtemps, son train avait eu du retard, ou une réunion avait duré plus que de normal ; bref, lorsqu'il est arrivé, heureux de me voir, il ne m'échappa pas qu'il était épuisé. À bout.

On a grignoté dans sa cuisine. C'était une petite cuisine toute en longueur avec une table étroite qui laissait juste la place de s'installer face à face. Il a dû sortir deux steaks du congélateur et les cuire à la poêle. Il semblait se débrouiller (en réalité, je découvrirais plus tard qu'il adorait cuisiner et qu'il le faisait très bien). Il sentait que j'étais contrariée. Ça l'agaçait. Il ne manquait plus que ça, en plus de sa fatigue, une gamine qui fait la gueule quand il rentre, c'est le comble. Mais comme je n'articulais rien, il a fini par me demander ce qui se passait. Était-ce par manque de courage, ou par ruse instinctive, je n'ai rien dit au sujet de la petite culotte. J'ai répondu de façon plus vaste. Sur nous. Lui. Moi. Les autres femmes. Il ne comprenait pas bien. On avait déjà parlé de tout ça, non ? Il éprouvait beaucoup de sentiments pour moi mais on ne pouvait rien construire. C'était impossible. Il avait vingt-cinq ans de plus que moi, et puis il n'était pas fréquentable et tout ce que je savais déjà. On passait de beaux moments ensemble, mais il ne pouvait pas me donner davantage. Je serais folle de vouloir autre chose. Je devais l'entendre. Je ne pouvais que l'entendre.

Le refrain habituel. Notre mur à nous. Les limites de notre amour. Les frontières de notre terrain de jeu.

Étrangement, cette discussion me tranquillisait. Comme si la part raisonnable en moi, cahotée ces jours derniers par des rêves d'éternité et une petite culotte intempestive, reprenait le dessus pour entériner ses propos ; oui, il avait raison. Prendre ce qui était là. C'était bien suffisant. J'étais jeune et inconsciente, il était mûr et averti. Je devais revenir sur terre. Me calmer. Rentrer dans le rang. Même si c'était un drôle de rang.

Nous sommes montés nous coucher sans avoir abordé, donc, le sujet délicat de la petite culotte, qui gisait encore en ses lieu et place, sous le rideau. Je m'en voulais. J'aurais dû l'enlever plutôt que de l'abandonner là, trois jours à moisir. Mais c'était trop tard ! Trop tard ! Et hors de question pour moi de la jeter précipitamment sous le lit, l'air de rien. Je ne toucherai plus ce « truc » de ma vie !

L'homme slave est entré dans la chambre. Je marchais derrière lui. Je me faisais toute petite. Je prenais un air distrait. Si j'avais su siffloter, je l'aurais fait, sans aucun doute. Une petite rengaine de Barbara.

Il s'est avancé vers les rideaux ouverts. Les a tirés. Puis il a interrompu son geste, intrigué. Elle était là. Penaude. Risible. Mesquine. (Comment peut-on oublier sa petite culotte ?) Dans un élan, il s'est baissé. L'a ramassée. L'a déchiffrée. Il a dû mettre en route son petit ordinateur intérieur. Très clairement, ce n'était pas mon calibre, ni mon genre d'objet ! Il a dû très vite en déduire l'identité de sa propriétaire. Sauf en cas de partouze, il ne devait pas non plus y avoir trente-six solutions.

Il m'a regardée, enfin. Puis, comme j'étais toujours muette, il a laissé jaillir un petit sourire qui signifiait : « C'était donc ça... ! » J'ai tenté un regard réprobateur et culpabilisant, férocement inefficace. L'inculpé est passé devant moi, l'objet à la main. Et il s'est dirigé vers la salle de bains ; serein.

Je suis restée plantée dans la chambre. Sonnée par son culot. Soulagée et inquiète. Peut-être que je ne vivais pas du tout ce genre de scène comme il fallait les vivre ? Peut-être étais-je à côté de mes pompes de femme amoureuse. Peut-être que sans cri, ni emphase, ni démonstration, aucun amour digne de ce nom ne pouvait croître ? Mais j'étais ainsi, alors. À ma façon.

Complètement hors compétition.

Drôle d'ingénue.

Feuille volante dans Carnet Clairefontaine

Sans date

Mon amour a la force, je crois, de toutes les trahisons.

21-10-90
Il m'a dit que je devais l'inclure dans ma vie affective, mais pas dans ma vie amoureuse. Il m'a dit que sa tendresse pour moi s'était multipliée, bien sûr. Que la différence d'âge entre nous nous empêchait de prévoir quoi que ce soit à long terme.

7-11-90
Francis me répète à tout-va qu'il m'adore et qu'il pense à moi. « Est-ce que tu le sais que je pense à toi ? »
Je n'arrive pas à imaginer Francis me disant je t'aime... Lui plaire à ce point.

27-11-90
Il m'a dit une chose que j'ai trouvée bizarre dans sa bouche, lui si peu enclin aux banalités : « Les coups durs, parfois, ça remet les idées bien en place... »
Il doit se cacher là une vérité que je n'ai pas encore bien saisie !

3-01-91
Aujourd'hui, je lui souhaite la bonne année. Il me dit : « Nous, ce n'est pas d'années qu'on parle, c'est d'éternité... » Éternité ? Quand il m'empêche de me projeter avec lui dans l'avenir, même proche ? Je le remercie néanmoins de cette parole apaisante. Finalement, je ne demande pas forcément l'authenticité, la vérité, mais simplement l'apparence de la vérité. Si je crois un instant à cette éternité promise, je suis heureuse un instant, c'est du bonheur gagné.

12-01-91
D'un côté, il y a la guerre, peut-être mardi, et maman en crise qui est partie en Israël sans prévenir personne ; de l'autre, il y a Francis, absent, malheureux,

parce qu'il dit qu'il est vieux, que son avenir est derrière lui, que son heure de gloire est passée. Et moi silencieuse, amoureuse, qui ne sais pas comment, quoi faire...

16-01-91
1 h 08 du matin : aujourd'hui, silence dans le Golfe. Cette nuit, tout le monde dit que boum. *Et maman toujours là-bas. Pas de nouvelle depuis dimanche. Peur pour Israël. Peur pour elle.*

Dans ce contexte tendu tant dans ma sphère privée que dans le monde, notre amour brinquebalait donc, avec sa drôle de forme qui me convenait, finalement. Un amour d'éclopée. Lui était absent et présent, allait et venait, je l'attendais et l'obtenais. J'étais au chaud près de lui. Il me donnait beaucoup, le temps où je le voyais. Il avait cette faculté de me regarder telle que j'étais, sans filtre, si bien que je n'essayais pas de composer avec lui. C'était bien.

Parmi ses nombreuses aventures professionnelles, il était question qu'il prenne en charge l'inauguration du parc Eurodisney qui allait ouvrir bientôt en région parisienne. Un énorme projet. Et l'homme slave était sollicité pour un appel d'offres ou quelque chose dans le genre. Il s'absenterait donc pour se rendre à Disneyland (aux États-Unis), tout seul. Peut-être y avait-il un assistant avec lui ou même une assistante, mais rien qui me menace. Nous étions d'ailleurs dans une période assez éprise, dans les limites de notre aire de jeu, et je sentais que je comptais quand même. Il dut faire une réflexion comme « Tu as tes cours, toi, de toute façon... », ce à quoi j'acquiesçai en ne réalisant qu'après coup que c'était peut-être une façon de sonder mon désir de venir avec lui. Je ne revins pas sur ce chapitre, Chaillot oblige, et bêtise oblige, car j'ai toujours été tellement « bonne élève », scolaire, que je suis passée parfois à côté de belles parties de vie, pour des engagements de pacotille. (Le plus aberrant et le plus honteux de ceux-là est celui qui, un été, m'a fait remonter de Toulouse, où mon grand-père était mourant, pour Paris, afin d'honorer un rendez-vous de production pris de longue date, lequel a été annulé deux heures avant ! Pur drame pour la jeune femme que j'étais, puisque, au même moment, mon grand-père tant aimé mourait, et que j'étais absente de son chevet.)

Son déplacement aux États-Unis durerait une semaine. Je ne dirais pas que je me réjouissais de cette absence mais je la traduisais en temps précieux où je ne serais pas esclave de mon téléphone. Car il faut avouer que je continuais d'attendre chaque soir à la maison son appel quotidien au cours duquel il me signifiait si oui ou non nous pouvions nous voir tout à l'heure. Des États-Unis, l'homme slave n'appellerait pas souvent, c'était sûr. Avec le décalage horaire, ça serait forcément compliqué pour lui. Je n'allais tout de même pas rester comme ça, à languir. Je pris donc des rendez-vous chaque soir ; je remplis mon emploi du temps comme une affamée. Sevrée de mes amis, de mes sorties théâtre, cinéma, c'est ce que je devais être. Il faut croire. Coupée d'une part de moi. Famélique.

Sauf que, contrairement à mes prévisions, mon amant du lointain m'appela. Il m'appela chaque jour.

Et toujours à des horaires où j'étais absente. Il laissait des messages sur le répondeur, et je n'étais pas là ! Jamais ! Et comme je n'avais pas de numéro où le joindre, il ne m'en avait pas laissé, je ne pouvais pas le rappeler. Il a donc fait des tentatives quotidiennes, toutes avortées, et ça a été le début de la fin.

Quand il est rentré en France, j'entrepris immédiatement de le contacter, mais je tombai sur le répondeur. J'ai dû lui dire que j'étais navrée de l'avoir raté toute la semaine, que ce n'était pas de chance, entre les cours à Chaillot et mes sorties le soir. Mais il ne rappela pas.

J'essayai à nouveau. Multiples tentatives. Il daigna répondre à l'une d'entre elles pour balancer qu'il était très occupé, qu'on essaierait de se voir bientôt. S'il le pouvait. Il verrait.

Un véritable coup de poignard. Aucun reproche, bien sûr. Juste des sanctions. Des actes. Le propre de certains pervers-tombeurs, je crois. Incapables d'avouer leurs ressentiments par le verbe, ils punissent sans nommer la cause. À nous de trouver.

Elle était là, la face sombre, cruelle, implacable, du don Juan déçu. Tout ce qui avait fait notre lien ces derniers mois ne résistait pas à cette déception que j'avais déclenchée, et qui le conduisait à prendre des décisions pour nous sur lesquelles je n'aurais plus, pour longtemps, aucune prise.

Malgré son détachement officiel, le Russe n'avait pas supporté que je me sois affranchie, le temps d'une semaine, du servage que créait notre amour et auquel il commençait à prendre goût ; il n'avait pas supporté, surtout, la douleur, ou le début de douleur, que cela provoquait chez lui. J'étais jeune. Je n'avais pas de grille de lecture. Je ne savais rien des mécaniques affectives en général, ni même, en particulier, de celles des séducteurs. La sanction se passe alors de reproches, car reprocher c'est avouer sa considération. Avouer à l'autre qu'il a compté, ou qu'il compte. La sanction tombe sans explication, avec douceur presque. Mépris. Résignation. Avec un air étonné de l'agitation que ça génère. Fixant sur d'autres immédiatement, ceux-là font payer par le déni les instants de souffrance qu'ils estiment avoir subis. C'est une vengeance initiale dont ils perdent, à force de jouer ce jeu, la vibration. Ils disent : « C'est dur mais c'est ainsi... » La passion s'est éteinte. « Ce n'est pas ma faute », dirait Valmont, « *It's beyond my control* », dirait Frears.

Jamais l'homme slave ne me parla de cette semaine où il avait échoué à me joindre.

Il s'éloigna, c'est tout.

Cahier bleu Cambridge

9-04-91

Francis m'abandonne, sans aucun doute, doucement, comme si ça n'était pas grave.

10-04-91

Je dois avouer que j'ai parfois l'impression d'avoir affaire à un beau salaud.

Carnet Clairefontaine rouge à carreaux

3-05-91

Je crois que je suis dotée d'une patience que peu d'amoureuses peuvent avoir. C'est sans doute dans ma patience que se trouve ma force.

4-05-91
Un mois et demi que je ne l'ai pas vu. Les larmes chaque jour mais je tiens.

J'ai passé tant de temps, d'errance, à réfléchir à la nature de cet homme, qu'il me semble avoir entrevu des formes dans son obscurité de Lovelace. Des formes auxquelles se raccrocher. Mais à cette époque, ce n'était pas le cas. À cette époque, je ne comprenais pas.

J'étais en fureur. À en crever.

(Une femme a mis le feu, un jour, dans l'appartement de l'homme slave. Il me l'a raconté. Elle soupçonnait la présence d'une autre. Elle l'a suivi. Elle l'a surpris avec l'autre. Elle les a photographiés. Sans doute lui mentait-il éhontément lui jurant qu'il ne la trompait pas, qu'elle délirait. Peut-être était-ce pire ? Il ne lui répondait plus au téléphone, comme il le faisait avec moi ? Elle n'arrivait plus à le joindre ? En tout cas, la fille était entrée chez lui un jour où il n'était pas là. Avait-elle encore les clés ? A-t-elle juste attendu que quelqu'un de l'immeuble sorte pour se faufiler à l'intérieur ? [Il ne fermait jamais à clé, malgré le matériel onéreux qu'il y avait dans ses bureaux.] Bref, elle est entrée. Elle a affiché aux murs toutes les photos qu'elle avait prises de lui avec l'autre. Elle a mis le feu. Et elle est partie. Ce sont les pompiers qui ont sauvé la maison in extremis.

Voilà le genre d'état dans lequel il pouvait mettre les femmes.)

Faille géante. Corridor noir.

J'ai d'abord été envahie par un sentiment de culpabilité tenace. Je m'en suis voulu, tellement. Je l'avais déçu ! Je n'étais pas à la hauteur de ce qu'il me donnait. Il était en train de lâcher prise et je n'avais pas su le retenir. Lui, il était seul aux États-Unis, et moi, j'étais sortie voir des pièces de théâtre et des amis plutôt que de consolider le lien qui commençait à se nouer sérieusement. J'avais laissé passer ma chance. Elle ne repasserait pas. La doxa le disait souvent : « La chance ne repasse pas. » Je le croyais. Idiote.

Lui devait penser désormais que sa prudence initiale était justifiée. Ce : « Il ne se passera jamais rien entre nous » venait de se fossiliser en lui, c'était sûr ! Il ne retrouverait plus jamais le souffle, même infime, nécessaire à maintenir en vie mon espérance. Il ne s'abandonnerait plus. Il avait beau me répéter qu'on se verrait vite, il remettait sans cesse. Horrible promesse qui me ramenait lamentablement au début de notre histoire, quand il contrôlait tout. Quand tout était à gravir.

Remise à zéro des compteurs.

Épuisement.

Cahier Cambridge bleu

4-05-91

Tout à l'heure je regarde sa photo. Je me dis quelle merveille... quelle chance que ce mec ait trop aimé les femmes, sinon je n'aurais jamais pu m'allonger sur son corps. Il n'en aurait eu qu'une.

11-05-91

Ça va tellement mal avec Francis que je n'ai pas la force de l'écrire. Je ne l'ai pas vu depuis deux mois.

L'autre jour je lui ai téléphoné et je l'ai quasiment supplié de me laisser venir chez lui. Il a refusé. Il m'a dit : « Non, non, non, non. » Ça résume bien la situation.

16-05-91
Je n'ai pas eu la force de ne pas appeler. Cela m'a calmée un peu vu qu'il a réaffirmé ses sentiments. Je lui ai dit : « Le problème, ce n'est pas que tu sois vieux et libertin, le problème, c'est que tu n'es pas amoureux de moi. » Il m'a répondu : « Ma chérie, je t'aime fort... »

9-06-91
Cet homme qui peut rester trois mois sans me voir, de quoi il va me parler la prochaine fois ? Qu'est-ce qu'il pourra me dire ?... J'aimerais bien que le grand Noir américain de l'autre soir ait un petit coup de cœur pour moi. J'oublierais lentement le vieux Français qui se comporte de trop mystérieuse manière.
J'ai peur de ce cahier. Il me rappelle trop les moments où c'était bien.

À péter un câble. À me taper la tête contre les murs. Impuissante. Enragée. Abattue. Déprimée.
Des heures entières devant la télé. Ou à lire. À m'oublier.

Comment pouvait-on avoir été si généreux avec moi, si bienveillant, si attentif, et basculer vers ce néant dévastateur ? Comment pouvait-on avoir ce degré de sensibilité, d'intelligence, de clairvoyance, et patauger dans les égouts du fonctionnement humain : lâcheté, inconséquence, versatilité ? Fallait-il cesser d'aimer celui-là ? Fallait-il s'aimer assez, soi, pour passer l'éponge négligemment sur son nom dont je découvrais qu'il était écrit à la craie dans ma vie, alors que je voulais le graver dans le marbre de mes histoires d'amour ?

Je le sais aujourd'hui. L'animal en moi cherche ça. La pérennité. Alors, quand l'animal en l'autre cherche ça, l'oubli, nous sommes en guerre. En guerre implicite.

C'est ainsi. Mon corps se bat pour écrire. Tatouer. Imprimer.

Quand c'est accompli, alors seulement, je m'apaise.

À nouveau, dès que je n'avais pas d'obligations, je ne bougeais pas de la maison, au cas où IL appellerait.

Nous approchions de l'été. Nous avions joué le spectacle de fin d'année mis en scène par notre professeur polonais, spectacle qui allait devenir une création à part entière, jouée à Gennevillers, théâtre national, jolie vitrine, jolie rampe de lancement éventuelle pour les rêveurs incertains et ambitieux que nous étions encore. J'avais un beau rôle dedans (l'insolente Rosaline, *Peines d'amour perdues*). Je recevais les compliments du maître et de mes camarades. J'avais gagné des points artistiques, lentement encore, mais sûrement. Sauf qu'à l'intérieur j'étais une chiffe molle dépressive, éprise d'un type, un vieux, qui ne l'appelait même plus, qui négligeait le cadeau que je lui faisais de mes vingt-quatre ans et de ma fraîcheur, pour s'en taper d'autres, des plus ou moins fraîches, ou des très fraîches, à sa guise, les filles tombaient à ses pieds comme des mouches, alors que moi je ne considérais aucun autre homme, aucun qui ne soit à sa hauteur, et ce, depuis mes dix-sept ans ! BORDEL !

Durant cette période, mon jeune frère, d'à peine dix-neuf ans, de passage à Paris, était venu me voir. Je l'avais hébergé. Il me disait : «Ça ne va pas, toi... Tu ne fais que lire, regarder la télé...» Je mentais. Je disais si, ça va. Je prétextais la fatigue, l'inquiétude pour ma carrière, que sais-je? (J'ai toujours voulu protéger mon entourage. Ma mère, d'abord, à cause de ses séjours en HP, souvent déclenchés par des contrariétés venues de nous, et par effet domino, j'adoptais le même fonctionnement avec tous mes proches. Comme si ma peine était plus lourde pour eux que pour moi.)

Alors un soir, j'ai dit à mon frère, vers 21 h 30, après dîner : «Je sors. Ça t'ennuie pas si je sors?» Il m'a répondu : «Ben... non... Rien de grave?» «Non, j'ai dit. J'ai un truc à faire.»

Ça m'a pris comme une pluie brutale et glaçante.

J'ai sauté dans le métro et je suis allée chez l'homme slave. Il ne me répondait plus depuis trop longtemps. J'étais à bout. C'était avant l'été. J'allais partir bientôt en vacances. Je voulais savoir à quoi m'en tenir.

J'ai sonné mais il n'y avait personne.

Alors je me suis postée devant chez lui, dans la rue, et j'ai attendu. Attendu. La nuit est tombée.

J'ai attendu encore.

Attendu.

Je m'étais d'abord adossée aux voitures parquées là; puis, lasse, je m'étais assise sur le marchepied d'une entrée d'immeuble. Le passage régulier des automobiles aux feux jaunes ne me dérangeait pas. L'alternance d'éblouissement et d'obscurité rythmait mon attente et lui donnait des allures de mirage. C'était bien ainsi : il valait mieux pour mon matricule que je ne sois pas trop lucide sur ce que j'étais en train de faire. J'étais plus embarrassée par les allées-venues des piétons, rares heureusement, qui jetaient un œil surpris, indifférent, ou rogue, à la jeune femme assise presque par terre. J'avais sorti mon carnet et mon stylo mais davantage pour me donner une contenance que pour écrire vraiment. Je ne voulais pas le rater.

Surgissant des ténèbres, il est arrivé. J'ai d'abord vu sa belle démarche empressée et vive. Je me suis cachée un peu. J'ai aperçu la femme près de lui ! Oui, il y avait bien une femme près de lui. Lui tenait-elle la main ? J'avais tellement mal : elle était grande, longue, fine, une bombe, impossible de rivaliser. Une silhouette de gagnante. Pas ma silhouette ramassée et ronde à moi avec ma tignasse de gamine.

Une vraie femme, l'autre. En tailleur. Ou en jean. Mais pas le jean du Carrefour du coin. Un jean de femme avec salaire et qui paye des impôts. Un jean de femme qui, malgré l'affairement, prend toujours le temps de s'occuper de ses ongles, et de l'hydratation de ses mains et de son cou.

Je suis restée cachée. Il est rentré chez lui. Avec la fille.

Quand la porte a claqué, je suis sortie de l'ombre. Il devait être minuit. Peut-être même plus.

Après quelques minutes d'agitation, de doute (que fallait-il faire ?), j'ai fini par conclure que je ne pouvais pas avoir attendu autant pour repartir bredouille, pauvresse. Ce retour au bercail apparaissait comme pathétique à mon héroïne intérieure. J'ai surtout pensé à sauver ma peau : si je partais, j'allais recommencer à appeler, il ne répondrait pas, et le cauchemar continuerait, la maladie de l'attente me rongerait le ventre. Je mourrais de désolation, d'impuissance.

Alors, j'ai rassemblé toute la crânerie de mes vingt-quatre ans et j'ai sonné.

Il n'a pas répondu.

Mais je savais qu'ils étaient là. Je n'étais pas folle. Je les avais vus entrer.

J'ai sonné encore une fois. J'ai sonné tant et tant qu'il n'a pas pu faire autrement que de sortir.

Sa dégaine, son dos légèrement voûté, son regard par en dessous. Il semble las. Quand il me voit, il ouvre de grands yeux étonnés. Il n'en revient pas. Un peu pantois.

Il finit par sourire.

— C'est toi ?

Je raille :

— Tu me reconnais ? (Et j'enchaîne :) Je savais que tu étais là. Tu n'es pas seul. Je t'ai vu rentrer.

Je ne veux pas qu'il me mente. Nous épargner ça. Mais ça n'empêche rien.

— C'est mon assistante. On va travailler toute la nuit.

— C'est ton assistante ?

— Oui, on va travailler toute la nuit.

Il est tard. J'en ai marre de la rue.

— Pourquoi tu n'appelles plus ? Pourquoi tu ne réponds plus à mes appels ?

— Je travaille comme un fou. Je suis débordé. C'est le rush.

— ... et ça t'empêche de passer UN coup de fil ?

— Je n'avais plus ton numéro... J'ai perdu mon carnet d'adresses.

— Mais je suis dans l'annuaire ! Ça marche pas, ça ! Je suis dans l'annuaire ! Tu connais mon nom, quand même.

— Ma chérie...

— Si tu veux appeler, je suis dans l'annuaire.

— Tiens, donne-moi ton numéro. Je vais le noter.

Il sort son calepin de la poche intérieure de sa veste. Il note. C'est tellement humiliant pour moi de « redonner mon numéro » à celui qui m'a appelée tous les jours pendant presque un an. Mais je m'en fous. Je le lui donne.

— Je vais t'appeler. Vite. Je t'appelle vite. On va se voir. Je te promets.

— Si tu veux arrêter, dis-le. Je préfère que tu me le dises.

Comme s'il n'avait pas déjà arrêté.

— Non ! Non. On va se voir. Je vais t'appeler. Au revoir, ma chérie.

— Au revoir.

Et il entre. (Dernier regard attendri vers moi de celui qui n'en revient pas quand même...)

Il a rappelé mais on ne s'est pas revus avant six mois. Pour une explication.

Longtemps je me suis demandé si j'avais vu l'homme

slave tenir le bras de la longue femme, ou pas, lorsqu'ils étaient arrivés. Longtemps je me suis dit que c'était peut-être vraiment son assistante, et que oui, ils allaient travailler toute la nuit. Longtemps, j'ai cru les mensonges pour attendre encore, espérer encore, cet homme-là.

Cahier Cambridge bleu
20-06-91
Chaque rendez-vous avec Francis était une fête. Je le savais. Je l'ai vécu comme tel.

J'ai marché, marché en pleurant. J'avais sorti mes lunettes de soleil malgré la nuit, pour ne pas montrer aux passants mes larmes. J'ai remonté l'avenue du Maine. J'ai tourné à gauche vers Denfert-Rochereau. J'étais dans un tumulte sans nom. Je le trouvais odieux ; je ne pouvais pas nier son aisance au mensonge, sa lâcheté, ses arrangements, ses manipulations. Et je considérais infamant qu'il agisse ainsi avec moi, si jeune, qui méritais tant le respect par mes efforts permanents d'intégrité, si fidèle à mes valeurs dans un monde qui m'incitait sans cesse à la trahison. (J'ai compris plus tard qu'au contraire, nous autres obsessionnels de la « bonne conduite », étions les cibles privilégiées de ceux qui sont incapables de s'y tenir, et aux yeux desquels on apparaît comme des donneurs de leçons implicites alors que nous essayons seulement de nous accrocher au baltringue de notre passage sur terre, comme eux ont choisi de renoncer à le faire, préférant les secousses chaotiques qui les portent de la proue à la cale, sans craindre les vomissements, les heurts, l'irrationnel. Quand certains d'entre eux nous croisent, ils cherchent à nous faire trébucher, ou à nous faire mal, comme si nous ne l'étions pas déjà, blessés.)

Même si cette femme était son assistante, l'impudence de ce «Je n'avais plus ton numéro», de sa énième promesse désinvolte «On va se voir», tout cela me laminait entièrement. Je souffrais aussi de l'avoir approché, tout simplement, entendu, avec sa tendresse, son regard, sa façon raffinée de me malmener. J'étais déjà dépendante de lui et une part de moi était même admirative du niveau de goujaterie dont il était capable.

Je pleurais sur tout ça que je perdais, sur moi, si mortifiée. Je marchais. Je marchais.

Je me disais, derrière mes lunettes noires, que je devais tuer cet amour, l'éliminer, le broyer. Qu'à part une rose séchée et quelques dîners galants il ne m'en restait rien. Il ne m'avait rien donné que du silence et de l'apnée. Sa considération, ses élans étaient forcément de pacotille, puisqu'il avait pu s'en défaire si vite. Du vent. Du rien.

Je marchais.

Denfert-Rochereau. Je descends vers Austerlitz.

Il est tard. Il faudra bien que je prenne un métro si je veux pouvoir rallier ma banlieue. Mais pour l'instant je ne peux pas. Physiquement, je ne peux pas.

Au loin, je vois la silhouette d'un jeune homme. Un blond dégingandé que j'aperçois à la lumière pâle des lampadaires électriques, qui fume sa clope adossé à une voiture. Je le vois et je me dis : «Pourquoi je ne séduis pas plutôt un homme comme ça, un jeune dandy ? Pourquoi ce n'est pas lui, mon homme ?»

Je marche. Je me rapproche du jeune blond que je ne considère presque déjà plus.

Je me dis que ce genre de princes ne me regarde jamais, que je les effraie, qu'il n'y a que des grands costauds comme l'homme slave pour s'aventurer sur mes contrées ombrageuses et tourmentées.

Je marche.

Je ne pleure plus ; j'ai toujours mes lunettes noires. Je trace.

Quand j'arrive à sa hauteur, le jeune homme blond m'interpelle.

— Bonsoir, je peux vous offrir un verre ?

Je le dévisage. Sidérée. C'est un éphèbe à la façon de celui de *Mort à Venise*, et je me demande bien comment il peut s'arrêter, ne serait-ce que quelques secondes, sur une loque comme moi, ce soir, aux pas lourds, aux yeux cachés, pathétique.

— Je peux ou pas ?

— Ben... c'est que... je vous préviens, je vais très mal.

— C'est pas grave. Ça me va.

— Je viens de pleurer pendant trois quarts d'heure.

— Ça n'empêche pas de boire un verre, au contraire. Ça vous fait une petite pause. Vous reprendrez après. D'accord ?

— D'accord.

Il m'indique une brasserie encore ouverte juste à côté. Brasserie à néons insignifiante. Brasserie de grande avenue déserte, qui affiche sans doute complet le midi, mais glauque le soir.

On rentre. On s'assoit. J'enlève mes lunettes. Je le vois désormais sans le filtre des verres fumés. Il est superbe. Jeune (dix-huit ?) mais superbe.

Il me questionne sur ce qui m'arrive. Pourquoi je pleure. Pourquoi je marche toute seule, comme ça, si tard. Je lui dis tout. L'homme slave, les mensonges, la femme. Je déballe à cet inconnu ce que je ne pouvais déballer à personne, à part à mon cahier. C'est lui qui entend, qui écoute. Il penche la tête. Il m'interrompt mais juste pour me faire rire. Pour dédramatiser. Il me dit que je ne dois pas le prendre mal, il n'a pas de mauvaises intentions, mais je suis belle, je suis jeune, j'ai l'air intelligente, non ? Alors il faut que j'aie confiance. Que j'avance. C'est tout. On ne sait rien de l'amour. S'il revient. S'il s'en va. Gros mystère. Mais ce qui est sûr, c'est qu'il ne faut pas pleurer comme ça. Attendre et pleurer. Mauvais plan.

Je ne m'étonne même pas des conseils de ce si jeune homme. Ils sont donnés avec assez de maladresse et de simplicité pour que je ne puisse rien imaginer d'autre avec lui qu'une relation purement physique. Il fait juste preuve de bon sens. Le bon sens de celui qui, à dix-huit ans, a déjà eu des passions, des envies de construire, des flirts, parce que la vie et sa belle gueule lui ont permis de commencer tôt.

Alors, j'entends ces mots. Ils s'infiltrent en moi. Ils consolent.

Sa parole dite, le jeune homme blond me paye mon verre et m'accompagne jusqu'au bus de nuit. Il me regarde monter et repartir vers mon obscurité, non sans me lancer un dernier coucou de la main.

Il a pris mon numéro de téléphone mais n'appellera qu'une fois. Un jour d'absence. Il n'essaiera plus.

Je ne le reverrai jamais.

Cahier Cambridge bleu
3-07-91

Contre	Pour
Il ne m'appelle pas régulièrement.	*Je l'aime. Il me plaît.*
Il ne cherche plus à me voir.	*La patience peut m'amener à le conquérir.*
Il est vieux et absent.	*Il ne va pas très bien (quoique ! C'est ce qu'il dit !).*
Il ne veut pas refaire sa vie avec une femme.	*Il peut encore m'apporter énormément.*
Je souffre.	*Pour l'instant je n'ai que ça à foutre.*
Je suis humiliée.	*Des histoires comme ça, je n'en vivrai pas deux (j'en vivrai d'autres plus intenses, plus pleines).*

Il a fallu six mois pour que je comprenne que cette histoire était finie. Terminée. Six mois parce que j'attendais LE rendez-vous qui ferait office de conclusion, mais ce rendez-vous n'arrivait jamais. Je voulais que les choses soient dites ; j'étais une accroc de la formulation.

Les deux mois d'été, en particulier, ont été sinistres. Je me suis enfuie au Portugal auprès d'une amie qui y vivait. J'ai arpenté Lisbonne, si belle ville, qui faisait à la fois ma joie et ma douleur, tant je rêvais de m'y promener un jour avec un homme, pas seule. Pas triste. La saudade me prit dans ses filets. Ça pleurait en moi alors que je lanternais dans le Bairro Alto ou dans l'Alfama. Je rentrais dans les églises pour y trouver refuge, même si ce n'était pas mon râtelier d'origine, je ne faisais pas de détails. J'y allais avec ma laïcité juive en bandoulière. Et de toute façon, à Lisbonne, il n'y avait que ça, des églises. L'une d'entre elles, précisément, m'attirait ; une, discrète, dont il fallait connaître l'existence car sa façade se fond avec d'autres bâtiments de la ville. Elle avait été endommagée lors d'un tremblement de terre, et les Lisboètes avaient choisi de la laisser en l'état, avec ses murs blessés, écorchés, rosis par le temps. Lorsqu'on se glissait à l'intérieur, on se glissait en soi. Un cocon, solide, et pourtant. Je m'y abritais pour m'imprégner de sa beauté. De ses vibrations.

J'aimais aussi rejoindre mon amie française qui me présentait ses copines. Elles organisaient ce qu'elles appelaient des « congrès de *galinas* » (congrès de filles), au cours desquels on écoutait les problématiques de chacune. En franco-portugais, les débats prenaient un tour plutôt joyeux. Mon cas faisait jaser : il fallait que je « lâche l'affaire » avec ce mec-là ; il fallait que je me « mette plus en valeur » physiquement ; il fallait que je porte plus souvent des jupes et que je me maquille un peu. Il fallait que j'arrête « d'être *dans la tête* tout le temps ». Elles me disaient que j'étais une « super nana » et que ça suffisait d'être malheureuse. Tout ça me faisait un bien fou. Et comme leurs conseils de midinettes étaient mâtinés de philosophie Yi-King et d'une expérience de la vie amoureuse bien supérieure à la mienne, je les écoutais.

Carnet Harley Davidson

28-07-91

Le quartier d'Alfama est le plus vieux quartier de Lisbonne, pentu, des fils aux fenêtres, quelques portes ouvertes pour s'apercevoir finalement que c'est une échoppe, « étroite comme un placard », dirait mamie, et je me souviens que le Portugal n'est pas si loin de l'Algérie.

L'homme slave m'avait appelée, mais comme il le ferait désormais, de temps en temps, de façon clairsemée, sans se précipiter pour retenter sa chance. En « ami lointain ». Petit calvaire. Rien de plus triste que ces éloignements, symboles de la fin de l'intensité et de la particularité de ce qui nous unit. La douce normalisation du trouble, du désir, auxquels on renonce parce qu'ils ne peuvent s'inscrire dans le réel de l'un ou l'autre et qu'ils encombrent. Alors, faute de place, on éteint. Éloge de la fadeur pour sauver ce qu'on peut.

Je suis rentrée. J'ai obtenu ma maîtrise de littérature haut la main et renoncé à poursuivre un DEA ; j'ai joué quelques fois le Shakespeare en tournée ; je me suis jetée dans le vide du monde du travail. Plus de formation. Plus d'études. La vie professionnelle artistique balbutiante dans toute son horreur. Certains de mes amis étaient intermittents mais moi pas. Je devais continuer mes petits boulots divers. Saisie informatique en premier lieu, mais aussi distribution de bons de réduction dans les magasins, ou vente de pulls occasionnelle : pas très glamour. (Camouflet presque quotidien quand il fallait répondre à la question : « Tu fais quoi dans la vie ? — Je suis dans les métiers artistiques. — Mais tu en vis ? — Non... pas encore. — Et tu fais quoi pour vivre ? — Je distribue des bons de réduction dans les magasins. » Fin de la scène.)

Et l'homme de mes obsessions ne me donnait toujours pas de rendez-vous.

Le message en creux passait, certes ; je comprenais que je devais accepter cette séparation, mieux, « l'absorber », comme dirait l'autre, mais j'avais besoin de MOTS !

Un jour d'automne, à bout de silence, je trouve un prétexte pour passer chez lui. Un disque qu'il est seul à avoir ? Un film « vidéo » qu'il a dans sa copieuse vidéothèque ? Le tout assorti d'une demande de conseil pour un concert, ou un rôle, ou un texte (car je commençais à écrire du théâtre), ou peut-être même des tuyaux pour du boulot car je n'en avais pas ? En tout cas quelque chose de bien vu sans doute, car il finit par céder : « Passe, me dit-il, passe, j'essaierai de te trouver deux minutes. »

Je dégaine mes atours, comme je sais le faire à l'époque, c'est-à-dire mal, mais de mon mieux. J'ignore alors que je n'ai pas besoin de passer la mesure tant ma jeunesse est la première de mes armes, mais bon. Je le saurai un jour, quand il sera trop tard !

C'est un après-midi. Je sonne.

Un grand jeune homme vient m'ouvrir. Je ne le connais pas. Je ne l'ai jamais vu.

— Tu es Murielle ?

— Oui, j'ai rendez-vous avec...

— Oui, il m'a dit. Je suis son assistant. Je vais chercher ton disque, et on va aller boire un verre. Je suis briefé pour ta question, ne t'inquiète pas.

J'attends, sonnée. Est-ce que ça veut dire que le Russe est là et qu'il ne daigne même pas sortir ? Le jeune homme disparaît à l'intérieur. J'essaie d'entrevoir des silhouettes par la fenêtre mais je n'y parviens pas. Va-t-il au moins venir m'embrasser ? Non.

C'est le jeune homme qui ressort avec l'objet demandé et m'emmène dans une brasserie d'une rue perpendiculaire. Je m'y résous. Tant pis. Je repasserai tout à l'heure, avant de partir.

Surréaliste. Je me retrouve assise à une table de café, face à un type à peine plus âgé que moi, assistant, qui profère la bonne parole édictée par son boss. « Il dit que pour ta pièce, tu devrais... », « et tu pourrais aussi aller voir monsieur... », « et n'hésite pas à appeler Mme... », « et ne te décourage pas si les théâtres... ».

Je note sur mon petit carnet. Je noircis, tremblotante, prenant les infos au passage, ne comprenant pas bien ce qui m'arrive. (Je suis très lente à la douleur. Elle parvient toujours à mon cœur avec un temps de retard. C'est une forme d'idiotie qui donne l'illusion de la force et du courage. Gros quiproquo.)

Soudain, dans le flot de paroles de l'assistant, je distingue :

— Moi je suis plutôt second assistant, sa première assistante, c'est sa copine.

Je lève mon stylo. Mes yeux. Mon âme.

— Sa copine ?

— Oui. Elle est super. Grosse bosseuse. C'est elle qui est en première ligne. Moi, je viens plutôt en second.

Je m'évanouis. Virtuellement s'entend. Je disparais. Je crame. L'homme slave a une copine ? Une officielle ? Qu'on présente aux assistants comme telle ? Qu'on ne cache pas ? Une copine qu'on nomme ? Et je n'arrive pas à avoir un *putain* de rendez-vous pour mettre des mots sur notre histoire !

Cette fois la gifle m'arrive direct au visage. Cette fois, je ne nie pas ce que j'entends.

J'entends.

Je termine ce rendez-vous blême, et je pars sans même essayer de voir l'homme slave.

Cahier Cambridge bleu
4-10-91
Brouillon de lettre pour Francis : *« Va te faire foutre. (*Fuck you, *puisque tu travailles beaucoup aux US.) Tu es vieux, Francis, non pas parce que tu as cinquante ans mais parce que tu te sens vieux, parce que tu te condamnes à la vieillesse... "Je suis très fatigué, je suis très susceptible en ce moment", dis-tu aux filles pour gagner leur sollicitude. Bluff, mégaentourloupe dont notre tendresse naïve est la victime.* [...] *Moi j'attendais simplement un peu d'amour pour me laisser aller davantage. Je t'aurais fait un bébé juif même que ça t'aurait fait chier, si c'était un garçon, de le faire circoncire. Mais tu n'as fait que me ressortir comme un leitmotiv ton couplet sur la tendresse qui ne pouvait pas évoluer (qui n'avait pas d'avenir). Ça m'amusait de t'aimer. Ç'aurait été une vie, ça ! Mais je déclare forfait. Tu as gagné par abandon. (C'est le cas de le dire...) Je te fais cadeau de ce moment en tête à tête que je te réclame depuis si longtemps (neuf mois). Je dépose les armes à tes pieds. Va te faire foutre (quand tu auras deux minutes). Murielle, la tendresse même. »*

J'ai la lettre à la main. Celle-là en mieux j'imagine. Mise en ordre. Mais je me souviens qu'elle se termine de cette façon. « Va te faire foutre quand tu auras deux minutes. Murielle, la tendresse même.» J'ai la lettre à la main et je suis devant la boîte à lettres jaune. Je lui ai déjà envoyé des lettres d'amour, plein. C'est ma première lettre d'insultes. J'hésite. Et puis hop. Je la glisse dans la fente écrite Paris/banlieue.

Et je tire un grand trait sur mon cahier bleu.

(On tire des traits. On met des points finals. Mais ça n'est jamais tout à fait fini. On parvient rarement à réaliser cette coupure nette et propre que l'on souhaite. Parce que l'on n'est pas seul à jouer. Il y a l'autre. Qui rappelle. Qui ne veut pas se faire insulter quand même, même s'il est un salaud. Qui veut essayer, lui aussi, de terminer joliment son histoire, à sa manière, alors que de votre point de vue à vous, c'est trop tard pour que ce soit joli. Mais pas de son point de vue à lui. Il faut composer. On veut trancher et notre geste soulève un nuage de sciure impossible à balayer totalement. Qui pique les yeux. Rien n'est jamais tout à fait fini. Le seul trait que l'on puisse vraiment tirer, c'est quand on n'est plus en état de le faire. Occis. Et ça ne me déplaît pas, en réalité, ces fausses fins perpétuelles. L'hypothèse de la renaissance.)

L'homme indélicat a donc réagi à ma lettre dans laquelle je lui disais que je renonçais à ce rendez-vous tant réclamé, pour, bien sûr, en fixer un très vite. Ce sera porte Maillot. Dans la grande brasserie qui fait face au Palais des Congrès. Une brasserie pour portefeuilles lourds et vêtements de marque. Une brasserie à hauts plafonds et tradition ancestrale. Une brasserie pour vie active.

Je me souviens que ses premiers mots ont été :

— Tu ne m'insultes plus ?

— Ça dépend...

Et après un temps :

— Tu sais, je suis venu parce que je tiens beaucoup à toi mais... je n'ai rien de plus à te dire que ce que tu sais déjà.

Et il l'a redit : c'était ainsi entre nous. Inconciliable. Comme au début. Toujours pareil. Ça n'avait jamais pu commencer. Donc il n'y avait rien à finir. Voilà pourquoi il avait tant tardé à me donner un rendez-vous.

Joli coup de défense. J'ai riposté : mais pourquoi n'avoir pas avoué qu'il y avait une autre femme ? Pourquoi m'avoir laissée l'appeler ? C'était simple de dire, même au téléphone : « Il y a une autre femme. »

Il a mis sa panoplie de grand homme fatigué. Las de lui et du reste. Cette autre femme n'est pas la question. C'est plus absolu. Plus complexe. C'est lui qui ne sait plus. Qui vieillit. Qui ne parvient plus à y voir clair. Il s'est excusé. Il s'est justifié comme il pouvait. Je ne sais pas. Ce genre de pudding que font certains hommes pour tenter d'amalgamer leur chaos intérieur. De lui donner une forme. Un sens. Ils vous concoctent un morceau indigeste parsemé de pépites de sincérité poignantes, pour faire passer le tout, certes, mais leur gloubiboulga n'en reste pas moins presque drôle à regarder, comme ces gâteaux d'enfants qui s'essaient pour la première fois à la pâtisserie. L'homme slave faisait de son mieux. Je l'ai entrevu ce jour-là. Et comme l'essentiel de mon courroux avait été déversé dans mon courrier furibard, je crois bien que ce déjeuner m'a inspiré, pour la première fois, une forme d'indulgence condescendante.

L'homme avait chuté, enfin, de son piédestal.

Carnet Conquérant bleu ciel

16-12-91

Il m'a dit : « Tu ne m'insultes plus ? » « Presque plus, je lui ai dit pour l'honneur. Mais j'en ai rien à foutre de l'honneur. »

C'est dingue, ce mec, tu lui écris : je t'aime, il ne réagit pas. Tu lui écris : je t'abhorre, il ne réagit pas non plus. On peut tout lui faire, tout lui dire. Avec des mecs plus jeunes, ça n'aurait pas été possible, mais lui... Il me dit : « Si tu veux m'écrire une lettre érotique maintenant, c'est possible. » Je lui dis : « T'écrire une lettre érotique, oui, mais s'il n'y a pas de travaux pratiques, c'est pas intéressant. » Il me dit : « Je t'adore malgré tout. » Je lui dis : « Moi aussi, malgré tout. »

Troisième mouvement

Ouf. Nous avions mis des mots sur la situation et mon chagrin allait pouvoir me laisser en paix.

Ouf. Même s'il n'avait, lui, à aucun moment, dit que notre histoire était finie, je l'avais dit, moi. Et je pouvais regarder ailleurs. Aimer ailleurs. Laisser traîner mes guêtres auprès de marcheurs mieux assortis.

Ouf. Une part de moi était ravie ! Je n'avais pas fait ça, cette immense bêtise qui aurait consisté à parvenir à mes fins : m'unir à cet homme et lui faire un enfant.

Plus le temps passait et plus je me disais qu'il avait eu raison. Qu'il m'avait sauvée de lui en quelque sorte. Et à ces pensées mon amour pour lui frémissait à nouveau, fond de brasier aux brûlures indolores. Plutôt moteur. Stimulant. J'aimais un homme, soit, je l'aimais toujours, mais je ferais ma vie sans lui. Il serait mon repère. Re-père. Ce serait parfait.

L'homme slave a quitté le quotidien de mes pensées. Je me suis consacrée à moi, à sauver ma peau. Au fil des mois, j'ai troqué les petits boulots épuisants pour des ateliers d'acteurs amateurs, ou de technique de la voix parlée, que je donnais à des demandeurs d'emploi. J'ai commencé à mettre en scène des chanteurs. Mes camarades du Studio des variétés qui connaissaient mon parcours théâtral m'ont fait confiance et m'ont demandé de les aider. Je me suis retrouvée assez vite à transmettre, dans les locaux mêmes où j'avais été formée par l'homme slave, ce qu'il transmettait, lui, à l'époque où je l'avais rencontré : le travail de la scène. J'adorais ça. Je marchais sur ses pas. Je lui piquais ses trucs, je les arrangeais à ma sauce, je les remettais en question, je les mêlais aux mille informations que j'avais reçues ces dernières années à Chaillot, en classe libre, en stage. Ça plaisait. Ça me plaisait.

Je suis devenue chichement « intermittente du spectacle ». Je m'éclatais. Je sortais de ma bulle.

OUF !

Pour pouvoir faire l'actrice, comme on ne me proposait rien, je décidai de m'écrire une pièce. Un rôle. Je m'y consacrais durant le temps qui me restait, gavant comme une oie mon emploi du temps sans craindre les sacrifices de « vie privée » que cela exigeait de moi.

Je ne sortais pas. Je rencontrais peu d'hommes ou bien c'était dans le cadre de mon travail et j'étais, à cette époque-là, réservée, insécure ; difficile de séduire qui que ce soit. Je n'intéressais d'ailleurs pas grand monde. Mes histoires étaient de pauvres choses médiocres et éphémères qui me rendaient plutôt tristes quand j'y pensais, et, surtout, quand je regardais les autres, qui en étaient parfois déjà à attendre leur premier enfant.

J'étais aussi toujours dans le collimateur d'hommes plus mûrs ou décalés : un producteur, un journaliste, ou même un de mes professeurs de faculté africain qui me proposait de l'épouser dans son pays alors que le seul moment extra-universitaire que nous avions passé ensemble était de boire un café un jour en terrasse. Un riche étudiant pakistanais, avec qui j'avais longuement discuté quelques fois, m'a appelée un jour d'Islamabad pour me dire qu'il allait se marier, mais que si je voulais le rejoindre, il annulerait son mariage pour m'épouser ! En tout cas, même si la compagnie des hommes mûrs, expérimentés, me séduisait, il était alors très clair pour moi que si je faisais ma vie avec un « vieux », ce serait avec le Russe. Point barre. Chez les autres, étrangement, la différence d'âge me gênait.

Carnet Chevignon vert
18-11-92
Je viens d'avoir Francis. Il m'a donné du « mon cœur » à tire-larigot. Je ne me suis pas abattue sur mon lit comme une masse bouleversée. J'ai eu Francis, c'est tout.

L'homme slave, je le voyais peu. Très peu. Je dégustais le coffret de CD qu'il avait conçu sur l'abbé Pierre et dans lequel il était narrateur pour pouvoir entendre sa voix de temps en temps.

Je lui envoyai ma première pièce à lire quand elle fut finie. Il la lut. On se vit. Compliments. (Je l'épate avec mon obstination, et il est surpris par cette douce comédie dans laquelle une jeune femme est confrontée à trois hommes aux projets de vie différents. Elle hésite et les malmène, puisqu'elle n'arrive pas à choisir, sans s'apercevoir qu'elle se malmène au passage.) Il me dit que si je voulais rester dormir avec lui il serait ravi mais si je ne voulais pas, ça irait aussi. Je ne voulais pas, pour cette fois. Trop peur d'avoir mal. Je ne le questionnai pas sur sa dulcinée. Elle devait être en déplacement. Qu'importait.

Et je suis repartie dans ma petite auto (vieille Visa donnée par ma mère). Légère et heureuse de cette affinité transformée. Toujours séduite aux entournures, mais sans m'y attarder. Surtout pas.

Je le consultais quand j'avais besoin de conseils, ou d'échange. Soit par téléphone, soit en lui volant une heure souvent accordée dans le petit restaurant en face de chez lui.

Un été, le dernier été où j'allais prendre un « petit boulot » – mon intermittence était encore trop maigre –, je me suis retrouvée à travailler au parking d'un grand restaurant, comme hôtesse d'accueil, avec des voituriers mercenaires, dans une ambiance délétère et hostile. Ce job épuisant, à l'autre bout de chez moi, me renvoyait brutalement à ma réalité. Il fallait que ce soit la dernière fois ! Il fallait que je gagne ma vie autrement ! Que je mette toute mon énergie pour confirmer les frémissements de carrière des derniers temps. L'autre vie était trop dure.

Avec la deuxième hôtesse nous alternions les midi et les soirs. Dans le temps que j'avais de libre, je corrigeais ma pièce. Je déprimais.

Cet été-là donc, à bout de nerfs dans un Paris vidé de mes amis, de ma famille, j'ai fini par appeler celui qui était sans doute présent, puisqu'il ne prenait jamais de vacances : l'homme slave. Jackpot. Il a rappelé. Il était à Paris. Et très visiblement, son « assistante », elle, n'avait pas désiré passer le mois d'août rue du Château dans la canicule. Il était libre. On a dîné. Et cette fois, je suis restée dormir avec lui.

Quelle drôle de chose que de vivre un amour, presque un mois durant, avec un homme qui vous a affolée, fait souffrir, fait vibrer, en enveloppant son cœur d'un tissu épais pour le protéger des agressions probables de l'attachement, en ne prenant que ce qu'il y a à prendre : rien qui se garde. Du présent. De l'écoute. De la tendresse.

Il me téléphonait le lendemain de nos nuits d'amour, à la façon d'avant, « pour m'embrasser », mais sous l'injonction formelle de mon cerveau, maître des lieux, mon cœur ne bondissait plus. Nos dîners me comblaient toujours mais leur magie me parvenait à l'âme à moitié étouffée, comme lorsqu'on se trouve dans un studio d'enregistrement sans casque, et que de la grande musique se joue dans la pièce à côté ; on le voit par transparence, on l'entend au loin, mais impossible d'être touchée en plein. Et cela nous convient ainsi. Hors de question de se laisser chavirer. Pas la force.

Je racontais au Russe les voituriers hargneux. Je lui racontais mes espoirs d'auteur. Il compatissait. Il philosophait. Il me faisait rire. Il me faisait l'amour. Et je repartais.

Fin août, je cessai mon activité au parking pour reprendre mes ateliers et mes mises en scène à la petite semaine. Lui dut voir revenir son assistante bien bronzée.

Il ne m'appela plus.

Je repartis la fleur au fusil. Confronter ma pièce. Rencontrer les partenaires qui pourraient faciliter sa concrétisation. Batailler. La monter. Avec les moyens du bord. Haut les cœurs. J'étais trop impatiente pour élaborer des dossiers et solliciter les institutions, attendre les réponses de subventions : le circuit «théâtre public» se fermait ainsi pour moi. Je fis donc ce montage à l'arraché.

Je ne chantais plus, ou presque plus. La chanson s'éloignait de moi comme certains hommes, sans prononcer la rupture. Je ne faisais rien vraiment pour la retenir, trop accaparée par ma nouvelle aventure théâtrale et totale : écrire et jouer dans une pièce.

La première eut lieu en septembre 94. Ce fut un succès. Enfin... Un petit succès! Dans la petite salle de l'Atelier Bastille, un lieu précaire et underground, on avait mis une trentaine de chaises pour accueillir le public, mais au fur et à mesure des représentations, on en rajoutait sans cesse! Le bouche à oreille marchait très bien et nous nous amusions beaucoup. Je rencontrai même ainsi un amoureux que je gardai quelques semaines. Je m'apercevais doucement, mais ne l'avouais pas, que je n'étais pas faite pour jouer tous les soirs. Non seulement cela m'épuisait, mais je n'avais pas le talent de la régularité, de la tenue de l'inspiration. J'étais inégale. Et même si les avis étaient globalement chaleureux, j'étais bien plus sensible aux enthousiasmes liés à mon texte qu'à ma prestation.

Un seul homme manquait à l'appel : le même. Il n'avait pas le temps de venir. Il le regrettait tellement. Il était tellement heureux pour moi que les choses aient lieu. Il viendrait quand je reprendrais la pièce, promis. Il pensait à moi.

Carnet Clairefontaine violet à carreaux
6-12-94
Écrire à Francis parce qu'on s'effiloche.

1-01-95
Francis m'appelle pour me dire ses vœux. Je l'aime.

31-01-95
Francis m'a dit un jour : « Tu n'es pas légère, Murielle. – Je n'ai pas l'apparence de la légèreté. – Non Murielle, tu n'es pas légère. Pas du tout légère. »

25-05-95
Francis croit aux aventures communes où on est libre de créer ce que l'on veut.
Il dit que quand une collaboration fonctionne, il faut la poursuivre, et savoir rendre sa part à l'autre, autour de soi, dans les médias, pour qu'elle dure, s'enrichisse, et ait une chance de devenir exceptionnelle.
Il me dit qu'il faut vivre des choses avec des gens non pas pour les découvrir mais pour qu'ils se découvrent.
Il dit que j'ai raison de prendre mon temps en amour. Que ça viendra.
Il était beau et je suis toujours amoureuse de lui.

Carnet Harley Davidson orange
27-06-95
Des enfants ? Je finirai bien par en avoir !

Reprendre la pièce, d'accord. Mais quand ? Où ? Dans combien de temps ? Heureusement, malgré mes constats secrets quant à ma vocation d'actrice, je décrochai un rôle important dans le cadre d'une compagnie bien implantée dans le Sud-Ouest. Il s'agissait d'interpréter Bérénice, dans la pièce *Bérénice d'Égypte*, d'Andrée Chedid, jamais créée jusque-là, au lyrisme et à la prosodie puissants. Mon côté métèque emporta le morceau, pour une fois. Il allait falloir partir répéter de longues semaines, puis jouer. Je ne renonçai pas pour autant à trouver un lieu où reprendre ma pièce, ce que je parvins à faire juste avant de partir. Je le réservai pour l'hiver suivant.

Je m'exilai donc pour répéter.

À Lézignan-Corbières.

De Lézignan, je ne me souviens de rien. Est-ce possible? Rien. Une absence. Demeurent seulement en moi un malaise, une tristesse. Pour moi, Lézignan est une sorte de brouillard, de froid hostile et glaçant. Un endroit à contourner.

J'ai détesté cet exil, trop long. Seule, au sein d'une compagnie qui acceptait mal la jeune comédienne parisienne que j'étais et qui, peut-être, soit, fanfaronnait un peu. J'étais essorée par ce contexte inhospitalier alors que nous répétions un texte de tolérance. (Aujourd'hui encore, sauf en cas de chef-d'œuvre ou de génie flamboyant, ce qui est rare, je ne vois rien qui autorise à faire passer l'art avant l'homme.)

Pour échapper à la morosité de l'ambiance des répétitions, le soir, je m'enfermais dans ma chambre et j'écrivais. Je noircissais mes cahiers et carnets. Je faisais le point sur ma vie. J'avais vingt-huit ans. De belles amitiés, mais pas de mec. Pas d'enfant. Et je croupissais dans une chambre d'hôte, exilée, sans personne à qui me confier vraiment. À force de méditation, je conclus que le seul qui pouvait entendre mes jérémiades sans me juger, et qui me devait bien ça, c'était l'homme slave.

Je me mis à lui écrire.

Des lettres.

Des lettres où je racontais : le texte d'Andrée Chedid, sa force.

Les contradictions du metteur en scène. Son talent, mais aussi ses débordements quotidiens, mon indignation.

Mes questions sur le rôle : comment incarner cette Bérénice, sœur aînée de Cléopâtre, généreuse et visionnaire, sans la canoniser ?

Mes questions sur ma vocation : étais-je faite pour la vie de troupe ? Ici, les permanents concevaient les costumes, montaient les décors, se relayaient même pour la vente du spectacle, la paperasserie ; étais-je faite pour cela ?

Mes questions aussi sur la nature humaine, ce que j'en découvrais. Mes désirs. Mes peurs. Mon mal-être. Tout. Sans vraiment de frein. Il fallait bien qu'il me serve à quelque chose, le Russe, vu qu'il ne m'avait pas servi à créer le couple dont je rêvais !

Le pire, c'est que ça lui plaisait. Les quelques fois où je l'avais au téléphone, il me disait : « Continue de m'écrire. Ça ne me dérange pas. Ça me plaît. » Alors je continuais. Je déversais mon spleen. Mes doutes. Ma benne. Je glissais au détour d'une phrase, c'est sûr, quelques mots doux pour lui. Quelques pensées tendres. Sans contrepartie nécessaire. Pour le plaisir.

Le week-end, je ne pouvais pas rentrer à Paris. On répétait souvent et de toute façon, je n'avais pas les moyens de plusieurs allers-retours.

Alors un samedi soir, à bout, j'ai pris ma voiture, et j'ai roulé vers la mer.

Il faisait nuit. Il pleuvait. Il ventait surtout. La tramontane poussait, brutale. Ma vieille voiture peinait à tenir la route. J'étais accrochée à mon volant. Accrochée comme une qui voit son heure venir. C'était assez déconcertant car en même temps que je conduisais, terrorisée, j'avais une telle sensation de liberté en m'éloignant de cet endroit d'étouffement, que rien ne pouvait m'inciter à faire demi-tour. Plutôt l'accident, plutôt la peur. Tout, plutôt que Lézignan. (Odeur de renfermé. D'isolement. Odeur de poussière. De chambre d'amis rarement utilisée. Humide. Odeur de préfabriqué sans fenêtre. De jardin sans fleurs. De « loin de tout ». La seule note positive. Un vin. Le vin des Corbières. Rocailleux.)

J'ai roulé jusqu'à Port-Vendres où mes parents possédaient un petit appartement dont j'avais les clés. Je suis arrivée à 2 heures du matin tant j'ai dû rouler lentement. J'ai ouvert l'appartement dans cette résidence déserte hors saison.

J'ai ouvert la porte vitrée qui donnait sur le balcon face à la mer.

Et là, alors que les vagues attaquaient les rochers ombrageux à coups de gifles régulières, dans un vacarme amplifié par la nuit, frigorifiée, mais palpitante de cette sensation de liberté, j'ai pris conscience qu'il fallait bien me résoudre à la solitude inhérente à l'animal-homme que j'étais. Définitivement. Je serais seule, toute ma vie, comme tout un chacun.

Mais pour accompagner cette solitude, il fallait un homme que j'aime et qui m'aime, simplement. Et des enfants, parce que ça m'était nécessaire, vital, de jouer les mammifères et de transmettre.

J'étais une femelle et je voulais un mâle consentant et aimant pour me rendre mère.

Et nous ferions le chemin ensemble.

Je suis rentrée à Lézignan. J'ai continué les répétitions, non sans cris, non sans labeur. Nous sommes allés au bout de ce spectacle insolite, baroque, un peu démodé. Je n'étais pas si mal dedans et j'aimais surtout ce personnage qui hurlait à la mort à la fin de la pièce, une mort opératique qui n'en finissait pas. Une mort poétique. Elle hurlait son amour, son attachement au peuple, à la voix du peuple, à la démocratie. Je m'y adonnais avec d'autant plus d'abandon que j'avais l'intuition que c'était mon chant du cygne. Certes, il y avait la perspective de la reprise de ma propre pièce, mais je soupçonnais déjà qu'elle ouvrirait plutôt un chapitre d'auteur pour moi, et clorait celui de comédienne. (Ça a été le cas, à un spectacle jeune public près, deux ans plus tard, ma dernière prestation jouée en scène.)

Les premières représentations de *Bérénice d'Égypte* eurent lieu dans la région de Lézignan (Andrée Chedid est venue nous voir en personne et m'a promis qu'on se reverrait à Paris) mais les autres se répartissaient sur l'année suivante dans des villes de la France entière.

Je rentrais donc chez moi.
À bout de forces.

Carnet Clairefontaine noir à carreaux
24-10-95
J'ai vu Andrée Chedid. Elle m'a reçue dans son petit appartement du VIe *arrondissement. Outre son temps, outre son attention immédiate, qui sont déjà de beaux cadeaux, elle m'a aussi offert un collier de l'Égypte antique qu'un musée lui avait donné. « Il vous attendait, m'a-t-elle dit. C'est vraiment un objet très ancien. J'aime son aspect brut. On m'a dit que c'était un collier mais pour moi c'est un bracelet, vous voyez ? C'est pour vous. Moi, je l'ai depuis des années je ne le mets pas. Il est pour vous. » Je suis estomaquée de ce présent. Je me trouvais maladroite avec elle, un peu prétentieuse comme je suis en ce moment, et tout d'un coup, ce présent.*

Très vite l'homme slave a voulu me voir. Ou bien il a accepté de me voir. Je ne sais plus. Qu'importe.

J'avais changé. Je savais ce que je voulais. « L'homme de ma vie et le père de mes enfants. » C'est ainsi que je l'énonçais. Et je ne manquais pas de dégainer ma formule au Russe qui me dit que ça avait au moins le mérite d'être clair. Et que ce ne serait pas lui. Là-dessus, nous étions enfin d'accord. Je n'avais plus la moindre velléité de le garder. Seulement celle de profiter de lui, de son affection, de son regard, de sa générosité, et de ses nuits libres, en attendant de trouver l'autre, *le bon*.

Ça lui convenait.

Il ne m'échappait pas que c'était un peu une « fausse bonne idée » qui pouvait entraver ma disponibilité à un autre amour, mais à la fois, je savais qu'au moins, avec lui, je vibrais. Je ne faisais pas l'amour juste pour le sport, ce qui me lassait vite – même avec des hommes plus vigoureux, ou mieux foutus, ou que sais-je – mais bien avec l'état d'affection qui rend l'étreinte plus intense. Il n'y aurait pas de projet. Voilà tout.

Pourquoi pas ?

J'avais confiance en mon aptitude à scinder les choses. Je ne doutais pas que si je rencontrais quelqu'un d'épris et engageant, je m'éloignerais de mon vieil amant. Il comprendrait. Il serait peut-être même, allez, mon confident ! (Quelle noblesse de conception ! La jeunesse naïve a tendance à croire que la maturité apaise les désirs, que la sagesse acquise rend le renoncement plus simple, si c'est pour le bien de celui qui a sa vie à faire. À qui la faute ? À la littérature ? À la religion ? Au romantisme ? La vérité est que non, non, non. L'âge n'apaise rien ! Presque jamais. C'est pour cela que certains vieux se suicident ou baisent jusqu'au dernier souffle.)

Ma récidive restait secrète bien sûr.

Je ne racontais rien, à part peut-être à l'ami qui avait été mon confident lors de notre premier flirt. Je me protégeais toujours, par ce silence, des conseils que je présupposais bien-pensants de mon entourage. Et je protégeais aussi mon lien avec lui.

Un lien qui n'avait pas de nom.

Un lien qui me rangeait toujours dans la case des célibataires.

Il était un homme que j'aime. Point. Un amant avec qui je ne trompais personne.

C'est dans cette période que je date le début de ce que j'appelle « ma deuxième histoire » avec l'homme slave. Dans cette période flottante, où je passe une grande partie de mon énergie à faire vivre ma pièce, et à former des chanteurs au travail de la scène. Dans cette période, où je vois parfois un autre ami-amant, dont l'homme slave est discrètement jaloux, qui, comme lui, n'est pas loin d'emporter mon cœur, mais qui, lui non plus, n'est pas dans une perspective de foyer, alors je ne m'accroche pas. Dans cette période, où je ne comprends pas bien ce qu'est devenue « l'assistante », pourtant toujours en photo ici ou là sur les murs de la maison de la rue du Château, mais qui n'empêche pas le Russe de me retenir pour dormir chez lui, et prendre le petit déjeuner dans le café du coin, et parfois, même, traîner un peu le matin, avec mon ordinateur, si j'ai envie un peu d'écrire ici... Ça ne le dérange pas... Dans cette période où je commence à rencontrer certains de ses jeunes collaborateurs (on se croise parce qu'ils arrivent tôt au bureau, et partent tard, râlant mais certifiant encore aujourd'hui qu'ils l'auraient suivi au bout du monde). Ils semblent contents que je sois dans la vie du Russe et me le signifient. Dans cette période confuse, où, alors que je rejoue ma pièce de théâtre, non seulement l'homme slave vient la voir enfin, très encourageant, très fier, mais il me propose de venir la filmer avec deux de ses « copains », et d'en faire pour moi le montage vidéo, afin que j'aie quelque chose à montrer aux professionnels ; et je suis touchée, et j'accepte.

Carnet Chevignon, Authentic Navajo
12-11-95
Francis me dit : « Ne t'encombre pas d'une relation sentimentale en ce moment. Tu as mieux à faire. » Pourquoi ? Parce qu'il veut me garder un peu plus auprès de lui ?

Un dimanche matin, vers 9 heures, mon téléphone sonne. C'est lui. Il me demande si je veux bien l'emmener en voiture au Marché aux oiseaux. Et on déjeune ensemble après ?

Je savais qu'il avait une grande volière dans son jardin depuis quelque temps, et même un perroquet, mais je ne m'y étais jamais vraiment intéressée. Je pensais que lui non plus ; que c'était pour faire joli. Que c'était ses assistants qui s'occupaient de l'intendance. Quoi qu'il en soit je n'allais pas manquer l'opportunité de rentrer un peu plus dans son intimité. Je dis oui. Je disais oui à tout, de toute façon, venant de lui.

Je saute dans ma voiture, je passe le prendre et on se retrouve sur l'île de la Cité, main dans la main ou presque, au Marché aux oiseaux, à acheter des graines, et une « paire d'inséparables, les verts », et « vous le recevez quand le bruant fou ? ». Il passe de baraque en baraque ; il est populaire chez les oiseleurs. On l'aime bien ! Il faut dire que c'est un bon client. Tous les commerçants l'aiment bien. Je le vérifierais avec le temps. Non seulement il les fait rire, mais il consomme. Certes, il négocie toujours un peu, mais personne n'est perdant. Il est connaisseur. Chaleureux. Franc. Il cherche tel ou tel spécimen pour la variété de son chant, tel autre, pour sa majesté, celui-là encore, pour ses facéties, celui-là enfin, pour l'intensité de ses couleurs.

Quand on rentre, j'assiste au petit cérémonial qui consiste à mettre les nouveaux arrivés dans la volière. C'est assez joyeux. Il ne faut pas que les anciens s'échappent. Il faut aussi rester un peu à côté pour voir si la cohabitation commence bien. Le Russe m'explique : a priori le serin du Mozambique est un peu agressif quand il est en période de reproduction. On le comprend, non ? Il est très vif dans la volière ; il essaie d'impressionner les autres. L'amarante du Sénégal est très timide mais peu craintif. Il n'est pas bagarreur, il se carapate au moindre conflit. Ils devraient pouvoir s'entendre.

La chienne Faustine participe au tableau, en remuant la queue, en aboyant parfois, ce qui fait aussi aboyer le Slave qui lui balance : « Ta gueule la chienne ! », laquelle est encore plus gaie et excitée.

De dimanche en dimanche, c'est moi qui suis chargée de mettre dans la mangeoire les graines ainsi que les vers vivants que je prends avec une petite pelle et mélange à une pâtée d'insectes séchés, de biscuit au miel, de crevettes, de fruits secs. Parfois les vers s'échappent et je les ramasse à la main, pour les remettre dans la pâtée marronnasse. Il faut qu'il me plaise quand même, le saltimbanque, pour que je saisisse ainsi des vers à mains nues pour ses beaux yeux. D'autant que, pendant ce temps, lui est à son ordinateur, ou au téléphone ; il travaille vaguement. Règle des trucs. Appelle son père. Ou que sais-je ? De temps en temps je passe derrière lui et je vois qu'il fait des jeux électroniques, « solitaire » ou « dame de pique » ou « démineur ». Il grommelle : « Je bosse... »

J'aime.

Ensuite, il enfile sa veste et il m'embarque au restaurant du coin. Tel ou tel. On change. Parfois aussi, on va chez le boucher du quartier. Et il achète des mets qu'il cuisine pour nous. Une bonne bouteille de vin. (Il boit très rarement mais il en achète pour moi.) Du pâté en croûte. Des légumes parce que « même si c'est dégueulasse, il faut en manger ». Il cuisine bien, et cette fois, c'est moi qui regarde. Je suis assise et il ne veut pas que je bouge. « Ne fais rien. Repose-toi. C'est moi qui dis. » Je vois son dos passer de la grande gazinière, au grand évier, et surtout au grand frigo. Tout est grand chez lui. Il boit de grands verres de Coca dès le matin. De grands verres bleus qu'il me demande d'ailleurs de lui servir alors qu'il me prépare un café. Il faut que je prenne des glaçons au brise-glaces du frigo américain pour que son Coca soit bien frais. Ça me fend le cœur de lui servir du soda si tôt, d'autant plus assorti d'une cigarette sans filtre qui n'est pas la première de sa matinée, laquelle a eu son compte dès le réveil, geste pionnier et rituel. Mais j'obtempère. Je ne me mêle de rien. Je ne dis rien. Il est comme ça. Et moi je n'ai pas envie de faire des reproches. Jamais. Ce n'est pas mon truc.

Le dimanche après-midi, je rentre chez moi. Ou je dors chez lui et je rentre le lundi matin. Ça dépend.

Tout ce temps passé ensemble, on se parle. On rit. Je le questionne. Je « profite ». Oui, c'est bien ça. Je « profite ». Avec toujours cette sensation, qui perdure en moi, qu'il ne restera pas. Qu'il partira. Qu'il mourra. Que je le quitterai.

Il m'encourage tellement ! À écrire, à être ce que je suis, à ne pas me laisser dérouter par les uns ou les autres. À préciser ce que j'aime. À tenir mon cap. Il me regarde tellement. Il me désire aussi. Cette chose se réveille en nous de plus en plus fort. Et on commence à la partager vraiment, ce qui, je le sens, conforte son attachement à moi. Et le mien à lui.

Et puis je repars.

On s'appelle un peu.

Je n'attends pas.

Je continue de regarder autour les autres hommes.

Parfois on se retrouve en semaine mais c'est assez rare. Il n'a pas le temps. Ou bien est-ce que l'assistante est là ? Ou bien, est-ce qu'il y a d'autres femmes ?

À Noël, il me propose de faire partie des bénévoles pour « le Noël des clochards » dont il a charge de l'organisation. J'accepte. Je distribue des repas, je passe de table en table, alors qu'il s'occupe de coordonner le tout, les cadeaux, les présences, la musique, les petits événements. (Gros choc quand je vois, parmi les sans-abri, un de mes anciens camarades de cours de théâtre, un Portugais charmant. On se parle. On se sourit. Ça ne va pas fort. Il va peut-être rentrer au Portugal. Il ne sait plus.)

Un des techniciens, plutôt beau, me regarde particulièrement ce soir-là. Il ne sait pas que je suis la maîtresse du metteur en scène. Il me courtise à la fin de la soirée. Il me donne son téléphone. Je suis séduite. Je me dis que je l'appellerai peut-être. Que c'est peut-être lui, *le bon*. Qu'il faut que je tente le coup.

L'homme slave a vu cet échange de numéro ; j'ai vu qu'il a vu. Il n'a rien dit. Je n'ai rien dit.

Mais je n'ai pas rappelé le jeune homme.

Carnet Chevignon Authentic Navajo
26-12-95
Brouillon de lettre écrite à Francis : « *Je veux que tu ne t'inquiètes pas.*
J'ai entendu ce que tu m'as dit hier. Je me mets en garde toute seule. Je reste disponible. Ça n'empêche pas l'amour ni la force de ce qui nous lie. Simplement, je ne fais pas de plan sur la comète.
Ce Noël portait ta signature (la délicatesse de ce qui était proposé aux gens, la générosité simple, l'espace laissé à l'imprévu).
Je te désire. Mais tu me plais au-delà du désir.
Ne t'inquiète pas.
Je sépare l'émotion du projet.

Mais ça ne m'empêche pas de te dire les choses.
Je t'embrasse si fort. »

Plus le temps passait, plus c'était tortueux en moi. Oui. Je sentais bien, comme quelques années plus tôt, que peu de temps avec cet homme valait plus pour moi que beaucoup de temps avec un autre. Pourtant, mon projet intérieur ne changeait pas. Je cherchais un compagnon qui m'aime assez et que j'aime assez pour pouvoir faire un enfant. Et pour cela il fallait plus d'engagement. Plus de vie commune. Plus de compromission encore.

Ce n'était pas lui. Donc.

Ce n'était pas LUI.

Carnet Chipie
18-03-96
Est-il possible que Francis et moi nous destinions à un nouveau drame ? Je ne le crois pas, mais je n'en suis pas à l'abri.

Carnet Chevignon Navajo
7-04-96
Francis me rappelle tout le temps qu'il n'y a pas d'issue, mais il se réveille quand même la nuit pour me dire qu'il a du désir tout le temps et tant de choses que j'oublie à cause du sommeil.

Un jour, il m'a dit : « J'ai reçu une invitation pour aller voir un spectacle équestre aux grandes écuries de Chantilly, tu veux venir avec moi ? » J'étais toute troublée. Aller au spectacle avec lui, je ne l'avais jamais fait. (Sauf, peut-être, dans notre première histoire, pour aller voir une pièce mise en scène par son frère ; mais il m'avait alors présentée comme une ex-étudiante du studio qui faisait du théâtre, sans que personne ne soit dupe, bien sûr, mais bon.) Aller au spectacle avec lui, ça me plaisait. Je crois que c'était même l'un de mes fantasmes. Partager ça *avec lui* qui sortait si peu.

On a pris ma petite auto et on est partis. Sur le chemin, il m'a raconté qu'il avait beaucoup travaillé avec les chevaux. Il avait fait des mises en scène équestres, assez souvent, à Chantilly justement et peut-être ailleurs. Il adorait les chevaux, il les connaissait bien.

Lorsque nous arrivons à Chantilly, il est accueilli personnellement par le maître des lieux, un dandy qui me dévisage. L'homme slave sourit et me présente :

« Ma compagne. » J'ai un petit air étonné qui l'amuse. Un frisson me parcourt l'échine. Je ne m'y attarde pas. Il prononce peut-être « Ma compagne » parce que c'est plus simple ; ça va plus vite. Je sais déjà ne rien conclure de rien. Laisser filer. On nous conduit à nos places dans l'arène. On s'installe et l'homme slave continue de me raconter : le travail de l'écuyer avec le cheval, la patience nécessaire pour qu'il perçoive les moindres réactions de l'animal, afin que le couple soit en totale accordance une fois entré sur scène et que la connivence entre l'écuyer et la bête s'établisse durablement. Plus ils se connaissent, plus la personnalité de chacun est valorisée lors du spectacle. Il évoque aussi le choix du cheval. Ici, on verra des ibériques, des lusitaniens, plutôt ronds, petits, avec une forte encolure. C'est une tradition du lieu de laisser la place à ces chevaux qu'on appelle « baroques ». Même s'ils ont fait entrer quelques chevaux allemands, des poneys, et un âne pour enrichir le spectacle, ce sont « les baroques » les valeurs sûres, ancestrales, des grandes écuries.

J'ai l'impression qu'il a eu mille vies. Que je n'en aurai jamais assez de nos rendez-vous pour extorquer tous les récits de cet homme, tous ses secrets de saltimbanque et de bon vivant. Qui est-il ?

Soudain, il s'interrompt. Il fixe l'entrée du public. Cela dure un peu, alors je suis son regard et j'aperçois une femme, d'une soixantaine d'années, qui tient patiemment le bras d'un octogénaire courbé et faible, à la démarche douloureuse.

L'homme slave murmure :

— Tu vois ?

— Quoi ?

— Comment on serait dans quelques années, toi et moi, si on restait ensemble...

Je lui prends la main. Je serre sa main.

J'ai peur.

Entre son « Ma compagne » tout à l'heure et sa projection dans l'avenir maintenant, j'ai l'impression qu'il joue avec le feu. Qu'il me provoque. Pourquoi fait-il cela ? Qu'est-ce qu'il cherche ?

On a dû rentrer en silence et faire l'amour assez intensément. Et puis on a repris notre rythme, notre petite routine, mais elle n'avait plus le même ronronnement rassurant. La machine à sentiments que j'avais mise en veilleuse se réactivait pour m'injecter son fluide ambigu. Certes, l'image du couple qu'il m'avait montrée n'était pas glamour, mais c'était au moins l'image d'un couple, d'un amour, d'un attachement qui dure. Il avait rouvert une brèche en moi ; une brèche que je croyais pourtant avoir solidement colmatée.

L'homme slave, de son côté, tentait de revenir en arrière, comme pour se détacher de moi. Il reprenait un ton dégagé. Un ton prudent. Les petites phrases des grandes écuries étaient des inconséquences lâchées un soir de grisaille, voilà tout. D'ailleurs, est-ce que je n'avais pas donné trop de sens à tout cela, avec ma manie de déployer mes antennes affectives comme si ma prochaine prise d'air en dépendait ? Les feux de signalisation redevenaient orange et clignotants. Attention... Pas de confusion !

À la faveur d'un retour du Marché aux oiseaux et d'une saillie crasse du Russe sur une petite nana «baisable», j'ai posé la question qui me brûlait les lèvres depuis quelques jours :

— Qu'est-ce que je fais si je retombe amoureuse de toi ?

Il a tardé à répondre. Peut-être même qu'il m'a fait répéter la question. Puis il a grogné :

— Si tu retombes amoureuse de moi, tu arrêtes tout de suite.

J'ai traîné un peu avant de murmurer :

— Alors, j'arrête tout de suite.

Il a souri, incrédule.

Pourtant, j'avais articulé ces mots le plus sérieusement du monde. Sans ciller. Calmement. Mais pour l'instant il devait n'avoir reçu que la partie flatteuse de mon missile : j'étais retombée amoureuse de lui, donc !

On est allés manger.

Au moment de se séparer, il m'a dit :

— Je t'appelle demain.

J'ai répondu «non».

Il s'est marré. Comment ça, non ? Si... Il allait m'appeler demain. Pourquoi non ?

— Parce que je préfère *vraiment* qu'on arrête. J'ai pas envie de souffrir à nouveau comme avant.

Il a grommelé un vague «on verra»...

Et je suis partie.

Le lendemain il m'a rappelée.

— Tu viens me voir demain ?

— Non. Je ne viens pas. Ni demain ni un autre jour. Je t'ai déjà dit, maintenant, je veux construire quelque chose, faire des enfants, et pour ça, il ne faut pas que je sois trop amoureuse de toi, dépendante, sinon je ne trouverai jamais personne et le temps va passer. Or, là, je sens que je retombe amoureuse de toi. Et je ne veux pas.

— Viens, on va en parler...

— Non. J'ai pas le courage d'entendre pour la énième fois ton discours sur la différence d'âge, et ton libertinage, et le buvard qui doit absorber... etc., etc., etc. Moi, ce que je veux, c'est un homme qui m'aime assez pour avoir envie de faire un enfant avec moi.

— Viens, je te dis.

— ...

— Viens.

Je suis venue. On a parlé de rien, en vérité. De rien. On a dîné. On a fait l'amour. Comme les autres fois.

Simplement, il ne m'a plus laissée partir.

Carnet Chevignon Authentic Navajo

22-04-96

Qui l'eût dit que ce carnet se terminerait avec Francis, encore et toujours. Sur mon plus bel amour.

Mon plus impossible, et mon plus bel amour. Je voulais consacrer cette année à trouver mon plus bel amour et le père de mes enfants. Je crains que seule la première partie du contrat ne soit accomplie. La magnifique première partie.

À moins qu'un jour, la deuxième...

Quatrième mouvement

Ce qui m'était déjà apparu comme une forme d'amour dans notre première histoire était si ridicule à côté de ce qui se déployait devant moi désormais, que je compris assez vite de quoi l'homme slave m'avait protégée jusque-là.

Son amour était une sorte de rouleau compresseur puissant et sans nuance, envahissant, jouissif, effrayant, exclusif. Plus question de me laisser partir sans savoir où j'allais. Plus question de laisser des zones d'ombre dans mon emploi du temps. Tout était partage. Si je rentrais et qu'il n'était pas là, je trouvais des mots pour moi, des mots d'amour, de désir. Le matin, s'il partait tôt, il pressait des jus de fruits frais pour que j'aie des vitamines pour mes journées qui lui paraissaient dures. Il voulait maintenant que je lui parle des gens qui peuplaient ma vie. Tous. Les rencontrer. Mes amis. Ma famille. Il voulait davantage de moi. « Tout de moi », c'est ce qu'il disait : « Je veux tout de toi. »

Cet infidèle exigeait de moi la fidélité, pour la première fois, il me jurait la sienne. Plus question de se cacher des choses, de laisser des zones d'ombre. Nous devions avancer ensemble, à découvert.

Notre sexualité aussi se chargeait d'une puissance qui me transportait tout en me donnant le vertige. L'homme slave ne me cachait plus rien de ses fantasmes et de ses jeux. Et rien ne me choquait de lui. Rien ne me paraissait malsain. Je me montrais disponible même à expérimenter avec lui certaines choses. Je lui confiais aussi mes désirs secrets. Mes fantasmes. Rien ne nous gênait. C'était un peu fou. Il le disait. «C'est rare, ce qu'on vit, tu le sais, c'est très rare.» Je le croyais. Il avait le recul pour le voir. Et ça ne m'étonnait pas.

Il me disait «je t'aime», enfin ! Il me le disait. Je le lui disais aussi. Enfin ! Je l'avais dit. Pour la première fois de ma vie.

Il me disait «oui» pour l'enfant. «Je ne devrais pas te dire ça, mais oui. C'est inconscient, c'est déraisonnable, mais oui ! On le fera. Je le veux avec toi.»

Il me donnait des surnoms : «Ma chérie». «Ma petite femme». «Mon amour». «Mon bel amour» et un dernier sorti du chapeau : «Ma Croumounoute». Soit. Je prenais tout. «Ma Croumounoute» aussi !

Je flottais.

Je roulais vite en voiture quand j'allais donner mes ateliers en banlieue tant je flottais. Je faisais du 180 avec une casserole tant j'étais invincible désormais. Ma vie s'ouvrait. Je quittais la jeune femme sombre et torturée. J'entrais dans la lumière rassurante et grisante du «deux». Je le vivais, ce grand amour, avec l'homme avec lequel j'avais toujours voulu le vivre. C'était énorme, mais je choisissais de ne pas avoir peur. Je lui montrais que je n'avais pas peur. Que j'étais à la hauteur de cette énormité, même si elle me déroutait.

Carnet noir avec post-it jaune

17-05-96

« Tu me plais beaucoup. Je suis amoureux. Je t'aime... » Ce sont ses mots. « Tu le vois, que je suis amoureux ? »

Cet amour qu'il me donne, c'est ce dont j'avais besoin.

Quel avenir pour nous deux ? On n'en parle plus trop.

Il faudra bien pourtant.

20-05-96

Il dit que plus ça va aller, plus on va s'aimer, et qu'il faut peut-être que dans un proche avenir, on songe à se quitter.

Je pense que dans un proche avenir il faut qu'on songe soit à se quitter, soit à faire un enfant...

Je ne dormais plus chez moi, donc, mais toujours rue du Château. Je l'avais questionné sur « l'assistante » : elle était partie pour une dizaine de mois au Vietnam, pour mener un projet à bien. Il m'a dit qu'il lui parlait régulièrement au téléphone, et qu'il lui avait dit pour *nous*, parce qu'il ne pouvait plus le lui cacher. Il m'avoua qu'elle n'avait pas semblé étonnée ; elle était déjà jalouse de moi avant, quand il me voyait ces dernières années, pendant « mon escapade ». (Il appelait ainsi, dans son extrême toupet, les années qui ont séparé nos deux histoires !) Je ne vérifiai pas. Je sentais que j'étais incontournable, que « ça » était incontournable. Et que les longues jambes de l'assistante et son élégance chic ne résisteraient pas à la déferlante dans laquelle nous étions lui et moi.

Je parlais à mes parents. Je faisais mon «coming out». Je ne leur avais jamais rien dit de ce lien et ils tombaient un peu des nues. Maman un peu moins sans doute, car elle avait en elle la folie nécessaire pour comprendre ce genre d'amour. Pour mon père, qui se découvrait un «gendre» quasiment du même âge que lui, ça devait faire bizarre. Mais il n'a rien objecté. Il faut dire que l'un et l'autre avaient mis nos nerfs à rudes épreuves ces dernières années, l'une avec des parenthèses psychiatriques douloureuses, et l'autre avec une relation extraconjugale à rebondissements; je n'avais pas vraiment de leçons à recevoir. Néanmoins, ils auraient pu s'opposer, freiner, faire des allusions. Ils ne l'ont pas fait. La voie était libre.

Mes parents me laissaient explorer ma vie à ma guise. Et même à bientôt trente ans, ça comptait.

Merci.

Un jour que l'homme slave devait aller travailler à Budapest pour une semaine, il m'a appelée. (Il m'avait offert un téléphone portable. C'était le début de cet objet avant-gardiste, mais lui, en consommateur compulsif, se l'était déjà procuré. Il avait donc changé le sien pour le dernier modèle de compétition et m'avait donné l'ancien afin que je sois joignable, tout le temps.) J'étais dans ma voiture et j'ai décroché. Il m'a dit :

— Je suis à l'aéroport, je pars dans deux heures, viens me voir.

— Qu'est-ce qui se passe ?

— J'ai peur. J'ai peur de te perdre. Viens.

J'ai annulé mon rendez-vous et je l'ai rejoint. J'ai foncé vers Charles-de-Gaulle. Hall des départs. Terminal 2.

Il m'y attendait. Il m'a serrée si fort... Tellement fort. Comme s'il voulait me faire entrer en lui. Ou me broyer. Angoisse brutale et vertigineuse. Tremblement d'âme.

Il m'a dit :

— Tu ne vas pas me quitter hein ? Tu ne vas pas me quitter...

— Mais non, qu'est-ce que tu dis ? Pourquoi ? On s'aime...

— J'ai pas envie de partir ; j'ai envie d'être avec toi... Tu vas m'appeler ? Hein ? On va s'appeler tous les jours ?

— Oui. D'accord.

Il m'a fait jurer que je l'aimais. Que je ne le quitterais pas. Qu'on allait s'appeler. J'ai promis.

Je lui ai dit : « Je t'aime. »

Il s'est apaisé.

Je l'ai fait rire.

Il m'a serrée.

« Je t'aime », ai-je dû lui redire.

Et il est parti.

Que s'était-il passé ? D'où venait sa terreur ? Était-elle une réminiscence de ce voyage aux États-Unis pendant lequel je n'avais pas répondu au téléphone ? Était-elle un relent plus profond, une peur plus archaïque ? La peur ordinaire de l'abandon ? Ou celle plus pathétique de l'homme mûr qui vit une histoire avec une femme plus jeune ?

J'ai vu sa silhouette haute s'éloigner, légèrement courbée.

J'ai vu la silhouette haute s'éloigner et j'ai eu la sensation de la conquête.

La forteresse imprenable cédait enfin. Elle était à mes pieds.

J'avais tellement douté de la profondeur de ses sentiments. Tellement chancelé à l'idée de n'être qu'un modèle de plus dans sa collection.

Ce jour-là, j'ai ressenti son amour dans ma chair. Pas seulement son désir. Son amour. Comme un ciment.

Cette victoire m'a fait immédiatement craindre de m'être fourvoyée. Avais-je eu raison de me battre autant pour lui ? Était-ce pure folie de post-adolescente trop littéraire ?

Pourtant, celui qui s'éloignait courbé, je l'aimais. Dans mon ventre ça se serrait. Je l'aimais. Depuis longtemps et pour longtemps.

Cette coexistence de mouvements si contradictoires me laissait désemparée dans ce hall d'aéroport, le bras levé pour dire « coucou ». À quoi ?

Carnet Clairefontaine noir à carreaux

12-06-96

À l'aéroport, Francis avait les larmes aux yeux, il m'a dit : « Je voudrais t'emmener avec moi. Tu es en moi tout le temps. Tu es un bouleversement pour moi. Je veux de toi très longtemps. Je veux de toi toute la vie... »

Il me dit : « Tu fais resurgir des choses en moi, des choses très enfouies... »

Je lui réponds : « Tu les fais naître en moi. »
Francis ne craint pas de répéter « je t'aime » vingt fois si le cœur lui en dit.
Il me dit : « Tant qu'on est tous les deux, qu'on décide de ne pas se quitter, on doit pouvoir se reposer l'un sur l'autre. »
Depuis quelques jours, l'intensité de notre amour a ramené un vent de gravité que je ne suis plus seule à ressentir.

Nous continuions notre rituel du dimanche matin : le café du coin, le Marché aux oiseaux ; mais depuis que je vivais avec lui, il avait rajouté un épisode : les fleurs. En rentrant de l'île de la Cité, nous allions immanquablement chez le fleuriste de la rue Raymond-Losserand qui nous accueillait avec un grand sourire commerçant quand il nous voyait entrer. Le Russe virevoltait dans cette boutique, comme un beau bourdon de petit déjeuner en terrasse ! Qu'est-ce qu'il avait de nouveau cette semaine, le fleuriste ? Hors de question de choisir un bouquet préparé, non, il le composait lui-même. Des lys, des roses, des lilas, des jacinthes, des jonquilles (« Tu aimes, ma chérie ? Tu préfères quoi ? » Je n'y connaissais rien. Je ne préférais rien. Je me fichais des fleurs. Ce que j'aimais, c'était le voir, lui, s'émerveiller devant les torsades, le velours, ou les fragrances de telle ou telle nouvelle arrivée). Cela prenait bien vingt minutes pour mettre au point un bouquet qui lui coûterait autour de 600 francs !

Cet immense bouquet atterrissait systématiquement dans mes bras et je pense pouvoir dire aujourd'hui qu'aucun d'eux ne m'a jamais fait autant plaisir que la rose offerte avec nonchalance quelques années plus tôt, dans cette même rue, et qui était une promesse obscure.

Ces fleurs, au contraire, m'écrasaient. Une fois où je le cachais mal, il m'a questionnée :

— Qu'est-ce qui te gêne comme ça? D'être trop gâtée ? Tu crois que tu ne le mérites pas ? Mais moi je crois que si.

— Non, c'est pas ça...

— Quoi, alors ?

— Je sais pas, c'est trop d'argent...

(Je ne lui disais pas que si on avait mis l'équivalent de son bouquet de fleurs chaque semaine dans le budget de ma pièce de théâtre, j'aurais presque pu payer les acteurs ! Mon romantisme a toujours eu des limites assez pragmatiques. Aujourd'hui, plus encore.)

— L'argent, je le dépense. Parce que, sinon, le fisc me le prend. Je t'ai déjà parlé de mes problèmes avec le fisc ?

— Oui. Vaguement... Tu leur dois de l'argent.

— Pas « de l'argent ». Beaucoup d'argent. *Beaucoup, beaucoup* d'argent ! Tellement d'argent que je risque la prison.

J'avalai une gorgée de mon vin jaune.

— Qu'est-ce que tu as fait ?

— Rien. J'ai jamais payé mes impôts. De toute ma vie. Et ils m'ont retrouvé.

Il m'a immédiatement précisé qu'il n'avait jamais payé ses impôts, *mais* qu'il n'avait jamais non plus profité jusque-là de la Sécurité sociale, ni du chômage des artistes, ni de quelque allocation que ce soit. C'était sa cohérence à lui et c'était important pour lui que je le sache, même si ça ne changeait rien aux yeux de la justice. Le procès était en cours et pour l'heure, le fisc lui prélevait quasiment les deux tiers de son salaire. Du coup, pour pouvoir continuer de vivre correctement, il achetait tout sur le compte de la société, par factures interposées. Rien ici ne lui appartenait. Rien.

Il disait que ses cauchemars venaient de là en grande partie. Il ne travaillait plus pour gagner de l'argent, mais pour éviter d'aller en prison. C'était ainsi, depuis des années maintenant.

J'encaissai l'information mais je passai outre. Même si je le découvrais seulement maintenant, je ne pouvais pas dire que c'était une surprise. Je le savais. Cet homme-là n'incarnerait pas pour moi « la sécurité ». Un certain luxe, oui, mais pas la sécurité. J'en prenais doucement mon parti.

(L'homme slave, à sa mort, a laissé une belle liste d'ardoises envers les impôts, les organismes de crédit, et près de 100 000 euros de dettes de jeu. Dettes qu'il avait avec les casinos eux-mêmes. Je ne sais pas comment on peut être endetté avec un casino ? Je ne sais pas. Je sais seulement qu'il appelait Partouche en personne pour obtenir des délais de paiement. Ça, je l'ai entendu un jour.

Les casinos étaient donc dans la cohorte des créanciers [à ma connaissance aucune personne privée, drôle d'élégance] qui demandaient leur part d'héritage. Il n'y en avait pas. Il n'avait rien dans les poches quand il est mort.

Il était ainsi, gros joueur, gros fumeur, gros baiseur, gros bosseur, gros rêveur, gros acheteur. Homme vorace à douce peau.)

Puisque notre amour se fortifiait et que la perspective d'un enfant se profilait à nouveau, je le passais au crible de mes questions. J'osais davantage. Je ne le laissais plus user de ses réponses floues, en volutes. Je voulais savoir. Aussi parce que je l'aimais de plus en plus fort. Je voulais savoir. Tout savoir. C'est là que j'appris le détail de sa situation familiale. Elle n'était pas banale. Dans sa pochette-surprise, il y avait aussi ça, les ombres ; celles abandonnées derrière lui par un homme toujours porté vers l'avant, incapable de faire place nette, embarqué dans la vie tel un truand dans un engrenage infernal.

J'avais cru entendre autrefois qu'il avait une fille, mais en réalité il avait deux fils. Deux fils qu'il n'avait pas élevés. Il les connaissait mal. Il n'avait jamais désiré être père *vraiment* et c'est pourquoi il n'avait pas reconnu ces deux garçons. Ni l'un, ni l'autre. D'ailleurs les deux enfants ne s'étaient jamais rencontrés. Pour le premier, il s'agissait d'une aventure avec une femme, une Américaine déjà mariée et vivant en France, qui n'arrivait pas à faire d'enfant avec son compagnon légitime. Quand elle était tombée enceinte, elle avait avoué sa relation extraconjugale à son mari, qui avait décidé de reconnaître le futur bébé et de l'élever. Elle avait demandé au Russe s'il ne s'opposait pas à ce qu'elle et son mari soient les parents officiels de l'enfant, qui serait bien sûr informé de son histoire dès qu'il serait en âge de comprendre. Il avait accepté. Il se qualifiait donc comme « géniteur » de ce « fils », qui avait un père dont il portait le nom, et qu'il n'avait vu que deux ou trois fois dans sa vie. Il s'appelait Julien et avait aujourd'hui environ vingt-deux ans.

Le second était le fruit d'une autre aventure, avec une femme qui, lorsqu'elle était tombée enceinte, avait immédiatement dit qu'elle le garderait malgré le refus catégorique de son amant. Ce n'était pas grave, elle l'élèverait seule : l'enfant s'appelait Romain. Il avait aujourd'hui environ vingt ans. L'homme slave ne l'avait croisé que deux ou trois fois.

Mais ces temps-ci, Romain était justement demandeur de rencontrer son père. Mon compagnon m'avouait que cette démarche le mettait en porte-à-faux, qu'il ne savait pas bien comment s'y prendre, vu qu'il n'avait jamais rien fait pour lui, il ne se sentait pas légitime. Je mis du temps à comprendre que sa grande contradiction résidait dans le fait qu'il avait une si haute idée du rôle de père, si précise, si exigeante, si compromettante, qu'il avait refusé toute sa vie de l'être. Il était trop égoïste et n'avait jamais eu le courage des sacrifices que cela demandait. C'est ainsi, en tout cas, qu'il le formulait et j'avais tendance à le croire, vu sa façon de s'engager si totalement dans les autres secteurs de sa vie. C'était donc parce qu'il voulait être un père parfait qu'il avait été pour ses deux aînés un père indigne... Beau labyrinthe.

Pour autant, moi, je trouvais que si Romain cherchait à rencontrer son père, il ne fallait pas se poser de questions et accepter !

Devant la simplicité de ma vision des choses, et sans doute parce qu'il en avait le désir secret sans avoir seul l'impulsion nécessaire, le Russe rappela Romain, qui suivait ses études à Caen, et lui dit qu'il était le bienvenu à la maison.

Le jeune homme se hâta de prendre une date.

Mon compagnon me dit qu'il déjeunerait seul avec lui, mais il souhaitait que je vienne les rejoindre pour le café.

Je découvris un jeune homme superbe, grand blond au visage doux, très intelligent, étudiant en math sup/math spé, curieux de rencontrer celui qu'il n'avait pas revu, je crois, depuis des années. Une petite merveille de mec, à qui le saltimbanque laissa sa porte grande ouverte et j'abondai ! Qu'il n'hésite pas à venir nous voir. Qu'il n'hésite pas à nous donner des nouvelles, vraiment. Ça nous fera plaisir ! Outre l'affection immédiate que je ressentis pour Romain, il se jouait aussi pour moi quelque chose d'important en rétablissant l'image de « père » de l'homme dont j'espérais si fort qu'il soit un jour celui de mon enfant.

Dès lors, Romain ne quitta plus notre vie.

Pour ne pas trop me perdre de vue, mon compagnon finit par me proposer de travailler avec lui. Je serais une sorte d'intervenante « scène » sur un projet qui devrait avoir lieu à Bercy et qui lui prendrait beaucoup de temps dans les quelques mois à venir. Il s'agissait des cinquante ans du Secours catholique. Je serais payée bien sûr. Pas beaucoup, car ce genre de projet n'était pas le lieu pour faire fortune, mais correctement.

Chaque région aurait un tableau théâtral à mettre en place, écrit et joué par les bénévoles et les SDF, et mis en scène par le Russe, lors d'une première répétition à laquelle j'assisterais. Je serais pour ma part chargée des répétitions suivantes. Les tableaux seraient ensuite mis bout à bout et interprétés lors de cette journée exceptionnelle au palais omnisports de Bercy, devant une salle pleine de public investi dans l'humanitaire et de personnalités, dont des hauts responsables politiques. Par ailleurs, des artistes confirmés répétaient de leur côté avec le Russe un spectacle commémorant les cinquante ans de l'organisation humanitaire, spectacle qui serait joué avant et après celui des sans-abri. Non seulement le projet était gigantesque mais il était ambitieux, et comme toujours avec l'homme slave, humain. Il avait pour titre *Les Rencontres de l'impossible*. Ça nous allait bien.

J'acceptai bien sûr.

Nous prenions des trains, nous dormions à l'hôtel. C'était assez excitant car nous n'avions pas encore dit à l'équipe que nous étions ensemble. (Je me souviens de la responsable de l'événement côté Secours catholique et de son étonnement un matin, au petit déjeuner. L'une des chambres n'avait pas été utilisée, pourquoi ? Sourire de l'homme slave vers moi : Oui, pourquoi ?)

J'adorais le voir travailler. Il parlait à tous de façon égale, SDF, techniciens, artistes, administratifs ; respectueux de chacun, exigeant mais sans hystérie. Sans esbroufe. Sans nombrilisme. Généreux. Les coulisses de tous les lieux que nous traversions bruissaient de rumeurs reconnaissantes à son égard. Elles me revenaient aux oreilles et j'étais tellement fière d'être à son bras. Secrètement ou officiellement. Qu'importait.

Il ne s'économisait pas. Il se donnait avec une énergie hors du commun. Clope sur clope mais toujours debout, toujours en mouvement, toujours sollicité et toujours à l'écoute. Il n'hésitait pas à réajuster un projecteur, à rebrancher un câble, forçant le respect de l'équipe technique, mais sans démonstration non plus. Il était comme ça. Sans commentaire. Je crois ne l'avoir jamais pris à défaut d'immodestie. (Cela venait sans doute du fait qu'il se considérait comme un artisan, qui en plus n'œuvrait pas tout à fait là où il l'aurait souhaité, ce qui pour autant ne générait chez lui aucune jalousie envers ceux qui se réalisaient dans leur domaine de prédilection. Je ne mesurais pas encore à quel point cette qualité était rare.) Il faisait les choses, il plaisantait, il râlait. Il regardait.

Quand il n'était pas là et que je le remplaçais, j'essayais de faire pareil. Évidemment.

Le spectacle allait avoir lieu en septembre ; nous filions un début de bel été. Amoureux et studieux. Le rêve.

Un soir l'homme slave me dit :

— Mon assistante va revenir du Vietnam la semaine prochaine. Il faudrait peut-être que tu retournes chez toi quelques jours, le temps que je lui explique les choses...

— Pardon... ?

— Elle... elle a quand même encore des affaires ici. Et puis il faut que je lui parle.

— Et tu peux pas lui parler sans que je rentre chez moi ?

— C'est pour pas trop la choquer quand même...

— Elle n'était pas là pendant un an, elle pouvait s'attendre à ce qu'il y ait du changement dans ta vie, non ? En un an ?

Je le regarde, j'hésite, puis je murmure :

— ... OK... OK, je rentrerai chez moi.

Il m'a regardée à son tour. J'étais un peu sous le choc mais que dire d'autre ? J'étais coite !

Je sens qu'il est mal à l'aise. Je sais que si je pars, je perds. Mais je n'ai pas envie de me battre. Il doit me vouloir. Il doit me vouloir *vraiment*. J'ai assez exprimé mon désir, moi. Je n'ai plus la force de me prendre la porte. Je considère que c'est à son tour désormais de savoir où il en est. Il est un homme adulte. Il n'ignore pas ce qu'il fait. Et puis je n'aime pas contraindre le désir, ou le manipuler. Je ne l'attise pas par des ruses ou des stratagèmes. J'ai besoin d'être choisie sans ruse. Et rechoisie s'il le faut. Je ne fais pas de hold-up. J'exprime, j'insiste, mais je ne contrains pas. Est-ce une force ou une faiblesse ?

Il me regarde et il dit : « Je vais voir ce que je peux faire... »

Je ne suis pas rentrée chez moi. Il s'est arrangé avec elle ; je ne sais pas quand, je ne sais pas où. Je ne l'ai pas questionné. C'était son histoire. J'ai juste constaté que, finalement, il n'avait pas estimé nécessaire que je quitte les lieux.

Pour autant, le retour de la belle assistante n'a pas été simple. Bien que longuement absente, elle n'avait pas l'intention de céder sa place, et elle entra avec moi dans une sorte de guerre secrète assez terrifiante pour la jeune femme pleine d'imagination que j'étais. Elle avait les clés de la rue du Château, puisque le lieu était aussi le bureau de la société dont elle était, je le découvrais, la gérante ! Souvent, donc, le soir, quand l'homme slave travaillait tard dehors, je me réfugiais dans notre chambre à l'étage. Alors que la maison était censée être vide, j'entendais des bruits réguliers. Des bruits qui venaient des bureaux en bas, mais aussi de la cuisine, de l'escalier. Des bruits qui se rapprochaient même parfois de la chambre ! Si ! Mille fois j'ai pensé qu'elle était derrière ma porte avec un couteau et prête à me tuer !

Je la soupçonnais de rôder dans le couloir, tout près de moi, guettant la proie que j'étais et essayant de me faire sortir de mon terrier.

Je n'en ai jamais parlé à l'homme slave bien sûr, je craignais trop de le voir se gausser ! Et de toute façon, je ne pouvais pas mourir. Pas maintenant.

Le spectacle à Bercy fut une expérience inouïe. Douze mille personnes, venues de la France entière, des sans-abri, des bénévoles, du public lambda, des donateurs, et des politiques. Tout ce monde-là était réuni pour réfléchir à la pauvreté et au moyen de la combattre. Je ne sais pas dire si cela a été utile, mais c'était bouleversant. Et encore une fois l'homme était à la tête de cette immense machine (il avait guidé l'écriture du texte, la composition des musiques, il avait fait construire des décors, il avait aussi suivi les sans-abri ; il avait réfléchi à tout. Au chemin qu'allait faire le public pour aller s'asseoir, à ce qu'il allait voir et entendre sur ce chemin, à la qualité de l'accueil pour tous).

Le jour J fut une journée entière d'échange. De spectacle. De musique. De danse. Le succès fut considérable. Tous les médias en parlèrent comme d'un événement notable autour de l'humanitaire, un exploit d'avoir réuni ainsi tous les concernés par la question, dans un même lieu, du plus bas de l'échelle au plus haut. Les ministres étaient là. Les spécialistes aussi.

Ça circulait de toutes parts. C'était joyeux. C'était à sa mesure : colossal. (Puisqu'il allait au bout de ses concepts, il avait exigé que les tableaux des SDF et bénévoles soient joués en direct, avec des micros HF, comme c'était le cas pour les artistes professionnels, de sorte que l'incident possible arriva, ou plutôt l'imprévu, tel que l'autorisait le Russe : une bénévole, elle-même dans de très grandes difficultés, interrompit le texte que nous avions répété ensemble pour s'adresser directement au ministre, avec ses mots à elle. Panique en coulisse. Fallait-il l'interrompre ? L'inciter à sortir de scène ? Les consignes venues du Russe furent claires : on la laisse parler.)

La journée s'est terminée vers 22 heures. (Le spectacle avait lieu un dimanche après-midi.)

Bercy s'est vidé peu à peu.

Je traînais dans les loges, rompue.

Vers 23 h 30, l'homme slave m'a retrouvée, souriant : « On y va ? »

On est partis. On a laissé derrière nous l'équipe technique qui allait démonter toute la nuit et qui s'activait déjà sans nous considérer.

Je lui ai pris la main. J'ai marché avec sa main dans la mienne.

Silencieusement.

Il était exsangue. Heureux, mais éreinté. Hors de tout. Exilé du tumulte et des splendeurs de cette journée.

Comme absorbé par les vapeurs de la nuit.

Il m'a proposé d'aller dîner à l'Hippopotamus du quartier qui restait ouvert tard.

On s'est assis. Il a commandé un Coca.

Je l'ai regardé.

Je l'ai regardé et je l'ai reconnu. J'ai reconnu l'état de l'homme dans l'avion au retour de la croisière du *Figaro*. Cet état que j'avais rêvé de partager avec lui. Des années plus tôt.

Je l'ai aimé si fort à ce moment-là, que rien n'a jamais pu me faire regretter cet amour. Jamais.

Carnet Clairefontaine noir

21-09-96

Quels sont les drames qui nous guettent ? Y en a-t-il ?

Quelles sont les choses qui peuvent ébranler notre amour ?

Peut-on faire un enfant sans mettre en danger notre bonheur ?

Doit-on absolument arrêter pour ne rien gâcher ?

De cette période où notre amour commençait à cristalliser, j'ai le souvenir d'une seule altercation. Sérieuse. Nous avions pris quelques jours de vacances à côté d'Orange. Je crois en réalité que j'avais joué *Bérénice d'Égypte* dans la région, et qu'il m'avait rejointe. Nous avions visité les arènes et évoqué le Front national à la mairie de la ville et les artistes d'opéra qui refusaient de venir y chanter. J'avais pris parti pour eux. Je les comprenais ! Il fallait bien s'engager un peu, non ? Et si la ville était tenue par les fachos, il fallait sanctionner. Le Slave s'était immédiatement durci. Caustique. Cette politique de gauche à deux balles dont je me faisais soudainement la porte-parole le révulsait. Il haïssait la bien-pensance. Et les « militants » de tout bord le consternaient. Il m'exhortait à n'être militante de rien ! Qu'importe qui est à la mairie de quoi. Quand on doit chanter, on chante. C'est notre discipline. C'est notre art. C'est notre mission. Le reste ne nous concerne pas. J'avais bondi. Je n'étais pas d'accord ! J'avais tenté de défendre mon point de vue, ce que j'ai tendance à faire avec une énergie qui passe parfois pour de l'agressivité. Mais pour la première fois il haussait le ton ! NON ! C'était indéfendable. Il fallait séparer l'art et la politique. On s'en balance de la politique ! On se déchire dans les familles au nom de la politique ! Foutaises. Personne n'y connaît rien. C'est que des discours ! On prend les informations vaguement entendues dans les médias et on les régurgite comme les gargouilles recrachent leurs eaux moisies. Rien n'est repassé par soi, ni vérifié, ni documenté. On s'empare de l'émotion et on l'exploite. Et on est prêt à s'entretuer pour ce dégueulis approximatif.

Alors si on ne sait pas, on laisse. Et on s'occupe de ce qu'on sait faire ; on l'approfondit. On l'explore. On s'y plonge. Que ce soit à Orange ou ailleurs.

Il était si véhément que je n'ai pu que me taire.

Et lui ne décolérait pas.

On s'est fait la gueule même au moment d'aller voir le moulin de Daudet.

On s'est fait la gueule jusqu'au restaurant. Jusqu'à la chambre.

Mon ventre brûlait de douleur tant j'avais peur de le perdre.

J'ai rarement retrouvé cette sensation ; le ventre qui brûle, douloureux.

On a fait l'amour quand même. Mais c'était un combat. Un corps à corps qu'il dominait et que j'acceptais ainsi. Puis non. Éprise, docile, et révoltée.

On s'est endormis en se faisant la gueule encore.

Pendant la nuit, il a hurlé, comme il hurlait souvent à cause de ses cauchemars, et il m'a saisie au cou, il a serré. Mais je n'avais pas peur. J'ai attendu.

Et il m'a dit : « Je t'aime. »

« Je t'aime. » Il me l'écrivait. Sur des mots qu'il cachait dans mon sac, dans mes carnets, dans mon portefeuille. J'en trouvais partout des « je t'aime ». Il me le disait aussi bien sûr dans l'étreinte. Cette année-là, on faisait l'amour tout le temps. Inlassablement. Jusqu'à cette fois où il est allé prendre sa douche, avant de se coucher, et où il est tombé dans la baignoire. Perclus de douleurs, il a rejoint le lit, et on a fait l'amour ! Après l'étreinte il avait encore mal. Il devait être 1 heure du matin et il n'arrivait carrément plus à bouger.

On a décidé d'aller aux urgences malgré l'heure tardive. Parce que c'était extrêmement douloureux et qu'il avait une journée chargée le lendemain.

On a stationné dans les néons de la salle d'attente, il plaisantait.

Il a passé une radio.

On a attendu et le médecin nous a reçus : deux côtes cassées. Il n'y avait rien à faire. Il fallait attendre et prendre le plus de repos possible. Il aurait mal quelque temps. Très mal. Il prendrait des antidouleurs.

Mais il y avait autre chose...

— Quoi ? demande le Russe.

— On ne sait pas... il ne faut pas forcément s'inquiéter...

— Un cancer ?

Le toubib a hoché la tête... Non. On ne sait pas. Une tache suspecte sur le poumon. Il faut qu'il revienne impérativement pour faire des radios plus complètes. Il ne faut pas s'alarmer. Ça arrive souvent et souvent ce n'est rien. Mais comme il est gros fumeur, on ne peut pas laisser ça sans pousser les analyses.

On est rentrés un peu assommés. On s'est endormis en chien de fusil. On ne se disait plus grand-chose.

Carnet Clairefontaine noir à carreaux

12-06-97

J'ai peur. Il a peur aussi.

Il m'a dit : « C'est pas rigolo si j'ai le cancer. Tu imagines les choses que je te ferai vivre ? » Il m'a dit : « J'ai envie de t'emmener vivre à la campagne. »

14-06-97

On en rit pour l'instant. J'espère qu'on pourra en rire encore. Que cette tache sur le poumon n'est qu'une alerte. Angoisse.

5-07-97

J'ai cauchemardé cette nuit. Je me mariais avec lui mais je ne le disais à personne de mon entourage.

Quelques jours plus tard, il est retourné à l'hôpital pour faire des analyses plus approfondies. J'étais très inquiète.

Quand il est revenu il arborait un grand sourire vainqueur et enfantin.

— Tu sais pas quoi ?

— Non...

— La tache, elle a disparu...

— Comment ça, elle a disparu ?

— Oui, ils l'ont cherchée, ils l'ont pas retrouvée ! Elle a disparu. Il y avait plus de tache !

J'ai blagué.

— C'est parce que t'es copain avec Majax, ça.

— Ils veulent me revoir quand même dans quinze jours pour voir si elle ne réapparaît pas, mais là, il n'y avait plus de tache.

On a bien ri avec ça, même si ça lui faisait mal aux côtes. On en a ri encore parce que quinze jours après non plus ils n'ont rien retrouvé.

Il n'y avait plus de tache.

Il a pu se concentrer sur ce qu'il avait en cours : la préparation du feu d'artifice du 14 Juillet place du Trocadéro.

C'était l'année qui précédait la Coupe du monde 98 et il avait fait construire un ballon géant qui faisait face à la tour Eiffel. De là partaient les fusées qui allaient illuminer tout Paris.

Pendant les préparatifs, j'errais parfois sur le site avec lui. Je l'attendais. Je me posais avec un livre et quand je levais les yeux je voyais Chaillot et son grand hall duquel j'embrassais le monde quelques années plus tôt, et dans lequel j'avais croisé le Russe, pour le meilleur et pour le pire. C'était étrange. Je découvrais que les places tournaient dans ma vie. Que si les lieux étaient identiques, les horizons variaient selon que j'étais là, ou là. Selon que j'étais là, ou là, j'étais grande ou petite, espérant ou désespérée, forte ou faible.

Un dimanche ensoleillé, après le 14 Juillet sans doute, puisque l'homme slave était plus détendu, il a demandé : « On va faire un tour en moto ? »

J'ai dit d'accord. J'ai mis le casque et j'ai grimpé derrière lui.

Il a roulé vers l'est. L'air chaud me caressait les joues et retroussait un peu ma jupe indifférente. Je sanglais le dos de l'homme, ma tête tournée vers les champs. Je me laissais porter. Il a roulé presque une demi-heure et il est sorti de l'autoroute pour prendre un chemin tortueux qui s'est ouvert sur un petit village. Les maisons étaient en pierre, les rues étroites, le marché vivant. Un village comme la lointaine banlieue parisienne en recèle, un petit miracle si près de la cité haussmannienne. « Crécy-la-Chapelle », ça s'appelait, pour couronner le tout. Crécy-la-Chapelle, tout un poème.

D'être là, déjà, c'était bien. Mais avec lui, c'était encore mieux. Il a enlevé son casque, il a pris ma main, et il m'a dit : « Viens. »

Sur la place du village, il y avait une agence immobilière. On s'en est approchés et il nous a plantés devant la vitrine.

— On fait quoi ? j'ai demandé.

— On regarde les maisons.

Souvent, il disait qu'il aimerait vivre à nouveau à la campagne un jour. Avec le chien, les chats, les oiseaux, les poissons. Mais cela faisait plus d'un an qu'on traînait rue du Château, tels des étudiants en transit, et je n'y croyais plus trop.

— On pourrait louer une maison, non ? Ce serait bien, tous les deux dans une maison à la campagne, non ?

— Oui, ai-je répondu !

— Il y a de très belles maisons briardes par ici. Tu connais les maisons briardes ?

— Non.

— Des pierres « tout venant » enduites à pierre vue. De grandes pièces pour de vieilles bâtisses, et des poutres apparentes... Ça te plaît ?

Il me faisait rire. Cet homme, c'était une surprise.

Il est rentré dans l'agence, qui était ouverte.

— Bonjour, on cherche une maison !

La dame de l'agence nous signifia qu'elle ne faisait rien visiter le dimanche, comme ça, à l'improviste, parce qu'en plus elle était seule cette semaine, elle manquait de personnel, mais on pouvait regarder son lutin avec les photos des produits du moment.

— On va regarder vos produits du moment, a dit l'homme slave. Hein, ma chérie ? On regarde les produits du moment de la dame ?

— Absolument.

— Absolument.

La dame a souri.

Et nous voilà à feuilleter, à rêver, à nous exclamer ! Celle-là est belle ! Celle-là est chère ! Celle-là est loin de tout ! Celle-là a un immense jardin !

Le Russe disait qu'il aimait bien les maisons isolées, les maisons anciennes, les maisons avec un jardin pas trop grand, mais assez grand quand même pour la volière et le chien. Il disait qu'on prendrait de toute façon un deuxième chien parce que ce n'était pas la vieille Faustine qui allait jouer les gardiennes. (Et comme il s'absentait souvent, il voulait que je sois bien gardée.) Moi, je planais. Ses mots rendaient possible le projet. Il s'incarnait en quelques minutes. Je l'en savais capable. Son énergie de metteur en scène, d'homme qui sait ce qu'il faut faire pour que les choses aient lieu, m'embobinait et me stimulait à la fois.

On a dit à la dame de l'agence qu'on reviendrait.

On a pris des brochures.

On s'est promenés dans le village, et autour du village, comme si toutes les maisons étaient à louer ou à vendre. (On exclurait finalement d'acheter à cause des problèmes d'impôts et moi je ne gagnais pas encore assez.)

On faisait notre marché de baladins.

Je me laissais porter.

J'avais envie de tout ce dont il avait envie en vérité.

J'aimais le voir « changer » ainsi.

Modifier sa vie.

Partir, c'était s'aimer plus.

Partir, c'était peut-être faire un enfant...

Petit carnet papier fin rouge

3-07-97

Avec Francis je suis toujours celle qui remet le bébé sur le tapis. C'est lourd. C'est sans doute la seule ombre entre nous... Comment je ferais s'il ne voulait pas du bébé ?

Journal informatique 1
17-07-97 09 : 59
Je suis parfois terrorisée à l'idée d'une séparation d'avec Francis. Ça me prend et ça m'effraie profondément.

Revenus à Paris, je me suis précipitée sur le *Particulier à particulier* et toutes les revues du genre que j'ai épluchées avec une ferveur peu commune chez moi. La graine du changement plantée dans mon esprit croissait tel un nénuphar vorace. Je ne lâchais plus cette idée de m'enfuir de Paris avec lui, ou plutôt de m'y laisser conduire. Alors, tous les dimanches, et les samedis, on partait en visite. J'appelais, je prenais les rendez-vous ; on y allait. À quelques jours de la rentrée de septembre, nous n'avions toujours rien trouvé à notre goût et dans nos prix dans ce secteur-là. L'homme slave s'est alors souvenu d'un village appelé « Orgeval », à l'ouest de Paris, et que ce village était ravissant.

Nous avons sauté sur la moto.

Je me souviens du café que nous avons pris, main dans la main, dans un petit bistrot sur la place. Nous étions hébétés et bienheureux. Reposés. Confiants. Nous aurions presque pu sortir nos canifs pour graver sur le bois de la table nos deux prénoms, les entourer d'un cœur content et le percer d'une flèche. Les regards sur nous et notre différence d'âge nous passaient au travers ; nous étions de doux invincibles.

Le patron de l'agence immobilière sur place nous a écoutés : « Une maison isolée, vous dites ?... »

À louer ? et il a conclu : « J'ai ce qu'il vous faut ; 100 mètres carrés sur un grand parc. Les locataires sont toujours dedans mais ils partent dans dix jours et ils sont d'accord pour recevoir des visites. On y va. »

Tout au bout d'un chemin de terre, derrière un portail en chêne, nous avons découvert une petite maison blanche avec une immense véranda rectangulaire donnant sur un grand jardin pentu et arboré qui s'ouvrait sur un bois, une piscine, et un cèdre géant. Pas de voisinage. Du vert et des arbres fruitiers. Une balançoire. Une maison de bric et de broc mais si magique...

Les futurs-anciens locataires pataugeaient dans la piscine avec des amis. Ils nous ont fait signe d'entrer et de visiter à notre guise. On boirait un verre après.

On a fait un tour sommaire des lieux mais très vite, l'homme slave m'a regardée et m'a dit : « C'est là ? »

J'ai souri : « C'est là. »

Journal informatique 1

17-08-97

La peur liée au choix de vie que j'ai fait. Celui de l'insécurité. Celui d'aimer un homme hors du commun, démesuré effrayant et admirable. Celui de vivre d'un métier instable.

Nous allons emménager ensemble dans une maison bourrée de charme, à 25 kilomètres de Paris, Orgeval, nom splendide de petit village de luxe à l'ouest de la capitale. Jamais, sans Francis, je n'aurais pu aborder un tel projet, un loyer aussi cher, un luxe pareil. Moi, qui suis finalement assez terre à terre, je ne dépense jamais plus que je n'ai, je ne vois pas plus loin que mon horizon.

Francis est l'inverse. Il se lance là où il sait qu'il ne doit pas aller, avec un élan irréversible qui me fiche le vertige et qui me grise. Je suis attirée et choquée par

ces décisions immenses, je les crains et finis par les adopter avec une angoisse au ventre, qui j'espère me quittera.
Nous déménageons à la fin du mois.
Les frais que ça engendre me flanquent un trac terrible.
On n'a qu'une vie ! Bon. Alors je devrais jouir de cette maison de rêve au bord des bois et des lapins...

On a acheté une vieille volvo break d'occasion, pour avoir une voiture chacun (l'homme slave ne pourrait pas faire le parcours en moto tous les jours). On a adopté un berger allemand (Marlon, superbe) afin de tenir compagnie à Faustine pour qui c'était un sacré changement de vie. On a acheté des meubles aux anciens locataires, qui sont devenus nos amis au passage, parce qu'on n'avait pas grand-chose à nous deux. Mes parents nous ont donné un peu d'argent pour nous aider à nous installer, ça leur faisait plaisir. On a acheté des produits de piscine pour pas qu'elle verdisse mais elle verdissait quand même régulièrement. On a installé la volière. Les chats, le perroquet, et les poissons sont restés rue du Château ; « l'assistante » y habiterait désormais.

C'était la maison pour écrire. J'ai toujours écrit n'importe où, dans les cafés, dans les trains, dans les hôtels. J'écrivais déjà beaucoup rue du Château, sur un petit bureau en bois, dans une pièce minuscule attenante à notre chambre. (J'y avais conçu deux pièces de théâtre ; une par an, sous l'impulsion du Russe qui m'encourageait largement à prendre de l'avance, à préciser mon trait d'auteur ; pour lui ce n'était pas du temps perdu.) Mais la maison d'Orgeval, c'était *évidemment* une maison pour écrire.

D'abord, j'y avais mon bureau, et l'homme slave y avait le sien. On l'avait meublé d'un mobilier en pin de style anglais, très à la mode à l'époque, très féminin, très doux. J'y avais rangé mes livres avec soin, j'avais posé mes objets fétiches en choisissant bien leur place car je suis de celles qui ne bougent plus rien ensuite, pendant des années. Mon bureau donnait sur le jardin, et à l'horizon, le bois. Quand je m'attablais pour y travailler, je voyais les écureuils.

Ce n'est pas une image. Dès l'automne arrivé, et les premières feuilles tombées des arbres, je me suis aperçue que le bois était l'abri d'une flopée d'écureuils qui passaient d'arbre en arbre, vigoureux et libres ! Au début, je bondissais à chaque fois que je distinguais une queue en plumeau et j'appelais mon compagnon pour qu'il vienne voir. « Un écureuil ! Un écureuil ! Viens ! » J'avais grandi en bord de ville montalbanaise avec un jardin aussi, et une véranda (la véranda et le jardin sont définitivement les conditions de mon bonheur, même si pendant mes longues années de galère, j'en avais oublié la saveur !) mais je n'y avais vu que deux ou trois écureuils en dix-sept ans, je savais donc que cette proximité avec ce grimpeur sauvage et flamboyant n'était pas si fréquente. Mais peu à peu, je compris qu'ici ce n'était pas pareil. Ici, nous étions les égarés et eux les propriétaires des lieux. Si je m'en émerveillais toujours, je ne hurlais plus pour ameuter la maison. Je disais juste au Russe quand il rentrait le soir : « J'ai encore vu plein d'écureuils aujourd'hui. »

Ils incarnaient mon bonheur. Ils en étaient la forme. Un truc au loin, impossible à enfermer, qui saute. C'est ça, le bonheur. Je me disais : « Ça ne pourra pas durer. » Je me disais : « C'est trop. Me retrouver à écrire, dans une maison que j'aime, où je vis avec l'homme que j'aime. Et où je regarde passer les écureuils. C'est trop. »

Journal informatique 1
12-09-97, 19 : 26
Succession de peurs.
Celle de ne pas parvenir à bien dresser Marlon, celle de me faire dévaliser par ce jardinier étrange qui ne veut pas me faire de devis et qu'il m'arrive sérieusement de soupçonner de voyouterie, celle de ne pas tenir le rythme de cette maison...
À la fois les bonheurs, celui de cette maison justement, celui de nos chiens adorables bien que désobéissants, celui de l'amour que j'ai pour Francis. Mes bonheurs. Alors bon.

8-12-97, 16 : 00
Retour des peurs.
Peur stupide d'un criminel qui me voudrait du mal.
Peur réelle sur nos difficultés financières, que la nouvelle que m'apprend Francis tout à l'heure n'arrange pas. Les impôts veulent le taxer d'environ 20 000 francs par mois ! Autant dire que je ne vois pas comment nous allons pouvoir tenir dans cette maison, et surtout, comment nous allons pouvoir envisager la venue d'un enfant. Or, je ne veux plus attendre.
Je ne suis pas légère du tout en ce moment, et ce, depuis quelque temps.
Il m'est arrivé récemment d'envisager le pire. Moi sans boulot, avec un enfant, et Francis mort !

Marlon était un jeune berger allemand, athlétique. D'une puissance formidable, haut, vif, racé. On l'a repris à un couple qui vivait en appartement et qui s'était aperçu à juste titre que cet animal, une fois grand, devenait fou dans leur trois-pièces. Il avait sa taille adulte, mais il était très jeune quand nous l'avons acheté, excité, joueur, émotif. J'ai eu un véritable coup de foudre pour cet animal dont je savais qu'il avait aux yeux de mon homme la fonction de me protéger et de protéger la maison, et plus tard, notre enfant.

En attendant, c'était lui l'enfant. Et Faustine, notre vieux labrador, a eu à son contact un regain de jeunesse désopilant à observer. Elle a perdu du poids en quelques semaines et retrouvé une allure de jeune fille en fleur. Elle se roulait dans l'herbe avec lui, sa libido avait repris du service et elle le chauffait régulièrement en lui grimpant dessus, se frottant contre sa patte. Lui, nubile, ne comprenait pas ce qu'elle lui voulait, il avait un petit air étonné. Ces deux-là, qui dormaient dehors, jouaient ensemble, se blottissaient l'un contre l'autre, nous accueillaient en grands faiseurs de fête. Ils insufflaient à notre retraite un vent de vie délicieux, qui animait mes journées, moi qui restais parfois seule à la maison jusqu'au soir.

Là-bas, au bout de notre chemin de terre, il n'y avait pas d'éclairage de ville. Quand la nuit tombait, vers 19 heures, nous avions la sensation qu'il était minuit. Nous étions fatigués. Voir des films. Faire des feux de cheminée. Lire côte à côte... Nous avons rangé calmement nos jeux érotiques dans les tiroirs, comme si la campagne, l'apaisement, rendait l'esprit moins agité, moins ludique, comme si on ne voyait plus trop bien l'intérêt. Nous avions sommeil. Les chiens, la maison, les écureuils... nous étions des bienheureux rompus, qui avaient rempli leur stock de frissons et d'émotions et qui se reposaient un peu, enfin.

Nous travaillions quelquefois ensemble, et notamment sur un beau projet avec les Orphelins apprentis d'Auteuil (sur lequel j'étais assistante à la mise en scène, et qui nous a conduits sur les routes de France encore), et pour ma part, je développais beaucoup mon activité avec les chanteurs qui, même si elle me rapportait peu, me passionnait. Je continuais à donner des ateliers aux chômeurs, ou aux acteurs amateurs; j'avais solidifié mon intermittence. Mais le soir, ce n'était pas la même frénésie qu'à Paris. Ni la même proximité avec les gens et leur regard. On se retrouvait, nous. J'aimais ça.

Petit carnet papier fin rouge
Mot du matin. Papier libre : liste de courses pour les oiseaux écrite de la main de l'homme slave
«À mon amour : deux fois 2 litres de pâte insectivore, gros vers, petits vers, millet, gâteaux au miel. T'aime. DCB.» [DCB signifiait : Du Cul Bordel... façon paillardo-slave d'exprimer son désir.]

Autre mot
«Au four il y a l'aile; au lit il y a l'ange. Viens vite. L'H» [un soir où je rentre tard et où il dort déjà et où il m'a préparé une aile de poulet].

Mes amis venaient quelquefois me rendre visite, surpris je crois de ce choix de vie et de m'y voir si heureuse. Ils restaient dîner, et parfois même dormir. Ils apprirent, comme je l'avais appris moi-même, à boire des vodkas cul sec. Car on ne sortait pas de la maison si on n'avait pas bu sa vodka cul sec. Le Russe adorait me regarder dans cet exercice que je finis par exécuter en habituée, frimeuse, mais avec toujours une infime grimace conclusive que je laissais poindre volontairement pour le faire rire. Lui-même ne buvait pas, ou très peu ; conséquence probable de certaines années lointaines où il avait bu beaucoup. Exceptionnellement, il trempait ses lèvres dans du vin s'il était excellent. Exceptionnellement aussi, il trinquait à la vodka avec nous. Cul sec.

La famille de l'homme slave aussi venait à nous et c'est là que pour la première fois je rencontrai sa sœur et son époux, son frère (je le connaissais déjà), ses tantes et cousines. Il n'entretenait pas ses liens familiaux mais il avait beaucoup d'affection néanmoins pour les siens et il était ravi de pouvoir me les présenter enfin.

Tous, sauf son père. La figure forte de cette famille. Remarié depuis le décès de leur mère, grande comédienne issue de la Comédie-Française, il restait un homme de référence pour beaucoup. Apparemment d'une santé fragile depuis quelques années, mon compagnon justifiait ainsi le fait qu'il ne me le présentait pas : « J'attends qu'il aille mieux. » Mais il ne m'échappait pas que le temps passant, a priori, il n'irait jamais mieux.

Je lui ai parlé pourtant au téléphone, une fois. Le Russe lui avait donné une de mes pièces à lire (la dernière). Il avait grande confiance dans le jugement de son père et il pensait que sa clairvoyance tranchante me serait utile. Jean Serge[1] (c'était son pseudonyme) avait dirigé les Bouffes du Nord, été assistant et coscénariste de certains films de Jean Renoir, grand homme de radio et metteur en scène de théâtre également, créateur du festival de Barentin, autour de Corneille. Il m'appela donc un jour pour me dire ce qu'il pensait de cette pièce dont il avait perçu « l'amertume et la douceur ». Il me confia que s'il avait été plus jeune, il m'aurait fait retravailler, mais qu'il se serait peut-être risqué à monter une pièce comme celle-là parce qu'elle avait « quelque chose ». Il m'encouragea, comme le faisait son fils, à continuer, à m'entêter, à écrire encore et encore. Je le rassurai sur ce point. J'allais écrire, j'étais dans la maison idéale pour cela, et de toute façon, je ne pouvais pas faire autrement.

J'ai le souvenir assez précis de cet appel. J'étais dans la cuisine. L'homme slave attisait un feu dans la cheminée du petit salon attenant et me regardait de temps en temps comme s'il contrôlait notre échange. Comme s'il redoutait quelque chose. Je ne sais pas quoi.

Son père avait été un drôle d'homme, cinglant, catégorique, inclassable et cultivé. Un homme qui avait consacré sa vie à lui-même et à son activité plutôt qu'à ses enfants, ne s'y intéressant qu'à partir de leurs treize-quatorze ans, c'est-à-dire l'âge où ils pouvaient le suivre dans ses aventures professionnelles comme assistants ou acteurs. Il n'avait d'ailleurs reconnu ses deux aînés (l'homme slave et sa sœur) que très tard ; officiellement pour les protéger de sa judéité car ils

1. *Le temps n'est plus de la bohème*, Stock, 1991.

étaient nés en temps de guerre, mais il ne se mit à jour administrativement qu'une quinzaine d'années après l'issue du conflit. Les deux aînés n'ont donc porté le nom de leur père qu'à leur adolescence. Autant dire jamais, car ils avaient grandi et s'étaient fait connaître sous le nom de leur mère et ils continuèrent de se présenter ainsi. Ils choisirent d'ailleurs son pseudonyme à elle pour entrer dans leur vie professionnelle, plutôt que celui de leur père dont l'influence était pourtant grande.

Russe bohème, cassé, et cassant, il les encourageait à travailler d'un côté, et à collectionner les femmes de l'autre, ainsi seulement obtenaient-ils sa bénédiction et sa tendresse. Ses deux fils avaient bien compris la leçon. Ils s'employèrent à cette accumulation de femmes doublée de l'addiction au travail à laquelle leur père les avait programmés. Le poids de cet homme fut considérable. L'homme slave m'en parla longuement un jour, à Barbizon, alors que nous visitions encore des maisons et que nous faisions une pause déjeuner dans un coquet restaurant avec terrasse intérieure. Mais si le cadre de cette discussion est précis (la douceur du climat, le lierre aux murs de la maison en pierre, la qualité des mets), ainsi que l'émotion de mon compagnon et son expression mélangée de reproches et d'indulgence à l'évocation de ce père compliqué, le contenu exact de notre échange a complètement quitté ma mémoire. Pourquoi ? Voilà un regret véritable. Voilà ce que j'aurais dû noter plutôt que mes humeurs redondantes à longueur de page !

Si je savais, à ma manière, profiter de ce bonheur-écureuil – même si je ne pouvais m'empêcher d'en prévoir un jour la fin – mon compagnon, lui, semblait inquiet. Le verdict de son procès était tombé, il avait écopé de six mois de prison avec sursis, il devait rembourser donc des sommes colossales, « jusqu'à la fin de sa vie »... Certes il gagnait suffisamment pour nous offrir le luxe relatif de cette maison, mais il faut bien dire que c'était à l'arraché, et qu'il ne cessait de me rappeler que je devais m'assumer financièrement aussi, surtout si je voulais toujours pour nous d'un enfant. En vieillissant, son activité risquait de s'amenuiser, alors que sa dette ne ferait qu'augmenter. Il ne pourrait plus assurer grand-chose.

Pour répondre à cette pression pécuniaire, mais aussi mue par une curiosité ancienne, je me mis à pousser les portes de l'écriture scénaristique. Je n'y avais pas été formée mais on m'avait souvent signifié que j'en avais le sens. Malgré mon goût certain pour les dramaturges classiques, je ne pouvais nier que mon écriture théâtrale était aussi d'inspiration cinématographique, comme celle des écrivains de théâtre américains que je découvrais.

Pourtant ce n'est pas le cinéma, mais la télévision, qui me tendit la première perche. Je la saisis, sur les conseils de mon compagnon qui me garantit qu'outre l'aspect financier, l'exercice du scénario de télévision m'apprendrait beaucoup. Je résistai un peu au début, influencée par quelques amis esthètes ; il insista. Est-ce que je ne lui avais pas dit que j'avais baigné, enfant, dans la littérature, le cinéma, *et* la télévision ? Que j'avais aussi beaucoup appris de ce média-là ? N'y avait-il pas plein de gamines comme celle que j'avais été, moi, derrière leur écran, prêtes à saisir tout ce qui peut se saisir, et qui détesteraient savoir qu'elles sont méprisées par les créateurs d'aujourd'hui ? J'admis.

Il me dispensa les mises en garde d'usage : garder l'exigence, essayer d'y mettre ma patte, me glisser dans le cadre sans me trahir, et enfin, ne pas cesser d'écrire des choses en dehors, « pour moi ».

Journal informatique 1

4-01-98, 12 : 48

J'espère qu'il aura le dossier « Amnesty » et d'une façon plus fantaisiste celui de l'accueil de l'équipe du Brésil pour la Coupe du monde...

Il me rappelle souvent que je dois travailler pour assurer mes arrières aussi. Il m'a dit hier qu'il fallait que je m'y prépare, au cas où il mourrait quand notre possible enfant aurait dix ans.

La maison est belle, même sous la pluie. Le bonheur de ce cadre a le défaut de nous faire craindre de le perdre.

Les chômeurs manifestent.

Les chauffeurs d'autobus aussi.

Nous sommes bien au chaud, l'hiver frappe, je n'ai pas la certitude de passer toujours entre les mailles de ses filets.

Je bafouillai d'abord bénévolement quelques copies pour mes interlocuteurs plutôt bienveillants qui me formaient donc au passage ; peu à peu je fus payée pour écrire. Je signai mon premier contrat.

« Martinez ! » s'écria l'homme slave en me servant une coupe. Je ne savais pas ce que « Martinez ! » signifiait. Il m'expliqua que c'était le nom d'un grand hôtel à Cannes, dans lequel résidaient toutes les stars lors du festival. Je l'y emmènerais un jour grâce à ma carrière évidemment interplanétaire. Nous y aurions une chambre à l'année ! J'irais faire des interviews pendant que lui dormirait toute la journée ou se prélasserait sur la plage à regarder les... bateaux. Bonnet D.

« Martinez ! » répétai-je en souriant. « Martinez, mon amour. »

Et c'est ainsi, désormais, qu'il salua mes succès. Dès que j'avais une joie professionnelle, même une petite joie, il s'exclamait : « Martinez ! »

En attendant, je découvrais la férocité d'un monde où l'argent compte, où plusieurs interlocuteurs passent vos lignes à la moulinette de leur subjectivité et parfois, de leur incompétence, où l'esprit doit aller vite, bien, et où la vigilance, quand on a des aspirations « d'auteur », doit être au sommet de sa ruse et de sa ductilité. Je ne vis pas tout de suite qu'avec ma pathologie de la droiture et du « sens » (qui était bien plus obsessionnelle encore à l'époque), je faisais figure d'ovni dans ce monde-là, mais il y avait parmi mes cadres des regards prévenants pour m'encourager à tenir bon, malgré tout. Des éclaireurs amènes qui avaient bien envie de me compter dans leur rang.

Hors son acharnement au travail, mon compagnon continuait de me surprendre, à sa façon vagabonde.

Il improvisait une virée à Eurodisney. (Son regard goguenard sur moi alors que je m'allonge sur un banc presque une demi-heure pour récupérer d'un manège bien trop secouant pour moi.)

Il m'emmenait quelques jours aux Baux-de-Provence.

Il nous réservait deux nuits dans un hôtel de charme.

Il cédait à un démarcheur bonimenteur qui nous faisait gagner quatre jours à Megève hors saison si nous acceptions en échange d'écouter un commercial pendant deux heures ! (C'est à Megève que nous rentrâmes dans un casino ensemble pour la première fois. Nous y sommes allés très peu durant ces années. Il n'y tenait pas mais j'avoue avoir insisté un peu. Je voulais le voir jouer. C'est ce jour-là qu'il me parla de son rapport au jeu et des raisons pour lesquelles il avait arrêté. C'est ce jour-là que j'attrapai le vice des tables. Vice bien plus contrôlé que celui du Russe.)

Des récréations dans nos vies stakhanovistes.

Mais ce que j'aimais plus que tout, je crois, c'était aller faire les courses le samedi matin à Continent avec lui, et tous les Français de France. Car malgré nos métiers décalés, c'était bien le samedi matin que nous arrivions à libérer ensemble. J'adorais le voir s'emparer des articles, les entasser dans le caddy, choisir les fruits, les légumes, les laitages, la cuisse de dinde qu'il aimait accommoder avec des herbes, le magret qu'il garnirait de patates minuscules cuisinées avec la peau, le pot-au-feu dont il me régalait, me réservant l'os à moelle. J'aimais le voir acheter au traiteur ravi sa spécialité du jour, tartiflette, choucroute, ou couscous ! Il m'envoyait au rayon animaux, il m'envoyait au rayon entretien, il me donnait des consignes, mais le plus souvent quand même, on aimait être ensemble, comparer, découvrir (« Tiens, ils font de la mousse au chocolat allégée maintenant ! »), on râlait (« Ils s'emmerdent pas sur les prix eux... »), on riait parce qu'il me faisait rire, toujours.

C'était un acheteur compulsif et je devais parfois repasser derrière lui pour sortir du caddy des articles qui n'avaient vraiment rien à y faire. Il récidivait une fois ou deux avec son gros rire sonore pour voir qui de nous deux l'emporterait.

Il consommait aussi par correspondance. Il raffolait, par exemple, des gadgets qu'on trouve dans les catalogues branchés que nous envoyait *Le Nouvel Obs* ou je ne sais quelle revue, et dans lesquels on pouvait choisir entre le baromètre de voyage, la machine à glaçons, le couteau à jambon ou l'indispensable aiguiseur multifonction (« Choisis-toi quelque chose aussi, ma chérie » ; mais je ne choisissais rien). Il commandait également par correspondance des stocks de boîtes de conserve de produits du terroir. Magrets, cassoulet, terrines, pâtés de légumes, soupes, petit salé... Notre cave regorgeait de ces mets dans lesquels nous piochions parfois, mais pas si souvent, et qui s'accumulaient tant qu'on aurait pu tenir le siège de Massada. (D'autant qu'il avait également acheté une quantité si énorme de bougies en verrine qu'il m'en reste encore aujourd'hui !)

Souvent, quand nous allions à Paris, il se garait en double file et me disait de l'attendre dans la voiture. Je le voyais s'engouffrer dans une boutique dont la spécialité variait selon le quartier où nous étions. Dans le secteur des Champs-Élysées, il ressortait avec des stylos Faber-Castell, plume et papier, parce qu'ils avaient sorti un nouveau modèle très fin. Rue d'Amsterdam, il réapparaissait avec une multitude de wagons et de rails de train électrique, parce qu'il avait toujours rêvé d'en avoir un et qu'il avait l'intention de demander à un de ses vieux potes de l'aider à l'installer. Boulevard de Clichy, il revenait égrillard avec des vidéos X et une ou deux revues affriolantes achetées dans un sex-shop du coin. (« Dis-moi si ça te plaît, ma chérie... », œil mutin.) Boulevard Saint-Germain, il me demandait de descendre de la voiture pour choisir avec lui des parfums ou des bougies Diptyque dont les arômes étaient toujours raffinés, disait-il. Rue de Rennes (combien de fois ai-je attendu dans la voiture en double file, rue de Rennes !), il revenait de la Fnac avec des ribambelles de disques, essentiellement de la musique classique, Bach ou une énième version du Requiem de Verdi, ou des bandes originales de films de John Williams ou Hans Zimmer. Je fouillais, curieuse, dans les grands sacs. Il y avait toujours quelque chose pour moi, pour que je découvre, pour que je lise, pour que je nous dise si c'était bien ou pas.

Journal informatique 1
11-01-98
Aïe... Jean Serge, le papa de mon amour, est mort. Là, ce soir. Je n'étais pas là. Bien que sachant qu'il était malade, je n'ai pas eu la force d'envisager le pire, je ne l'envisage jamais, je le rate toujours. J'étais à l'azguir [prière juive en l'honneur d'un mort] *chez mon oncle. Il l'a appris sans moi, il est parti pour l'hôpital. Je l'ai appelé tout de suite à la fin de l'azguir, je sentais quelque chose, il était en route, il m'a dit la nouvelle ; que je l'attende à la maison, que je ne le rejoigne pas.*
Je voudrais être près de lui.
Je crois que je ne crois pas en la mort, et que c'est ce

qui fait qu'elle m'apparaît comme inadmissible quand elle arrive...
Je crois que ce n'est pas de l'inattention. C'est de l'incrédulité. J'ai la lenteur des jours de douleur. Je ne sais pas quoi faire. Je me sens loin de mon homme. Trop loin et je culpabilise.
Mon amour.

Je me souviens qu'il voulait que je l'accompagne à la cérémonie d'adieu (son père avait donné son corps à la science, il n'y avait donc pas d'enterrement) mais sa belle-mère, la deuxième femme de son père, le lui refusa. Elle ne voulait pas qu'une femme qu'elle n'avait jamais vue, « une de plus ! », se pointe à la cérémonie d'adieu de son mari. Sans doute se disait-elle que si son beau-fils ne m'avait pas présentée, c'était que je ne comptais pas. Il prit l'affaire très à cœur. Il eut une discussion très animée avec elle, très tendue ; le ton monta. Il lui dit qu'il m'aimait, que c'était différent, toutes sortes de choses. Il *voulait* que je sois là ! Il en pleurait presque de déception quand il m'annonça qu'il n'avait pas réussi à la convaincre. Mais nous n'allions pas faire un putsch. Je n'allais pas venir à cette cérémonie alors qu'on m'en avait fermement interdit l'accès. Je le raisonnai. Il convint que faire un scandale serait une mauvaise idée. Je lui jurai que cela m'était égal. C'était lui mon « amour », pas sa famille. (Est-ce un héritage sournois de ma judéité, j'ai toujours trouvé presque normal qu'on me cache.)

Il se résigna.

Je le soutins à distance.

Quand il rentra à la maison, ce soir-là, il essaya de tenir bon. Mais lorsqu'il rangea dans le placard de son bureau les quelques vêtements appartenant à son père, un manteau, un chapeau, il s'écroula. Il se mit à sangloter. Je lisais dans le salon attenant, je le voyais. J'étais un peu paralysée, ne sachant pas s'il voulait que je vienne. Il finit par m'appeler. Je le pris dans mes bras. Il pleurait. Je ne sais plus ce que je dis ni si je dis quoi que ce soit. Je sais que je me sentais jeune, inexpérimentée à la vie, bête. Je ne parvenais pas à trouver les mots pour calmer ce grand homme contre moi, j'étais vaincue.

Il ne me reprocha rien.

Il ne changea pas de stratégie pour affronter cette épreuve, il se noya dans le travail.

> **Journal informatique 1**
> *14-03-98*
> *Heureuse du prix qu'a eu hier Francis pour le spectacle des OAA, à notre grande surprise. Deuxième prix du meilleur spectacle événementiel grand public de l'année, ex æquo avec les JMJ, et juste derrière les citrouilles sur les Champs-Élysées !*

Pour la première fois depuis longtemps, l'homme slave n'avait pas été appelé à prendre en charge le feu d'artifice parisien du 14 Juillet. Il ne vécut pas trop mal la chose car d'autres beaux projets se profilaient à la perspective de l'an 2000 et on le sollicitait encore beaucoup.

À quelques jours de la fête nationale, donc, il me proposa d'inviter quelques amis à la maison. J'étais un peu par monts et par vaux pour le travail mais il me promit de s'occuper de tout. J'acceptai.

Quelques cousins, amis d'enfance, quelques proches nous rejoignirent dans notre campagne. Mon compagnon avait prévu des grillades et des grandes salades ; j'avais peut-être fait quelques confitures ou clafoutis car nous avions des fruits à revendre et je m'étais un peu mise à la cuisine, malgré tout.

Le temps était doux et clair. Les chiens couraient autour du cèdre pour s'attraper la queue ; les oiseaux s'ébattaient. Et les écureuils, toujours, suscitaient les exclamations de nos invités.

À la nuit tombée, le Russe nous suggéra d'aller autour de la piscine. « Par sécurité », nous dit-il.

Il disparut quelques instants et nous nous demandions bien ce qu'il mijotait. La nuit était déjà noire ; seule la lumière de la lune nous éclairait et deux ou trois abat-jour aux reflets discrets ponctuaient l'intérieur de notre maison. Une petite rumeur nous gagnait. Celle du public curieux de ce qui l'attend, un peu turbulent. On riait fort, on raillait. Grisés.

Soudain, un bruit d'explosion ! Une lueur vive et rapide ! Une fusée. Puis une autre. L'homme slave passait d'un endroit à l'autre du jardin où il avait placé ses missiles. Ça pétait de partout. Ce n'était pas de petites fusées ridicules. Ça montait haut, ça explosait de belle manière. Ça jaillissait !

C'était un vrai feu d'artifice.

On se mit à applaudir à chacune des variantes. À crier. Les chiens se sont planqués à l'intérieur ; grosse rigolade. Des lances, des feux chinois, des fusées volantes avec leur « âme », tout cela grimpait au ciel ; les sifflements, les déflagrations, les explosions emplissaient l'assemblée d'un sentiment délicieux de privilège et d'illégalité. Le saltimbanque avait composé son moment comme à son habitude, avec poésie et générosité. Dans ce cadre si intime, c'était gigantesque.

Nous lui fîmes un triomphe !

Il était tout fier de son effet, même s'il râlait un peu sur telle fusée qui n'était pas partie, ou telle autre moins sensationnelle qu'il espérait. Moi, je n'en revenais pas de sa surprise, et de l'énergie mise à la réaliser. Les flics, alertés par le bruit, s'engagèrent sur le chemin de terre et s'approchèrent de la maison ; tout le monde se cacha à l'intérieur en éteignant les lumières, le temps qu'ils renoncent à leurs recherches et disparaissent.

Pour finir la soirée de débauche, le Russe sortit de je ne sais où la boîte en carton avec son jeu de roulette, celle d'il y a des années. Les convives s'étonnèrent quand il annonça qu'on allait jouer avec de l'argent, bien sûr, et qu'il ferait la banque. Et moi j'étais bouleversée de partager tout ça à cette place de compagne désormais. Et enfin j'avais des sous. Je jouais. Je misais sur mes fétiches.

Je flottais.

Avant de clore la nuit avec les derniers fidèles, il saisit sa guitare, et de sa voix d'outre-tombe, sa douceur tendre, il se mit à nous chanter du Brassens, du Dylan, du Cohen, et quelques chansons paillardes dont il avait le secret.

Nous fredonnions avec lui : « Ah ah ah ah putain de toi, ah ah ah ah ah pauvre de moi... »

Journal informatique 1

15-07-98

D. m'a dit qu'elle avait toujours pensé qu'il faudrait pour moi un être d'exception, et que je l'avais trouvé...

Était-ce la mort de son père et l'incident de ma présence non désirée à la cérémonie ? Était-ce le développement récent mais prometteur de mon activité de scénariste ? Était-ce l'effet écureuil, ou celui de cette maison si apaisante et joyeuse où les amis et la famille venaient quand même plus qu'à Paris ? Était-ce parce que ses affaires allaient un peu mieux, et qu'il savait qu'en prouvant sa bonne volonté, il était à l'abri de la prison ferme ? Était-ce pour tout cela qu'un soir de la mi-août, après presque un an passé ici, il finit par me dire qu'on allait faire un enfant ? Oui. Dès ce soir. On allait le faire. C'était décidé. (Il semblait avoir la certitude absolue qu'on y arriverait vite. Comme si cela ne pouvait nous être refusé, alors qu'il avait dit non à ce projet toute sa vie, et que pour une fois, c'était oui.)

Je fus saisie d'un bonheur aigu à cette annonce. Car si je n'en parlais plus depuis quelque temps avec lui, cette question restait très active en moi. J'avais besoin d'être mère. Et encore plus par lui. Malgré toute ma lucidité et ma clairvoyance, je ne parvenais pas à y renoncer. Mon amour pour cet homme qui disait « oui », ce jour-là, « oui » à cette immense aventure, atteignit son paroxysme. L'animal-femme en moi, que j'avais identifié sur ce balcon à Port-Vendres, plus de deux ans plus tôt, allait enfin pouvoir s'assouvir. C'était le plus beau cadeau qui soit. La plus belle preuve d'amour.

Journal informatique 1

24-08-98

J'écris sur ce journal mécanique pour retarder le moment de me mettre à travailler... Pourtant, il le faut. J'ai le temps, il n'est même pas 9 heures du matin !

Mon amour me reparle d'un enfant. Je crois que je le désire sans nuance.

Jeudi 27 août 1998
Cette nuit, hier soir plutôt, nous avons fait l'amour avec au fond de la tête cette histoire de petite graine... J'en suis bouleversée, émue, inquiète. Mon amoureux m'a écrit : « On a fait une première tentative, il y en aura d'autres. »
Je suis amoureuse grave. C'est quelque chose.

Un mois plus tard, dès le premier jour de retard de règles, j'allai acheter un test de grossesse à la pharmacie, toute nerveuse, tout exaltée. J'étais seule à la maison quand je le fis (l'homme slave était parti très tôt pour travailler; c'était souvent le cas). Je regardais le bitoniau sous mon urine tourner au positif et je me mis à dire «Oh là là, oh là là...», en boucle. Les chiens furent les premiers à qui je déclarai ma maternité; ils prirent la nouvelle avec une joie très proportionnelle à l'intonation que j'avais mise pour le leur annoncer : quasi hystérique !

L'homme slave m'appela bien sûr, comme toujours, plusieurs fois dans la journée mais je ne lui dis rien; je tenais à le lui apprendre *de visu*.

Quand il arriva, je laissai les chiens lui faire la fête, je le laissai poser sa lourde sacoche en cuir noir à deux battants, je lui servis un verre de Coca sur le bar de notre cuisine américaine. J'attendis qu'il soit assis sur nos tabourets hauts rachetés aux anciens locataires. Il souriait. Pas dupe de mon petit cérémonial.

— Je suis enceinte.

— J'en étais sûr ! Je l'ai vu à tes seins ! J'en étais sûr, ma petite femme...

— Qu'est-ce qu'ils ont, mes seins ? je souris.

— Ils sont plus gros depuis plusieurs jours, ça se voit tout de suite ! Je le savais.

— Tu l'as su avant moi, alors...

— Ben oui ! Je le savais ! Je le savais !

Je ris. Il est ému. Il laisse du temps. Ça doit tourner dans sa tête d'homme. Moi, je suis assez calme bizarrement. J'ai un peu digéré l'information pendant la journée, avachie devant la télé, les yeux dans le vide.

On se regarde comme deux ronds de flan. Il finit par dire :

— Ce sera un garçon ; il s'appellera Samuel.

J'ouvre de grands yeux surpris. Et après un temps je réponds :

— D'accord.

Journal informatique 1

Vendredi 25 septembre 1998

Confirmation par le test de grossesse en pharmacie : je suis enceinte ! Mon cœur dit qu'il le sait depuis une semaine, qu'il l'a vu à mes seins...

Qu'est-ce que ça change ?

Tout.

Pourquoi « Samuel » ? Pourquoi ce prénom alors que l'homme slave me taquinait souvent sur mon attachement à ma culture juive et qu'il avait tendance, lui, à occulter la sienne. « Samuel », n'était-ce pas le prénom de son grand-père juif ukrainien, justement, celui qui avait quitté Kiev avec son épouse Rachel pour arriver en France au début du siècle ? (Le père de Rachel était le premier à avoir fait un dictionnaire yiddish-hébreu et avait parmi ses descendants le si célèbre Goscinny, cousin du Russe.) Il voulait appeler notre enfant « Samuel », comme ce grand-père, donc, chez qui on faisait encore Kippour et Hanouka même après la guerre, alors que la famille tendait à se christianiser, Jean Serge le premier, ou au moins à se laïciser.

Pourquoi « Samuel » ? Était-ce un acte d'amour vers moi ? Un de plus ? Était-ce parce qu'il signifiait ainsi qu'il n'avait pas oublié cette descendance-là ? Russe, certes, on le savait ! Mais aussi, juive ? Je l'ignore, mais peut-on mettre sur le compte du hasard le fait que cet homme ait choisi une femme juive pour faire son premier enfant désiré, qu'il appellerait « Samuel » ?

Je donnais donc mon assentiment complet et immédiat à ce choix de prénom et nous n'en reparlâmes pas.

Je devins la septième merveille du monde. Une merveille qui prenait du poids et des boutons mais une merveille quand même. Mon compagnon multipliait les attentions : mes jus de fruits frais le matin avaient doublé de volume (il avait réussi à marchander chez Darty un robot mixeur dernier cri, allant jusqu'à faire sortir de ses bureaux le chef du magasin, lequel, séduit, lui fit 15 % de réduction), il me préparait des légumes frais pour la journée, il essayait de compenser ce qu'il estimait être du plaisir en moins pour moi, comme l'alcool ou le café auxquels j'avais dû renoncer, par d'autres plaisirs gustatifs. Il cuisinait davantage encore ! Le plus spectaculaire est qu'il diminua considérablement sa consommation de cigarettes. Cet immense fumeur passa de plus de deux paquets par jour, à quatre ou cinq cigarettes seulement, et il ne reprit (malheureusement) que plusieurs mois après la naissance de notre enfant.

Je travaillais beaucoup malgré ma grossesse ; mon activité scénaristique continuait de se développer. De son côté, il venait de recevoir une proposition qui l'animait vraiment. Il s'agissait de mettre en scène une comédie musicale à grand spectacle, ce qu'il n'avait pas fait depuis longtemps. La proposition émanait d'un réalisateur (frimeur) qui en serait le producteur et le metteur en scène-images (car il voulait qu'il y ait quelques images filmées dans le décor), mais qui excluait toute participation à la mise en scène au plateau. Il se savait incompétent. La rencontre entre eux se passa très bien. Mon compagnon attendait l'avancée du projet mais il se réjouissait de ce retour à ses premières amours. Cela comptait beaucoup pour lui.

Ma grossesse eut au début un petit air de paradis. L'homme slave, fort de cette perspective professionnelle qui le rajeunissait, et de sa future paternité, s'ouvrait aux autres plus encore que d'habitude, me présentait d'autres connaissances, passionnantes, avec qui nous dînions joyeusement. Le peintre Moretti, le prêtre et poète Jean Debruynne, Jean-Loup Dabadie avec qui nous avions bu un thé.

Il n'était pas du tout mondain. Il « n'entretenait » aucune relation et détestait les cocktails, les avant-premières. Nous n'y allions jamais. Mais il n'avait pas d'amis non plus au sens « confident » du terme. Il avait soit des connaissances qu'il respectait beaucoup pour leurs parcours, soit des « copains », qui étaient pour la plupart des régisseurs, avec qui il avait travaillé toute sa vie, qui l'avaient suivi sur toutes les aventures, qui ne le jugeaient pas et l'accompagnaient par leur fidélité inaltérable, digne de celle que l'on croise dans les chansons de Brassens ou de Brel. Il le leur rendait bien. C'étaient des types qui avaient une bonne descente, souvent une vie privée brisée, et un profil de bourlingueurs-noceurs. Je les aimais beaucoup aussi.

Je me sentais bien avec eux.

Journal informatique 1

23-03-98, 11 : 38

Hier, nous avons dîné avec Raymond Moretti, le peintre. C'était absolument passionnant. Voilà encore un homme qui a une perception du monde à la fois presque indifférente, blasée dans son expression, et profondément désespérée dans le fond.

Moretti raconte qu'il allait dans l'atelier de Picasso, que celui-ci l'emmenait voir ses tableaux, et qu'il les montrait en disant : « Ça sert à rien, hein, ça sert à rien ? »

Moretti dit que les artistes veulent être artistes pour rencontrer des gens comme Picasso ou d'autres, des très forts au sommet de leur art, pour savoir « ce qu'il y a derrière le mur », et que quand on finit par accéder à eux, les très forts nous disent d'aller demander au boulanger du coin... Personne ne sait !

Nous nous fîmes peu de nouvelles amitiés. Une, pourtant, sera précieuse dans ma vie. Celle d'un couple à l'époque un peu déjanté et libertin. Lui était un ex-taulard kabyle reconverti dans les affaires (au début, un peu troubles mais de plus en plus florissantes et il est maintenant un chef d'entreprise très sérieux et compétent, riche de sa « vie d'avant » qu'il raconte parfois, quand il a un peu bu, avec une faconde poétique et hilarante), et elle (belle-sœur d'un collaborateur de l'homme slave) avait dix ans de plus que lui. Issue d'un cadre « classique », couple bourgeois, deux enfants, elle avait tout fait exploser à la quarantaine pour explorer sa sexualité dans la plus grande liberté. Ces deux ovnis-là, au cœur rare, allaient devenir les parrain et marraine de notre enfant.

Journal informatique 1
Dimanche 27 septembre 1998
Je sais depuis hier que notre bébé mesure 18 millimètres, et que ce ne sont pas des jumeaux.
J'ai vu ses pulsations cardiaques.
Rien de spécial, à part ça... Je pense qu'il ne peut y avoir rien de spécial à part ça.

Romain, le fils de l'homme slave, fut le premier à venir nous voir avec un petit présent pour le futur bébé. Un vêtement bleu bouleversant. Je me souviens de la tête du Russe quand il a pris conscience, grâce à ce vêtement, de la taille minuscule qu'aurait notre enfant à la naissance. On en a ri tous les trois. Il disait : « Notre fils ne sera pas petit comme ça, il sera beaucoup plus grand ! » Mais Romain plaisanta tendrement et dit que ce n'était pas parce qu'il ne l'avait rencontré lui que quand il mesurait 1,85 mètre, que celui qui allait arriver mesurerait tout de suite 1,85 mètre !

Le Russe concéda. Il se mit à appeler le futur arrivant : « le machin », formule que j'adoptai avec lui. Nous attendions « un machin ».

La grossesse se passa bien, malgré une alerte assez sérieuse au cinquième mois, suite à une échographie qui laissait apparaître une anomalie sur l'estomac qui pouvait être, à un faible pourcentage mais quand même, un symptôme de la mucoviscidose. Il fallait faire des examens complémentaires dont les résultats ne nous seraient rendus que dans un mois. Un mois d'inquiétude quotidienne au cours duquel je pris d'ailleurs quelques kilos expressifs. J'étais terrifiée devant l'hypothèse de cette maladie qui pouvait conduire à un avortement thérapeutique dont je me disais qu'on ne se remettrait pas. L'homme slave n'aurait jamais le courage de réitérer cet acte insensé, et moi, je deviendrais une vieille chose décrépite et triste, avec son désir d'enfant inassouvi. Mais mon compagnon me dit : « Ma chérie, s'il y a un souci, on recommencera. »

Je trouvai dans ces mots bienfaisants la force d'attendre les résultats : négatifs. J'en fus si soulagée que je dormis douze heures d'affilée. Notre enfant pouvait se présenter au monde paisiblement.

Mon ventre s'arrondissait donc et nous commencions à nous renseigner sur le détail des actes administratifs à faire pour l'arrivée d'un « machin ». L'un de ces actes, tous les parents le savent, est de reconnaître l'enfant avant sa naissance en se rendant à la mairie de la ville. Le Russe attendit un dîner en tête à tête, et prit un air un peu distrait pour me déposer sa bombe en guise de trou normand : il avait réfléchi. Il n'allait pas reconnaître notre fils. Ce serait mieux pour lui.

— Comment ça, tu ne vas pas reconnaître notre fils... ?

— À cause des impôts... Des dettes ! Je ne veux pas qu'il soit endetté à cause de moi, s'il m'arrive quelque chose ! Il faut être raisonnable !

— Non.

— Quoi non ?

— Non. Il est hors de question que tu ne reconnaisses pas notre enfant. S'il t'arrive quelque chose on refusera l'héritage, c'est tout.

— Si c'est pour refuser l'héritage, c'est aussi simple que je ne le reconnaisse pas ! Et puis je ne suis pas sûr, moi, qu'on puisse refuser un héritage... Vous allez vous retrouver avec des dettes énormes, s'il m'arrive quelque chose, vous...

— Moi, je suis *sûre* qu'on peut refuser un héritage. Alors, on refusera l'héritage ! Et tu reconnaîtras notre enfant.

La joute se tendait un peu.

— Renseigne-toi quand même.

— C'est tout renseigné.

Il finit par sourire.

— Bon... Bon ben... D'accord.

— Voilà.

Il laissa traîner un silence, puis il conclut l'œil rieur :

— Il portera mon nom alors ?

— Voilà.

— ... C'est un nom que j'ai même pas porté avant mes quinze ans !

— Ben oui. Mais lui il le portera à sa naissance. C'est son nom.

D'abord songeur, il finit par me décocher son sourire espiègle.

Consentant.

Journal informatique 1
9-05-99, 09 : 21
L'arrivée du bébé se compte en semaines, en jours.
Mon trac se compte en kilos.
Peut-être que j'y viendrai, un jour, à l'activité contre l'oisiveté.
Peut-être. Ça devrait pouvoir se faire.
Mon chien aboie, les oiseaux volent et chantent, un avion passe au-dessus de nos têtes... C'est Orgeval.

Pour son projet de comédie musicale, il fallait un auteur pour élaborer un premier document qui fasse surgir la matière romanesque et musicale de l'histoire. Il proposa mon nom et ce fut accepté.

Je rencontrai ainsi la production et me mis à la rédaction de ce texte décisif pour convaincre nos partenaires. En collaboration étroite avec l'homme slave, j'arrivai à un document qui satisfit tout le monde.

Le premier partenaire artistique qui l'eut en main, le plus convoité par le réalisateur-frimeur, était un compositeur, star de variété au sommet de sa gloire, que l'on sollicitait pour composer les chansons du projet.

Il lut le document et accepta de nous rencontrer tous.

L'enjeu était de taille. Si la star de variété disait oui, le financement de la comédie musicale serait immédiat et l'aventure lancée. Le chanteur nous accueillit dans le grand salon de son hôtel particulier et se dit ravi à l'idée de peut-être travailler avec le réalisateur-frimeur et le premier metteur en scène de *Starmania*. Puis après quelques minutes de conversation « boutique », il demanda ce qui avait motivé ce projet. Le réalisateur-frimeur prit la parole immédiatement et tenta de répondre à la star de variété avec des arguments qui m'atterrèrent ! Il fallait faire ce spectacle parce que M6 serait forcément coproducteur, avec leurs deux noms sur l'affiche, et qu'ils pouvaient remplir le « Palais des sports » longtemps et, en résumé prosaïque, s'en mettre plein les fouilles, argument que la star de variété eut l'élégance de ne pas trouver si persuasif que cela, réitérant sa question : Oui, d'accord, mais pourquoi raconter cela aujourd'hui ? Le réalisateur-frimeur bafouilla à nouveau ses raisons économiques, ses raisons carriéristes, se rendant bien compte qu'il ne fournissait pas le genre de réponse qu'attendait la star de variété, mais n'en trouvant pas d'autre – j'exagère, il vanta un dessin animé qui lui servait de seule référence pour le sujet –, l'homme slave, à bout de patience, finit par prendre la parole de façon sensible et simple pour raconter l'importance aujourd'hui de rendre accessible par la forme « comédie musicale » l'histoire d'un homme étranger, adopté par le pouvoir, et qui va devoir le trahir pour libérer son peuple. Accomplir une mission *ensemble*, notion qu'il n'était pas vain de revaloriser aujourd'hui, selon lui.

Le chanteur écouta. Un peu ému.

Puis sourit. Se leva. Et se dirigea vers son piano pour nous faire écouter une ou deux mélodies que ces propos lui inspiraient.

Et, ce faisant, nous disait « oui ».

Quand nous sortîmes de ce rendez-vous, je félicitai avec enthousiasme mon compagnon qui avait clairement à mes yeux su trouver les mots, comme d'habitude, pour convaincre la star de variété. Mais lui était triste. Il me dit que oui, sans doute sa prise de parole avait été décisive, mais il gardait pourtant une impression mitigée : le réalisateur-frimeur avait commencé à s'y voir, avec son nom sur l'affiche au côté de celui de la star de variété, et il avait étrangement «oublié» de citer le sien. Il me rappela que le faiseur d'images avait bien besoin de se remettre en selle lui aussi, et que leurs intérêts allaient peut-être entrer en collision si la star de variété confirmait sa curiosité pour l'aventure.

J'arguais qu'il voyait tout en noir, que le chanteur avait quand même dit qu'il était «très heureux de travailler avec le premier metteur en scène de *Starmania*», mais l'homme slave, même s'il espérait que je dise juste, maintenait son appréciation. Le réalisateur-frimeur pouvait être tenté de l'éliminer pour prendre la place qu'il regrettait peut-être déjà de lui avoir donnée.

J'étais enceinte jusqu'aux yeux. Je voulais voir la vie en rose. Ne pas me laisser envahir par les doutes ni observer le monde par sa lorgnette cynique. J'oubliai.

Journal informatique 1
3-03-99
Je veux qu'il arrive de belles choses à mon homme. Je veux qu'il soit heureux...

Un soir nous décidâmes de regarder un film en DVD, comme nous le faisions souvent. C'était un film américain – je ne me souviens pas lequel, je m'en suis pourtant souvenue longtemps – avec une femme pour héroïne. Quand nous arrivâmes à la fin du film, au bout d'une heure, surpris d'une si courte durée, nous nous aperçûmes qu'il y avait en réalité deux DVD dans la boîte et que nous avions commencé par le deuxième ! Nous nous étions d'ailleurs étonnés de la construction de cette fiction, sans générique, mais nous l'avions mis sur le compte d'une écriture audacieuse et contemporaine ! Comme ce que nous avions vu jusque-là nous avait plu, nous fîmes le choix de visionner la partie manquante du film, même si nous connaissions déjà son dénouement.

C'est à la fin exacte de ce DVD (au milieu du film, donc) que je perdis les eaux, comme si le petit machin à l'intérieur avait attendu d'avoir tous les éléments de l'histoire.

L'excitation monta considérablement. Je me précipitai sur ma petite valise de femme enceinte, prévue depuis longtemps, et nous partîmes en voiture à l'hôpital de Poissy où ma grossesse avait été suivie.

Le petit habitant mit trente-six heures pour sortir, finalement par césarienne. Durant ces trente-six heures, l'homme slave ne nous quitta presque pas. Surtout la deuxième nuit au cours de laquelle l'arrivée était imminente. Je me souviens qu'une fois la péridurale posée (enfin !), j'ai pu plaisanter avec lui, rire. Je l'ai poussé à sortir manger un peu et il a cédé pour aller s'acheter à la va-vite un McDo, nourriture que le gourmet affectionnait particulièrement, affirmant même que dans le genre dégueulasse, c'était ce qu'on faisait de meilleur.

Il ne fut pas autorisé à rester quand on me fit la césarienne, et n'entendit donc pas le premier cri bref de notre enfant. Il accompagna, en revanche, les infirmières pour les premiers soins.

Moi, j'étais aux limites de l'évanouissement après ces trente-six heures de travail. Je sombrai lourdement et quand je me réveillai, il était là et le bébé dormait près de nous.

L'émerveillement. Cet émerveillement que je rêvais de partager avec lui, nous l'avons partagé ensemble. Oui. Nous étions gaga. Raides. Fébriles mais sous le choc. Amoureux.

Cet enfant nous séduisit immédiatement. Avec cette évidence ébahie d'un amour dont on ne sait pas où il prend sa source.

C'était « notre fils ». C'était le fils de l'homme slave.

C'était le petit être fantasmé depuis des années par la jeune femme tenace, audacieuse, que j'avais été, tout de même. Le corps longiligne et fin qui passait des bras robustes de son papa au sein maternel n'était pas un mirage. Non, je n'allais pas me réveiller à dix-huit ans d'un songe égaré. J'étais bien la mère du nourrisson diaphane qui arrimait aux yeux du Russe une expression béate, et figée. Falote. Bouleversante.

C'était ma vie. Ma *vraie* vie.

Journal informatique 1
19-06-99, 07 : 38
Samuel est là.
C'est difficile de décrire cette émotion, cet étonnement, ce miracle.
Il est là. Clair. C'est la première chose que j'ai pensée

en le voyant. J'étais à moitié anesthésiée mais quand je l'ai vu, j'ai pensé : « Qu'est-ce qu'il est clair ! » Étonnement de voir sortir de moi un enfant aux reflets blonds, comme dans mes rêves, puisque dans mes rêves, cet enfant m'apparaissait toujours clair... Étrange. Un petit Francis.
J'ai pleuré quelquefois de fatigue et d'énervement. Mais j'essaie de profiter à mort de ce petit gabarit qui ne cessera de grandir.

Nous envoyâmes à nos amis un faire-part en bande-dessinée conçu par mon grand frère pour l'occasion. C'était joyeux et décalé. Ça nous ressemblait.

L'homme slave apprit les premiers gestes : le baigner, le changer, l'endormir. Il le faisait avec dévouement et simplicité et me relayait dès qu'il le pouvait.

Mais les nuits nous fatiguaient beaucoup. Le manque de sommeil nous rendait nerveux et les angoisses du Russe sourdaient à nouveau. Nous n'étions pas en conflit, mais nous riions moins, tout était plus lourd. Je me souviens lui avoir écrit un petit mot un jour, que j'ai posé sur son bureau, pour lui rappeler que cet enfant était une joie et qu'il fallait retrouver notre fantaisie, notre légèreté, et ne pas nous laisser gagner par l'éreintement.

Nous n'échappions pas au scénario classique du déséquilibre dû à l'arrivée d'un enfant. J'avais toujours du désir mais plus avec la même fantaisie. Or cela comptait pour lui. Difficile pour moi de me sentir l'âme joueuse. Mamma charmante en robe informe ou pantalon à élastique ; l'homme slave me le fit remarquer quelques fois, simplement et sans méchanceté, mais j'avais l'impression d'être assommée malgré tout. Trop de choses. Je ne pouvais pas m'occuper de ça, en plus du reste. J'étais harassée. Trop préoccupée de tout. Et dans mes moments de rogne, une partie de moi ne s'empêchait pas de penser que son apparence à lui, aussi, était contestable, puisqu'il approchait désormais les soixante ans et traînait parfois dans la maison avec son vieux jean et ses chaussons troués comme s'il était encore le jeune premier d'antan.

> **Journal informatique 1**
> *30-07-99*
> *L'amour pour mon fils est de plus en plus fulgurant. Il s'impose avec une force croissante, semble-t-il inexorable... Je l'aime. Comme j'aime son père. Un rêve tellement fort que d'avoir un enfant de lui.*
> *La seule chose, le seul hic : je me sens laide. D'ailleurs je le suis. À part ma tronche un peu bronzée qui peut donner le change, je n'ai jamais été aussi grosse, aussi flasque, aussi laide. J'espère sérieusement que cet état n'est pas définitif. Il me donne l'impression de ne plus être une femme.*

Au mois de juillet de cette année 1999, ma pièce *Pierre et Papillon* se créa pour la première fois en Avignon, avec les moyens du bord. L'aspect précaire de l'aventure ne rendait pas cette joie si simple à vivre, surtout au moment de l'arrivée d'un enfant.

Mon compagnon m'affirma que je ne pouvais pas ne pas y aller. C'était une naissance aussi, et il ne fallait pas manquer ça. Il me proposa de nous y emmener en voiture, moi et l'enfant que j'allaitais, car il estimait que le train serait beaucoup moins pratique pour une femme seule avec un si petit bébé. Il fit l'aller-retour dans la journée ! Dans la voiture, lors des phases d'éveil de notre fils, il s'amusait à compter les voitures pour lui. En français. En russe. En anglais. En espagnol. J'y ajoutais un peu d'hébreu et l'homme slave s'enthousiasma : il fallait commencer tôt pour son bac, l'année prochaine... Malgré ma fatigue et mon abattement général, il ne m'échappait pas qu'en faisant pour nous ces 1 500 kilomètres héroïques, il nous prouvait encore son immense amour. Mais n'était-ce pas « trop » ? Un trop qui cherchait à compenser ? Quoi ? Le fait de m'aimer moins ? La crainte d'être moins aimé ? Je ne m'attardai pas sur cette appréhension à tendance paranoïaque. Je préférai y voir, surtout, de la générosité, et de la démesure. Sa marque de fabrique.

Journal informatique 1
4-08-99, 09 : 05
Mon petit bout dort...
Mon homme est absent encore aujourd'hui. Mais il est beaucoup là en ce moment. C'est idéal pour les premiers mois de vie de Samuel. [...] *Nous avons découvert un prunier énorme.*

L'homme slave chaperonnait l'évolution de l'enfant avec autant de présence et d'excitation que moi. Ses premiers sourires, le doigt qu'il suit désormais avec le regard, sa mobilité. (Notre enfant remuait beaucoup, bougeait beaucoup, il était très éveillé ! Il accomplissait même des exploits que peu parviennent à réaliser, comme sucer son gros orteil !)

Le « jeune papa » avait instauré un rituel presque quotidien qu'il appelait « la présentation des peluches ». Il posait l'enfant dans son maxi-cosi, et le maxi-cosi sur la table de notre véranda. Et, comme on présente certains membres de son peuple à un roi, il présentait ses peluches à notre fils. (Il le surnommait d'ailleurs pour l'occasion : « Croumoudouk Ier, dit le Chauve », en raison du peu de cheveux qu'il avait sur la tête à la naissance.) Parmi la pléthore de peluches que nous avions reçues en cadeau, il en choisissait trois ou quatre qui avaient l'honneur, ce jour, d'être annoncées à Croumoudouk Ier. La Girafe, l'éléphant, la souris étaient les heureux élus un jour ; l'ours, le serpent, le « truc » (une peluche indéfinissable) étaient à l'honneur un autre jour. Toutes avaient leur moment de gloire.

L'enfant assistait à ce défilé avec un air étonné, de temps en temps, décochait un sourire quand son aboyeur de père en faisait un peu trop, et au sommet de son art, paraissait tenter d'attraper une peluche, ce qui rendait l'homme slave fou d'admiration ! Notre enfant était un génie !

Parallèlement à ça, bien sûr, nous travaillions énormément, lui et moi. Notre inquiétude matérielle augmentait du fait de l'arrivée du « machin ». De mon côté, je poursuivais mes balbutiements scénaristiques (je me souviens d'une séance de travail d'une heure au téléphone, alors que je portais l'enfant dans le porte-bébé pour qu'il ne pleure pas), et le Russe, du sien, développait ses projets alimentaires (conventions, etc.) et d'autres qui lui tenaient plus à cœur, dont celui de la comédie musicale.

Sur ce front-là, les choses avançaient doucement. Le réalisateur-frimeur avait demandé à mon compagnon de participer au casting des chanteurs. Pour l'instant, il ne semblait pas menacé mais il n'était pas rassuré pour autant. Il me dit même, lors d'un moment de noirceur :

— Si je ne fais pas cette comédie musicale, je crois que je ne m'en remettrai pas.

— Comment ça ?

Il avait répété :

— Je ne m'en remettrai pas.

— Tu peux pas dire ça. Je suis là. On vient d'avoir un enfant... Des comédies musicales, il y en aura d'autres.

— Non, il n'y en aura pas d'autres. Pas à mon âge. Je ne m'en remettrai pas.

Journal informatique 1
28-08-99, 09 : 49
Francis est cometteur en scène de « la comédie musicale » avec à l'affiche : Mise en scène : E. C. en collaboration avec Francis Morane.
Les stars font leurs stars. Francis n'a jamais été une star...
Mais je crois en ce projet et dans les conséquences positives qu'il aura sur mon homme !
Du travail en perspective...

Au cours de l'été qui suivit la naissance de notre enfant, il y eut un mystère. Un mystère jamais vraiment élucidé. Les oiseaux, pourtant bien enfermés dans notre grande volière depuis notre déménagement, se mirent à disparaître un par un, sans laisser de traces de plumes, ce qui aurait pu induire l'intervention d'un chat ou même d'une belette. Pas non plus de trou dans le grillage, ou dans la mangeoire. Nous ne comprenions pas. Mon compagnon me demanda à plusieurs reprises si je faisais bien attention quand je leur donnais à manger. La première fois, je ne jurai pas et concédai que j'avais pu être distraite sans m'en rendre compte et en laisser échapper un, même si cela me paraissait peu probable. Les autres fois je fis vraiment attention quand je refermai la cage. Pourtant, toujours un ou deux oiseaux disparaissaient. Je promettais que cela ne venait pas de moi !

Nous étions vraiment peinés et déroutés par ce phénomène qui se répétait, et chaque fois sans aucune trace apparente. L'homme slave commença par racheter des volatiles mais comme le massacre invisible ne cessait pas, il se découragea.

La volière se vida peu à peu.

Après avoir lu un article quelconque, nous jugeâmes une belette coupable, car ces animaux se glissent vraiment partout, mais nous n'en fûmes jamais complètement convaincus ni l'un ni l'autre. Il m'arrive de me demander aujourd'hui si le Russe n'avait pas conservé un doute sur ma responsabilité ; s'il m'avait crue quand je lui disais que j'ignorais tout de ces disparitions. J'étais pour une grande partie de la journée à la maison ; cela pouvait paraître suspect. Quand nous abordions ce sujet, la tension montait d'ailleurs, mais comme toujours dans notre relation, elle se dissipait rapidement, dès que nous changions de sujet. Et puis quel intérêt aurais-je eu à faire disparaître ces oiseaux ?

Journal informatique 1.
12-11-99
Le spectacle de Francis et la Croix-Rouge s'est très bien passé. Mon homme a du talent.
Samuel est vraiment dans une phase de découverte.

Il fait de grands sourires à son père, et parcourt des mètres en roulant sur lui-même...

Face aux frais que représentait cette maison en location, et à la prise de conscience de l'homme slave qu'il ne pourrait rien laisser en héritage à notre fils, nous décidâmes de nous mettre en quête d'une maison à acheter à mon nom, et qu'il m'aiderait à payer en grande partie. Ce fut une décision assez soudaine, mue plus par la raison que par le cœur et, de fait, la recherche de cette deuxième demeure fut bien moins joyeuse que la première. La maison aux écureuils nous plaisait toujours, et l'idée de la quitter nous peinait l'un et l'autre. Mais elle était un gouffre !

Nous nous consolions, convaincus d'avoir tout de même « bien profité » de cet endroit paradisiaque dont nous nous étions toujours dit qu'il serait un lieu de passage.

Tout cela était normal...

Fallait-il faire cette concession à la sagesse ? Mon compagnon nageait bien plus à contre-courant de sa nature que moi. Mais j'avais, moi aussi, quelques sursauts de doute quand je pensais à ce changement pourtant nécessaire et tourné vers notre enfant, d'autant que nous dûmes, pour obtenir le prêt, faire un montage un peu spécieux : il s'agissait de passer devant un avocat, puis un juge pour signifier qu'après avoir été concubins, nous nous séparions. Ainsi, le Russe devrait officiellement, aux yeux de la justice, me verser une pension pour notre enfant qui s'ajouterait à mes revenus et me permettrait d'obtenir un prêt immobilier qu'on me refuserait autrement.

Nous eûmes beau tenter de vivre joyeusement ce faux divorce, il y avait en sortant du Palais de justice de Paris, un peu de tristesse entre nous... comme face à la volière vide de notre jardin.

Afin d'écarter les mauvaises pensées, je me blottis contre lui. Je lui dis : « Je t'aime. » Et il me le dit à son tour. Heureux d'avoir fait quelque chose de bien pour nous trois.

> Petit mot du matin de Francis
> *« Mon adorée, la période est dure mais nous vivons toujours d'amour de nous deux et trois. Bon courage. Ton H. »*

La somme que les banques étaient disposées à me prêter impliquait de nous éloigner encore un peu plus de la capitale. À force de balades, je découvris une maison 20 kilomètres plus loin. Une maison dans un hameau attenant à Aubergenville. Laide maison de l'extérieur, assez haute et crépie d'un beige jaunâtre, mais qui donnait sur la campagne, un lavoir, des poules, des coqs, un très grand jardin, des champs derrière et même un chemin de randonnée. Elle possédait aussi un chalet aménageable et indépendant de 50 mètres carrés.

Elle était plus sombre, moins joliment arrangée que notre havre actuel, mais elle avait un charme particulier et elle restait accessible. Elle plut au Russe qui s'enthousiasma. Nous ferions des travaux pour la mettre à notre goût.

Il s'impliqua, comme toujours, totalement dans notre installation. Il fit venir des pierres de Bidache pour faire édifier une cheminée centrale (ce château qu'il illuminait autrefois chaque année et où j'avais été lui rendre visite presque dix ans plus tôt, éprise et éconduite), il participa même à la peinture et au bricolage, ce qui était très exceptionnel chez lui.

Il installa le «home cinéma» dans le chalet. Il fit poser une clôture solide pour les chiens. Nous avions, dans mon souvenir, renoncé aux oiseaux.

Notre installation était prévue pour le début du mois de janvier 2000.

Nous passâmes le mois de décembre dans la maison aux écureuils. Calmement. Résolument.

Un soir, le 26 décembre. Nous dormions. J'entendis les gémissements de vents très puissants dans notre parc. Je me levai. Il devait être 6 heures du matin.

Je montai dans notre salon véranda dont trois des quatre côtés étaient des pans de vitre ouvrant sur le jardin et les bois que je pouvais donc observer à presque 360 degrés. Les rafales frappaient avec une telle rage, un tel entêtement que j'en étais abasourdie. Au loin, j'entrevoyais les arbres, leurs ombres plus exactement, qui se balançaient en un ballet anarchique de spectacle de fin d'année vite répété. Ils s'ébattaient dans l'obscurité et jaillissaient à la lumière de la lune quand les nuages noirs filant à grande allure ne l'éclipsaient pas. Ce spectacle rare et tourmenté, auquel j'assistais seule, dans ce théâtre reclus, m'ahurissait.

Soudain, j'ouvris de grands yeux. Le cèdre au tronc large qui vacillait depuis quelques minutes sous l'effet des bourrasques se coupa net en deux et s'écroula dans un fracas immense.

J'étais sans voix. Hébétée.

Réveillé cette fois, l'homme slave accourut.
Il vit, comme moi, le désastre.
Nous restâmes un temps en silence.
Il murmura :
— C'est fou...
— Oui.
— Il aurait pu tomber sur la maison.
— Oui.
— On a eu de la chance... Hein ?
— Oui, c'est sûr.
Je tremblais un peu.
Il me serra dans ses bras.
— C'est que c'est le moment de partir sans doute...

Journal informatique 1
27-12-99
Hier matin, il y a eu une tempête monumentale. La plus grosse que l'Île-de-France ait connue ! Trente et un morts sur la France du Nord, c'est le bilan actuel. Dans notre jardin, le plus gros des sapins a été coupé à mi-hauteur de son tronc, et projeté devant la véranda. Spectaculaire et triste. Cet arbre faisait de l'ombre à la piscine. On s'y abritait cet été quand Samuel était minus... Un bout d'arbre de 8 mètres gît dans le jardin.
À Aubergenville, un arbre a été déraciné, un bout de clôture est tombé, une vitre a été brisée.
Tout cela était très impressionnant.

Cinquième mouvement

Les arbres de la nouvelle maison avaient résisté à la tempête mais la clôture toute neuve avait été détruite. Nous dûmes donc faire encore quelques travaux avant de nous y installer, à cause des chiens qu'on ne pouvait absolument pas laisser traîner dans le hameau.

L'homme slave était las de ces problèmes pratiques ; irascible, tendu.

Cela se calma un peu quand nous finîmes par nous poser complètement. Les chiens retrouvèrent leurs marques. Notre enfant déménagea sans souci sa joie mutine, mais aussi ses pleurs tonitruants et à larmes réelles, qu'il laissait souvent retentir à l'heure du coucher, entre chien et loup, et dont nous gagions qu'ils entreraient, en décibels, dans le livre des records des cris de bébé les plus sonores de la planète. Mais dans l'ensemble il était difficile de ne pas fondre devant son émerveillement face à la vie, son goût pour la rigolade. C'était reparti.

Moi je me mis très vite à écrire. Outre les scénarios, j'étais envahie par une nouvelle pièce de théâtre qui poussait en moi avec force, comme je crois, cela ne m'était jamais arrivé jusque-là. Dès que notre enfant dormait, je prenais mon carnet, je notais. Je bâtis une structure, puis, très vite, je me mis à écrire. Je mettais en scène un quatuor dans le milieu littéraire et je racontais comment l'histoire d'amour renaissante entre deux écrivains confirmés allait broyer, du moins pendant un temps, les perspectives d'un jeune auteur pourtant très talentueux. Par une mécanique humaine cruelle, mais que je ne voulais pas cynique, les personnages se voyaient contraints de priver le jeune écrivain d'un projet d'édition pourtant promis à lui dès la première scène de la pièce.

Mon compagnon était très heureux que j'écrive. Je sentais que ça lui plaisait que je m'y remette vite. Même si mes projets personnels n'avançaient pas particulièrement, il aimait, depuis toujours, ce qu'il appelait « mon obstination » mais qui était plutôt d'ailleurs, ma « nécessité d'expression ». Je lui lisais régulièrement mes scènes. Il écoutait. On riait ensemble. On débattait. C'était un moment d'intimité que nous adorions l'un et l'autre.

Du côté de la comédie musicale, les nouvelles étaient paradoxales. L'accord du chanteur de variété avait accéléré les financements, et les rapaces, j'en vis quelques-uns (dont certains sont toujours en activité sur nos plateaux de télévision), plantèrent leurs griffes dans la bête en espérant bien en tirer profit.

Mon compagnon était beaucoup plus délicat que cela. Il restait discret et travailleur, créatif, droit.

Un jour, il dîna avec la troupe de chanteurs et d'acteurs qu'ils avaient choisis, en présence du réalisateur-frimeur. L'homme slave devait parler avec eux de la nature du travail qu'ils feraient ensemble, de l'organisation des répétitions, de leur investissement, de l'exigence demandée, et de ses partis pris de mise en scène.

Quand il rentra, un peu voûté, je lui demandai comment cela s'était passé. Il grommela : «Ça s'est très bien passé. Toute la troupe était enthousiaste. Mais "le réalisateur-frimeur" faisait la gueule. Je pense que je vais être viré dans les deux semaines à venir.»

Cette fois je ne jouai pas le contre-chant optimiste de son fatal pronostic. D'abord parce que j'étais fatiguée de toutes les émotions par lesquelles nous passions ces derniers temps; aussi parce que je commençais à me rendre à son avis : le réalisateur-frimeur ralentissait les signatures de contrat depuis trop longtemps pour être honnête. Cela sentait à plein nez la trahison de bas étage; la magouille de show-business.

Mon compagnon devait voir juste.

Et le couperet tomba.

Dans les jours qui suivirent, il fut viré de la plus vulgaire des manières. Couardise. Indélicatesse. Inhumaine manière : le réalisateur-frimeur fit appeler l'homme slave par son nouvel associé pour lui annoncer que finalement l'énoncé de la mise en scène se ferait comme suit : Mise en scène : E. C. *Assisté de* : F. M. Le nouvel associé précisait que le réalisateur-frimeur aurait par contrat le *final cut* dans tous les secteurs, ce qui signifiait que toutes les décisions seraient tranchées par lui.

C'était d'une telle grossièreté ! Demander au Russe, après des mois de sollicitation et d'essorage, d'être l'assistant de ce type ambitieux et sans consistance, relevait de l'humiliation. Lui demander, surtout, d'être le numéro deux – comme il l'avait été sur *Starmania*, certes, mais il ne voulait justement plus de cette place où on est pillé sans être totalement crédité du succès –, ça n'était pas supportable.

C'était avilissant et le réalisateur-frimeur ne pouvait l'ignorer.

L'homme slave n'avait pas le choix : il refusa.

Il refusa, mais il s'écroula.

Son affliction fut énorme. À sa hauteur. Un raz de marée de noirceur. De sentiment de nullité. De honte. La dernière chance était passée. Le dernier train. Il était foutu, c'est ce que ça signifiait. Il avait passé l'âge. Passé l'heure. C'était la fin. Il rejoignait le vieux saltimbanque pathétique de Baudelaire, « le brillant amuseur [...] dans la baraque de qui le monde oublieux ne veut plus entrer ».

Il riait encore avec notre enfant et s'en occupait toujours, mais dès que nous étions tous les deux, ou qu'il était seul, une brumaille l'envahissait. Il ployait.

Je me souviens de ma culpabilité un jour, alors que je portais notre bébé et le serrais fort en le dévorant de baisers et en lui susurrant des « mon petit amour » crétins et gourmands ; l'homme slave m'avait regardée comme si j'usais d'une expression et peut-être d'une émotion, qui lui étaient autrefois exclusivement destinées. Ce regard, qui exprimait plus de détresse que de reproche, lui donnait des airs d'orphelin un peu outrés. Je me sentis prise en faute, mais je ne dis rien. Je ne cherchai pas à le rassurer. Par peur de remuer des sentiments complexes ? Par lâcheté ? Par crainte d'avoir mal interprété ? Je ne sais plus.

Un soir, nous étions couchés, il murmura : « Je crois que je fais une dépression... » La maison était endormie, la campagne alentour sommeillait pour mieux préparer l'éveil vernal imminent. Ces mots prononcés à mi-voix grondaient comme un tonnerre lointain, ou des roulements de tambour indistincts, que l'on choisit de ne pas entendre puisqu'il n'y a pas de déclaration de guerre dans nos contrées, croit-on.

Je fus aussi démunie qu'à la mort de son père. Engourdie. Je ne savais pas quoi faire, comment l'aider. Comment être utile et stimulante ? Comment trouver l'énergie ? Je crains d'avoir remis à plus tard. Je lui ai sans doute dit des mots apaisants qui ne servent à rien. Sans doute « je t'aime », car on ne cessait pas de se le dire. Mais je ne fis rien concrètement. Je ne lui conseillai pas de prendre des antidépresseurs ou d'aller voir quelqu'un. Je ne sais plus. Ou peut-être si, car je me souviens avoir entendu plusieurs fois de sa bouche qu'il ne « croyait pas à tous ces trucs » ; c'étaient peut-être ces jours-là.

Je me débattais surtout, avec lui, en désordre et sans obtenir de résultat, pour tenter de nous extirper de cette période. Je feignais la joie, je faisais des moulinets avec mes bras, don Quichotte à poitrine et prolongement turbulent avec biberon toutes les quatre heures. Nous avions l'allure de deux soldats zélés mais sans recul, envoyés au front, et qui ne savent plus comment se replier pour mieux repartir ensuite au combat.

L'image qu'il avait de lui déteignait sur celle que j'avais de moi, qui n'était pas à son meilleur, du fait de ma grossesse, de mon temps passé pour une grande part à être « maman », et le reste, petit écrivaillon de télévision occupé à plancher sur des séries que je ne parvenais même pas à écrire correctement, qu'on me renvoyait à la figure pour des énièmes versions. L'homme slave ne m'aidait plus. Il n'avait plus la force. Ce « deux » que nous formions, et qui était en réalité un « un » fusionnel et fœtal se scindait imperceptiblement. L'arrivée de notre enfant avait commencé à opérer cette scission ; elle se poursuivait dans la dépression, la dépression qui éloigne, qui punit l'autre. Qui le bannit.

> **Journal informatique 1**
> *10-03-2000*
> *Francis va mal.* [...] *Le contrechoc est redoutable. Obligé de faire un procès tant ces mecs sont infects et amoraux. Francis en a marre de ça, des choses qui foirent, des gens qui trahissent, des insultes de la vie.*
> *Il mérite tellement mieux.*
> *Il aura mieux.*

Souvent, je me dis que je ne sais pas vivre. Qu'on ne nous apprend pas. Que des milliers de situations peuvent arriver à nous sans qu'on en ait même entendu parler. Ce n'est ni bien ni mal. C'est ainsi.

Y avait-il quelque part une femme jeune, comme moi, qui vivait avec un homme plus âgé, comme lui, qui avait un enfant en bas âge, et dont l'homme serait tombé subitement en dépression ? Y avait-il quelqu'un qui puisse me dire comment on fait ? Ou tout du moins me raconter son expérience, la partager avec moi ? Je restais avec mon ignorance.

Je continuais d'écrire ma pièce et de m'occuper de notre enfant. Je ne maigrissais pas. Je tenais comme je pouvais. Il m'arrivait de me dire que cela allait être difficile de terminer ma vie avec un homme vieillissant. Que j'avais fait une erreur. Et il m'arrivait de regarder les autres hommes, parfois même les femmes avec un brin de curiosité. C'était trouble en moi.

En avril de cette année-là, ma pièce *Pierre et Papillon* fut jouée à la scène nationale du théâtre d'Angoulême. J'y allai avec notre enfant et me réjouis du bel accueil qui nous fut fait.

Durant cette semaine, l'homme slave m'appela moins que d'habitude. Peut-être une ou deux fois par jour au lieu des quatre ou cinq qui étaient notre quotidien fusionnel.

Je ne m'alarmai pas. Au contraire, ça me faisait de l'air. Je me disais ça. Qu'il fallait qu'on se donne de l'air. J'avais entendu cette phrase quelquefois dans la bouche de couples rodés à la vie commune, ce qui n'était pas du tout mon cas, on l'aura compris, je n'avais aucune expérience du quotidien à deux en vérité. Certaines jeunes femmes arrivent à trente ans fortes de deux ou trois concubinages différents, assortis de leurs crises et de leurs ruptures. Moi, je n'avais rien vécu de tout cela. Rien vécu de la lassitude, de l'habitude. L'amour était à mes yeux un état permanent dont j'avais bien dû entendre dire, ici ou là, qu'il s'entretenait, mais je ne comprenais pas ce que cela signifiait concrètement. J'étais réticente à considérer l'amour comme un corps qu'on muscle. Il m'apparaissait plutôt tel un terrain ferme et fertile ; non dénué de ravins et de reliefs, certes, mais au soubassement massif et invariable. L'amour pour cet homme en tout cas était en moi si définitif que je ne me voyais pas faire comme on le recommandait dans les revues de filles : être sexy comme ci pour « garder [son] mec », ou rusée comme ça « pour le rendre jaloux ».

Je n'appartenais pas à cette vie-là, avec mon amour à part.

Je me pensais hors catégorie.

J'avais tort.

Quand je rentrai d'Angoulême, un dimanche soir, mon compagnon m'accueillit tendrement.

Alors que je préparais le repas, pour une fois, je remarquai dans l'évier deux assiettes et deux couverts. Je m'en étonnai. Je l'interrogeai. Pourquoi deux assiettes ? Il eut un moment de confusion dont je le sortis naïvement : « Tu as mangé deux fois la même chose, c'est ça ? » Il sourit que oui, bien sûr ! Je le crus, ne m'y attardai pas, et rangeai ses assiettes dans le lave-vaisselle ; indices indétectables pour épouse fatiguée, aux antennes ensommeillées.

La semaine qui suivit, je m'attelai aux dernières corrections de ma pièce.

Le jour de mon anniversaire, le Russe était à Nantes pour un déplacement professionnel ; il m'appela mais oublia complètement de me le souhaiter. Je le lui fis remarquer, avec pudeur ; curieusement, ça le fit rire.

« C'est un comble, ça ! Si j'oublie même ton anniversaire ! » L'effronterie de sa réaction me vexa. Elle m'étonnait de sa part. J'aurais préféré qu'il eût une petite phrase coupable ou qu'il fasse le grand numéro qu'on attend dans ces cas-là, avec toutes les excuses adéquates. Mais non.

Là encore, je ne m'émus pas outre mesure. Sa « dépression » le rendait plus maladroit. C'était passager.

Journal informatique 1
20-04-2000
Je pense à mon amoureux. Fort. Il est à Nantes, il n'a pas le moral, il n'y croit plus.
C'est dur.
Je ne sais pas pourquoi, j'ai la certitude qu'il aura encore des projets excitants, mais pour l'instant la période est noire et le reste.
Je veux qu'il aille bien.
Moi, je vais.
J'ai beaucoup de désillusions comme d'hab ! Plein de refus. Peut-être ma vie professionnelle ne se développera pas plus. Je ne sais pas.
Ce qui est sûr, c'est que c'est dur, mais que les joies avec Samuel, l'amour pour mon homme, notre maison, tout ça, c'est plus fort que tout. C'est vrai. C'est le bonheur.

Un autre jour encore, après son retour de Nantes, il y a eu ce coup de fil qu'il reçut alors que nous donnions ensemble le bain à notre enfant. Il a ronronné un « allô » très enjôleur qui m'a rappelé nos débuts et il est sorti de la salle de bains pour poursuivre son appel. Quand il est revenu je lui ai demandé : « C'était qui ? » Je ne suis pas curieuse d'habitude et ça l'a pris de court. Mais il a fini par me dire que c'était «une assistante» sur un projet.

(Alors que j'écris, une image de cette «assistante» me revient en tête. Une image très précise qui est celle que je me suis créée ce jour-là quand il m'a fait cette réponse. Une fille aux cheveux courts, un peu androgyne. Peut-être comme celle qui était sur la croisière du *Figaro*, tiens, et par laquelle je ne me sentais pas menacée. Alors que je sais très bien aujourd'hui *qui* était au bout du fil, c'est toujours l'image de cette assistante chimérique qui me vient à l'esprit. Comme si ma mémoire n'avait rien corrigé.)

Dans les quinze jours qui suivirent son retour de Nantes, je terminai ma pièce. Je le lui annonçai un soir, assez fière. Il me demanda de la lui lire entièrement. À haute voix. J'obtempérai. Il écoutait. Il riait. Il réagissait.

À la fin de la lecture il me dit : «Je crois que c'est ton plus beau texte.» Il nota sa construction presque musicale mais aussi la justesse des personnages, de leur dilemme, l'indulgence que j'avais pour eux malgré la cruauté de leurs choix ; il s'étonnait de l'humanité que je parvenais à insuffler à ces êtres qu'on aurait pu juger hâtivement. Et mille autres choses positives qu'il savait très bien exprimer et qui me rassuraient, comme des mots d'amour déguisés.

Il était ému.

J'avais l'impression aussi d'avoir avancé avec ce texte. Et je savais que mon compagnon et son écoute attentive n'y étaient pas pour rien. Je le lui dis.

Je lui dis merci.

Il me réaffirma que ce n'était pas lui. C'était moi... Moi seulement.

Est-ce que ce fut notre dernier moment de tendresse simple ?

Je crois.

Je crois qu'il a attendu que je finisse ma pièce pour nous occire. En quelque sorte.

Journal informatique 1

22-04-2000

Depuis hier, notre fils applaudit.

Il pèse 10 kilos pour 77 centimètres.

Il se met debout, et marche à quatre pattes.

Il dit sans cesse « ahteu ».

Il va avoir onze mois mais ne marche pas encore.

Samuel.

26-04-2000

J'écris. Depuis le jour de mon anniversaire, j'écris une nouvelle pièce de théâtre, celle que j'ai dans la tête depuis près d'un an. Elle sort comme une évidence pour l'instant, comme une naissance sans douleur, elle me crée beaucoup de joies.

J'espère pouvoir continuer comme ça jusqu'au bout, et peut-être, qui sait, l'écrire rapidement...

Je suis dans une énergie qui se fout de tout sauf du travail en cours. Bizarre.

08-05-2000

Angoulême s'est passé de façon rêvée. On ne pouvait espérer mieux. Le public était au RV avec bonheur et chaleur. Les rires et les larmes. Cette chose sensible et drôle était présente...

Se souvenir de ces personnages qui se révèlent, qui se livrent, pour les pièces suivantes.
Savoir dire à un moment la difficulté de ses sentiments. À quel point on peut être tiraillé.
Quant à Samuel, c'est une merveille, une joie inattendue, sans fin, craquante... Il fait tomber tout le monde à coups de sourires et de charabia. C'est une tendresse.

Quelques jours plus tard, l'homme slave me demanda de retenir ma soirée. Nous étions début mai, et il voulait se rattraper, fêter mon anniversaire. Il avait réservé au Moulin d'Orgeval, un endroit qu'on appréciait pour son cadre et sa qualité culinaire. Un restaurant de luxe. Il précisa qu'il fallait que j'arrive assez tôt à la maison car le service était à 8 heures.

J'avais repris mes ateliers au Studio des variétés, et c'est de là-bas que je revins en hâte.

Quand j'arrivai à la maison, mon compagnon était déjà là. Nous avions demandé à la nounou de garder notre enfant pour la nuit, exceptionnellement, afin que nous puissions rentrer tard.

Je dis au Russe combien j'étais heureuse à la perspective de ce dîner, même si je lui avouai un certain épuisement. En guise de réponse, il murmura : « Il faut que je te parle. Assieds-toi. »

J'ai dû lui faire répéter, comme dans les comédies trop vite troussées : il faut vraiment que je m'assoie ?

Oui, il le fallait.

Est-ce que j'ai tout envisagé ? Un cancer ? Sans doute. Une bonne nouvelle ? Peut-être. Une infidélité ? Non. Je ne sais pas. Je ne me souviens pas du tout. Je me souviens que je me suis assise, et qu'il était assis lui aussi, en face de moi, et qu'il paraissait accablé.

Il lança : « Je voulais te le dire pour ne pas te mentir davantage, et surtout pas le soir de ton anniversaire : j'ai rencontré quelqu'un. Une amourette. Je voulais que tu le saches, et pas que tu le découvres. Ça fait un mois. »

Je ne me souviens pas. Non, je ne me souviens de rien exactement de ma réaction. Je suis sûre du mot « amourette », car c'est celui que nous allions employer longtemps pour parler de son affaire ; moi surtout, je m'en suis beaucoup moquée, dans mes moments enragés, de son « amourette ». Je ne me souviens pas, mais je sais que j'ai senti que c'était grave. Que c'était grave pour moi. Il avait beau me dire que non, qu'il m'aimait, que ça ne remettait rien en cause, qu'il voulait juste que je le sache pour ne pas me trahir, parce qu'il ne voulait pas me trahir, chaque mot me crucifiait.

Je n'avais aucun socle.

Aucune aptitude à vivre ça.

Aucun conseil ne m'avait jamais été donné pour cette situation.

Mes lectures les plus raffinées, les centaines de films romanesques que j'avais engloutis depuis mon adolescence, les crises familiales et conjugales de mes parents, mon écoute empathique et patiente des récits amoureux de mes amis, rien ne me servait, rien ne m'arrivait au corps à la façon d'un réflexe oublié. J'étais vierge de cette scène d'aveu d'infidélité. Absolument vierge.

Je ne sais pas si j'ai pleuré. Je ne pense pas. Plus tard, oui. Dans la nuit, j'en suis presque sûre. Mais sur le moment, non.

Il me dit : « Allez, n'en faisons pas un drame. Allons dîner et fêter ton anniversaire. Va te préparer. »

Moi, j'étais au radar.

Groggy.

Je me suis bien habillée. Je suis redescendue de notre chambre qui était à l'étage. Je me suis installée dans la voiture à ses côtés. Je crois que je ne parlais pas. Je ne disais rien. Il a dû tenter encore une phrase ou deux pour dédramatiser ; me faire raconter ma journée. Mais je ne pouvais pas.

Je finis par le questionner. Qui était-elle ? D'où venait-elle ? Comment l'avait-il rencontrée ? Quel âge avait-elle ? Il me répondit, de mauvaise grâce. Il la connaissait depuis longtemps mais il l'avait perdue de vue. Elle était plus jeune que moi encore et avait été son étudiante à Nantes (dans une école de communication dans laquelle j'intervenais désormais à sa place deux fois par mois) ; il avait toujours voulu vivre quelque chose avec elle, et elle avec lui, mais elle n'était pas libre à l'époque. Elle était graphiste – ou quelque chose qui avait à voir avec le dessin. « Et maintenant, elle est libre ? » « Non, pas vraiment... » « Alors pourquoi maintenant ? Maintenant que tu as une femme et un enfant, vous vous dites que le moment est venu de vivre ça ? » « Ne dis pas n'importe quoi... » « Maintenant, c'est possible ! Alors qu'avant, ça ne l'était pas ? »

Il me dit que c'était vrai, que je n'avais « pas de chance » [*sic*] parce que n'importe quelle autre femme ne l'aurait pas intéressé mais elle, avec elle, il avait besoin de le vivre. Il fallait qu'il le vive. Il ne pouvait pas faire autrement.

— C'est pas une amourette, alors ? je balançai.

Si. Non. Enfin... si. Une amourette dans le sens où il savait que ça allait s'arrêter. Et une amourette dans le sens où il ne voulait pas me quitter. Il ne s'agissait pas de ça. Il tentait de donner une cohérence à ses propos mais les détails de son auto-affabulation n'étaient pas encore tout à fait au point. C'était un peu inquiétant.

Nous étions sans doute arrivés au restaurant. Notre table était réservée et lorsque je m'attablai, je remarquai un relief sous ma serviette. Le serveur eut d'ailleurs une petite mine complice quand il nous fit prendre place.

Je souris. Une ébauche de sourire. Un genre de sourire qui ne sait plus bien où il habite. Cette serviette inévitablement cachait quelque chose pour moi. Voilà ! Le Russe, dans toute sa splendeur et dans toute son horreur, était passé au restaurant avant pour déposer son cadeau ! Il avait tout organisé ! Il avait consacré du temps à cette soirée. Il avait peaufiné sa mise en scène, réglé les détails, en bon opérateur minutieux.

Je soulevai la serviette.

Il y avait une pochette cartonnée de marque Cartier. Il m'avait déjà offert une montre, et une bague aux trois ors Cartier pour mes trente ans. Il affectionnait particulièrement cette marque, et le luxe, en général. Et moi j'en profitais. Je m'émerveillais de sa générosité, de ce « trop », toujours. Mais je n'ai jamais eu vraiment de fascination pour le luxe, ou les marques. Je préfère un moment généreux, libre, intime, à n'importe quel bijou Cartier ou robe Chanel.

Il bredouilla : « J'espère que ça va te plaire. »

J'ouvris.

Je sortis la boîte rouge de l'emballage blanc. (Quelques commensaux autour me souriaient, témoins, croyaient-ils, de mon bonheur.)

J'ouvris la boîte rouge.

Dans la boîte, il y avait un bracelet en or lourd. Et sur le côté, glissé dans une entaille du molletonné, un petit tournevis.

J'observai l'objet avec un mélange d'admiration et de circonspection. Sa finesse, son originalité – de petites vis étaient fondues dans l'épaisseur de l'or – le dotaient d'un caractère moderne et presque « rock » qui me séduisait. Mais quel était l'usage de ce minuscule tournevis, en or également ?

« C'est pour attacher le bracelet », dit l'homme slave.

Et joignant le geste à la parole, il prit le bijou qu'il porta à mon poignet. Puis, il saisit le petit tournevis et, pour fixer le bracelet, il vissa les accroches. Lentement.

Je le regardais faire, mi-rassérénée, mi-effrayée. À moitié consciente de la dimension symbolique de ce moment. S'il m'offrait un si bel objet, c'était qu'il tenait à moi ! Ou était-ce qu'il achetait sa liberté ? Ou bien me vissait-il à lui pour pouvoir baguenauder à sa guise ?

Dans le fond, tout me mettait en colère. Tout me mettait hors de moi. Rien ne m'apaisait durablement. Ce fut ainsi sans cesse à partir de ce jour-là. Le bracelet rivé à mon bras (dont j'ai appris récemment qu'il s'appelait «love») dut me tranquilliser le temps du plat principal, puis je repartis dans ma tourmente.

L'ombre de cet homme. L'ombre de l'homme slave commençait à tomber sur lui comme une nuit. La petite musique perverse que je ne reconnaissais pas encore balbutiait déjà sa ritournelle.

Il avait convoqué ses démons; ils étaient au garde à vous.

Malgré les jeux érotiques que nous avions partagés ensemble, parfois audacieux, c'est ce jour-là que l'homme slave m'a déflorée. Plus que jamais.

(J'ai lu un jour un monologue, écrit par une amie auteur. Son personnage était une femme qui annonçait à son conjoint qu'elle le quittait. Qu'elle le trompait. Elle lui disait à quel point elle savait que cet aveu allait abîmer à tout jamais la pureté de ses traits. À quel point elle était consciente qu'elle entamait en profondeur sa naïveté. Et que même si cet épisode ne s'inscrivait pas sur les reliefs de son visage sous forme de rides, ou de rictus [hypothèse à laquelle elle ne croyait pas], il serait inscrit dans l'expression elle-même. Rien ne serait plus pareil dans ses yeux. Plus jamais. L'éclat candide qui s'y logeait hier n'y serait plus tout à l'heure. Disparu définitivement. À la lecture de ce monologue, la jubilation du personnage, qui pourtant formulait aussi son propre désespoir, m'a sauté au cœur et j'ai eu un vif relent de souffrance. Le Russe avait dû penser ça. Conscient peut-être de la violence qu'il me faisait subir, et qu'il me regardait subir comme on regarde une femme jouir. Oui, il me semble qu'il a eu un certain plaisir à ça; à être celui qui prend la virginité d'âme.

Un mécanisme s'enclenchait en lui ; un mécanisme qui le conduisait à se mettre soudain à distance de ce qu'il vivait avec moi et me faisait vivre, sans plus aucune empathie vraiment, en spectateur. Un troc s'était opéré. Son aptitude à donner, à comprendre, à s'abandonner, à être acteur spontané, ne pouvait pas s'exercer sur deux objets concomitants. Tout son registre sincère, humain, était réservé à *l'autre*. Il perdait le lien sensible avec moi pour entrer dans un lien formel. Presque intellectuel, stratégique. Son humanité resurgissait parfois en lui sous forme de sursauts douloureux. Des hoquets qui le mettaient dans un état d'étonnement un peu enfantin. La bouche se tordait un peu, coupable, craintive : « Je crois bien que j'ai arraché la queue de la souris... Est-ce que tu m'aimes encore ? »)

Je ne dormis pas. Je ne me blottis pas contre lui. Je n'eus pas envie de lui faire l'amour pour le récupérer. Pas assez désirable pour ça. Je ne le trouvais pas assez désirable non plus. Je me disais que c'était foutu. C'était mort. J'étais un sac. Et lui, malgré ses rides, son crâne dégarni, et sa lassitude, il avait quand même conquis une énième petite. Je l'imaginais, la fille, drôle, jolie, intelligente, mince. Je l'imaginais libre de ses mouvements puisque sans enfant. Je l'imaginais foudroyée par cet amour qu'elle avait toujours rêvé de vivre, comme je l'avais été des années plus tôt.

Je les imaginais tous les deux, avec leurs petits mots doux, leurs phrases. Ce qui m'écœurait le plus nichait dans ces quelques mots qu'il répétait souvent quand je le prévenais du danger de vivre ça pour nous, pour notre couple : « Je ne peux pas faire autrement. »

Ce « Je ne peux pas faire autrement » (de nouveau, « *It's beyond my control* ») était si immature à mes yeux de mère désormais, de femme responsable ; celle, justement, que l'homme slave fuyait à grandes enjambées. Je les imaginais se rengorger de ce « C'est plus fort que nous », et j'en éprouvais une sorte de dégoût, de mépris. Cela n'agissait pas du tout sur moi de façon attractive (plus jeune, j'y aurais cru, je les aurais enviés de pouvoir vibrer ainsi), mais comme un repoussoir.

Je me gaussais de son répétitif : « Elle incarne pour moi le "mythe" du sentiment amoureux » censé me signifier qu'il traquait précisément ce « sentiment amoureux », et qu'elle l'avait réveillé ; (nous, nous avions basculé dans l'« amour »). Lui et son mythe n'étaient pour moi que les acteurs d'une grossière pantalonnade, mais une grossière pantalonnade aux conséquences redoutables sur moi et sur ma vie.

> **Journal informatique 1**
> *11-05-2000*
> *J'ai peur.*
> *Le perdre c'est me perdre pour un bon bout de temps.*
> *Mais tout accepter, c'est me perdre aussi.*

L'homme slave qui allait beaucoup mieux, lui, depuis qu'il m'avait avoué son amourette, tentait de vivre tout cela légèrement. Dans sa goujaterie revenue, il répondait parfois même au téléphone sous mes yeux. Ma rage enflait. Mon impolitesse outrancière aussi. Il me disait de me calmer, quand même, il ne fallait pas que je me mette dans un tel état !

Oui, je reconnaissais sa faculté, dans ces cas-là, à être odieux, irrespectueux, sans égard, de façon presque spectaculaire. Mais cette fois, fi du poulailler, j'étais aux premières loges !

Mon organisme dégainait ses anticorps. Ma défense s'opérait sous forme de «rejet». Un rejet physique et mental que je parvenais mal à nuancer, à mettre à distance, malgré la présence de notre enfant et ma volonté ferme de préserver au maximum le couple de ses parents. Ce rejet était plus fort. Comme s'il avait attendu un événement déclencheur pour s'exprimer ? Je ne sais pas.

Un jour, assez vite, j'évoquai l'hypothèse d'une rupture entre nous. Voilà ! Peut-être fallait-il qu'on se sépare, c'était tout !

Mon compagnon parut profondément blessé. «Tu penses ça ?»

Ben...

Il marqua un temps, comme si je le touchais au cœur. Comme si j'allais trop loin. Comme si je confirmais quelque chose qu'il pressentait, peut-être, de mon désamour. Comme si c'était moi qui le trompais !

Je me justifiai : «Oui, vraiment. Je pense ça, parce que tu me dis que tu ne veux pas cesser de vivre cette histoire, c'est donc qu'elle compte plus que nous. C'est donc qu'il faut qu'on arrête.»

J'avais soupesé cette éventualité dans la journée. Je m'étais étonnée, même, de pouvoir l'envisager. Se quitter, c'était tout perdre, quinze ans d'amour et aussi la sécurité relative que cet homme m'apportait : financière, intellectuelle, professionnelle. Mais je comprenais que je ne resterais jamais avec lui sans amour; je n'étais pas de ces femmes-là. Je me souviens avoir pensé : je préfère tout perdre plutôt que de renoncer à l'intégrité de ma vie affective, à son souffle, à sa décence. Je le découvrais de moi. Je l'avais espéré jusque-là. Comme on espère être courageux, et savoir se jeter à l'eau pour sauver un enfant de la noyade, ou de l'agression. Non, je ne craignais pas de tout recommencer à zéro, s'il le fallait. Alors, en formulant cette possibilité de rupture, je pensais qu'il l'entendrait lui aussi comme une déclaration.

Ce ne fut pas du tout le cas; il fulminait : comment pouvais-je menacer notre couple ainsi pour une « amourette » ? Comment pouvais-je tout remettre en question, tout cet amour entre nous, cette force ? Toute cette tendresse, cette complicité ? COMMENT était-ce possible ?

J'étais ébranlée.

Il ne trichait pas. L'émotion à l'idée de me perdre n'était pas feinte. Mais tout le reste autour me semblait si fumeux ! Comment m'orienter dans ce brouillard !

Je mis du temps à en parler. Comme toujours. Le secret. Dans la joie comme dans la peine.

La première à qui je me confiai, je crois, était notre amie libertine. J'avais besoin de recueillir l'avis de quelqu'un ouvert d'esprit, qui ne lirait pas l'événement à travers la lorgnette morale. Je voulais savoir si elle considérait aussi que j'exagérais ma réaction à cette infidélité. Je connaissais mon inclination à la tragédie depuis mon plus jeune âge et mes émotions me conduisaient peut-être un peu trop loin. Mais, malgré l'immense affection qu'elle portait à mon compagnon, elle me dit, pleine de bon sens : «Non, c'est lui qui déconne, là.»

Et quand je lui dis que je pensais qu'elle, libertine, devait comprendre son désir de varier les partenaires, elle m'assura que ça n'avait rien à voir ! Le libertinage autorise plusieurs partenaires en accord avec son compagnon ou sa compagne. Là, il s'agissait d'une infidélité, une relation d'amour en dehors du couple. Donc, non. Je ne surréagissais pas. C'était normal que je sois blessée. Et lui, il «pétait un câble».

Forte de ce retour, je tentai de rassembler mes esprits. Le Russe était parti travailler deux jours et il m'appelait sans cesse, pris d'un élan mêlé de culpabilité et de dévotion, peut-être dû au fait que j'avais évoqué la rupture. Sans cesse il me disait qu'il m'aimait. Sans cesse il me disait qu'il était malheureux de «ce qu'il nous faisait vivre». Il déclara même, durant ces deux jours, que quand il rentrerait, il ferait exactement ce que je lui demanderais. Il se plierait à ma volonté. Si je voulais qu'il arrête, il arrêterait.

J'avais un enfant avec cet homme. Certes, je n'aimais rien de ce qu'il me montrait de lui en ce moment mais je ne pouvais pas ignorer le don Juan qu'il était, même s'il avait rangé sa panoplie avec moi pendant ces quelques années et qu'il m'avait attachée à un contrat de fidélité très strict, finalement. Et puis je mesurais ce contexte de dépression. N'étais-je pas coupable de ne pas avoir su l'accompagner? Cette pseudo-histoire d'amour avec son «mythe» l'en sortait peut-être, lui redonnait une image de lui valorisante ? Enfin, je m'accrochais au souvenir heureux de nous, si récent. (Le souvenir heureux, cette glu pour amoureux éconduits et têtus, ce piège d'araignée !) Je me vautrais dedans pour y puiser de la force. Des vagues de tendresse et de compréhension m'envahissaient. Il avait peut-être besoin de cette bulle d'air que je ne parvenais plus à incarner. Mon compagnon avait raison dans son délire. C'était peut-être la seule solution pour qu'il se reconstruise. Je me devais d'essayer la patience. Pour nous. Pour lui. Et pour notre enfant.

Quand il rentra je prononçai donc cette chose insensée : « Vis ton histoire. Donnons-nous un délai pour qu'elle s'arrête. »

Il eut un moment de stupeur, puis il fut inondé d'une vague d'amour d'une ferveur ridicule. Nous étions si puérils tous les deux ! Romantiques à deux balles ! Hystériques. (Le romantisme, quelle horreur ! J'ai perdu toute notion romantique de l'amour. L'amour dans sa forme romantique me fait aussi peur que la croyance en Dieu. J'en vois les pentes. Je n'aime l'amour que dans ses couches profondes : sexualité, vibrations durables et renouvelées. Dépendance. J'aime aussi le romanesque et les sentiments. Mais le romantisme, au-delà de quelques roses et de quelques bougies distinguées, quelle horreur !) Il fut bouleversé de ce *cadeau* que je lui faisais. De cette *preuve d'amour* que je lui accordais. Il m'adorait littéralement.

Moi, je n'étais pas si fière. Je me disais que ça pouvait marcher mais sans garanties ! Je lui donnais deux mois, jusqu'à fin juillet, pour faire le tour de son histoire. Il pourrait s'absenter de la maison de temps en temps. Je tenais à ce qu'il voie notre fils et il y tenait aussi, même si, depuis son aveu, il était moins présent, bien sûr, plus déphasé. Au mois d'août, nous prendrions des vacances ensemble, pour nous retrouver.

Après notre discussion, il fit un acte incroyable. Incroyable et si humiliant. Tellement heureux, et soulagé sans doute de ne pas avoir à rompre, il appela presque sous mes yeux sa maîtresse pour lui fixer un rendez-vous ! (Comme un enfant qu'on autorise finalement à aller voir un copain alors qu'on l'a menacé d'interdiction et qui se précipite sur son téléphone pour lui annoncer la nouvelle : « C'est bon, elle est d'accord ! »...)

> **Carnet Clairefontaine rouge**
> *31-05-2000*
> *J'hésite entre l'ultimatum et le délai. Je choisis le délai car j'ai peur de l'ultimatum. Pas assez de confiance en moi.*

Après ce drôle de marché, qui me rendit euphorique deux heures durant, puis plus du tout, je compris lentement que je me préparais à vivre un cauchemar. Où allais-je trouver l'oxygène pour ne pas étouffer pendant ces deux mois ? Mon fils, certes, me procurait des joies intenses ; il me faisait rire, il avait un charme immédiat et câlin. Il avait du caractère. Il fallait être là pour lui, et ça me plaisait. Tout me plaisait quand j'étais avec lui. Je n'oubliais pas tout, mais cet amour puissant me faisait changer d'axe, d'horizon. Un autre monde s'ouvrait. Quand il n'était pas là, en revanche, quand il dormait, ou qu'il était chez la nounou et que j'étais censée travailler sur mes scénarios, l'air redevenait irrespirable. L'angoisse m'assaillait. Je me flagellais allègrement en pensée et me tricotais en quelques secondes une image d'impeccable paillasson.

Il m'apparut donc assez vite que la première urgence pour moi était d'être désirée à nouveau. Il fallait que je cesse de me voir par ce prisme si réducteur de la mère et de l'épouse bafouée. J'étais attaquée au corps. Pourtant mon compagnon, dans son chaos, eut la délicatesse de ne jamais rien prononcer de désobligeant sur le désir que je lui inspirais et je l'en remercie post mortem. Cela aurait pu m'atteindre beaucoup plus en profondeur. Je n'aurais, par exemple, peut-être pas eu la force, la confiance, d'oser ce que j'ai osé :

— Allô ?

— Ça ! Une revenante.

J'avais tourné autour du téléphone, j'avais hésité longuement, et j'avais fini par composer le numéro de l'ami-amant, celui d'avant mon histoire sérieuse avec l'homme slave, dont je m'étais éloignée, et pour lequel j'avais gardé beaucoup de tendresse et de désir.

— Oui.

— Ça me fait plaisir de t'entendre.

— Oui.

— Ça va ?

— Ben... pas trop, non.

— Pourquoi ?

— ... Il y a de l'eau dans le gaz. Il... il me trompe.

— ... Ça te surprend ?

L'ami-amant connaissait un peu l'homme slave et ses conquêtes.

— ... Oui. Il ne m'avait pas trompée jusque-là, je crois. Il avait réussi à ne pas me tromper.

— C'est ce qui se disait...

— Oui, mais là, je suis cocue !

— Ah, oui... Dit comme ça... C'est sûr, c'est... Quoique... Enfin ! Qu'est-ce que... qu'est-ce que je peux faire pour toi ?

— Je... J'ai envie qu'on se voie mais... pour faire l'amour. J'ai besoin de faire l'amour.

Je n'ai jamais craint vraiment le ridicule. Je préfère le ridicule au rien. Au vide. Au cœur rongé.

— ...

— Allô ?

— Oui oui oui... Ben... C'est direct au moins.

— Oui. Tu peux dire non. Ça ne me vexera pas.

— Non non ! Ça va. Oui. Avec plaisir. Voyons-nous. Ça me plaît beaucoup, au contraire...

Les anges. Quelque part, des anges pour obtenir ce « oui »-là. Quelque part, des perles de perlimpinpin pour ne pas être envoyée sur les roses par l'ami sans nouvelle et pourtant là. Puisqu'il peut, là. Est-ce de l'amitié ? Est-ce de la bien-vivance ? Quel précieux « oui », n'est-ce pas ? Quelle chance ! Le désir est un territoire si fragile, si mouvant. Il faut de la rondeur, et de la douceur pour dire qu'on désire, qu'on ne désire pas, qu'on ne désire plus. Il faut du creux et de l'espace vide. De la ruse et de la bonté. Et quand le désir est sûr, alors du cru, oui, du cœur, aussi, de l'opaque et du jeu.

On a pris rendez-vous pour un après-midi et j'ai raccroché.

J'ai éclaté de rire. J'étais heureuse. Un peu mal à l'aise, mais tellement heureuse ! Cet homme-là était beau, intelligent, plus jeune que l'autre antiquité, là, qui se la pétait depuis qu'il avait inscrit une gamine de plus à son tableau de chasse ! Cet homme-là était d'accord tout de suite pour partager un moment avec moi ; pour me sauver la vie en quelque sorte.

Je n'étais peut-être pas si nulle... En fait.

Je vis donc le bel ami sans le dire à mon compagnon. Peut-être ai-je eu tort ? J'y pense souvent. Les adeptes de la stratégie m'auraient probablement encouragée à révéler cette infidélité pour réveiller sa jalousie, son intérêt pour moi ? D'autant que cet ami-amant était précisément celui dont il était très jaloux autrefois et ça l'aurait peut-être secoué de voir qu'un si bel homme m'ouvrait si simplement ses bras, et ce, malgré mes traits tirés de femme post partum. Mais j'avais à la fois trop d'orgueil, et trop de loyauté pour le faire. Je voulais que l'homme slave revienne « pour moi », et pas parce qu'un concurrent me regardait ; et je ne souhaitais pas utiliser cet ami. Je l'estimais trop et je présupposais, j'avais raison je crois, qu'il n'aurait pas apprécié d'être ainsi manipulé. Il m'arrive cependant de me demander si ces critères moraux ne sont pas juste l'expression d'une motivation insuffisante pour reconquérir mon compagnon ? Ou tout du moins, pour le reconquérir « à tout prix ». Au prix même de marcher sur mon orgueil et mes valeurs.

J'ai toujours préféré les émotions naturelles, « bio », ai-je envie d'écrire, plutôt que les émotions modifiées par des stratégies, des manipulations délicates, parfois plus intenses sur le moment mais à la saveur pervertie ; c'est peut-être pour cela d'ailleurs que cet homme m'a finalement cédé sa part la plus intime, la plus abandonnée, et a eu tant de mal à rompre avec moi ? Il savait que j'avançais à découvert, toujours, ou presque. À mes dépens. Il avait eu le temps de le constater ! Cette phrase retrouvée dans mon carnet le jour de l'aéroport (« Tu fais resurgir des choses en moi, des choses très enfouies... ») me donne parfois à penser que ces « choses très enfouies » ont à voir avec ça. L'émotion intacte. Des deux côtés.

Je tins donc le coup de ces deux mois grâce à ces quelques rendez-vous volés lors d'après-midi polissons, grâce à notre fils, toujours, ma lumière, grâce à Internet et des sites de discussions autour de l'infidélité – car je n'aime rien plus que de partager anonymement une expérience et d'écouter les avis des uns et des autres –, et grâce enfin à deux ou trois amis, rares, à qui j'avouai la crise que je traversais.

L'addition de tout cela me mena, brinquebalante mais debout, à la fin juillet. Date limite de mon « délai ».

Carnet Clairefontaine rouge
5-08-2000
Compte rendu
Francis me promet qu'il peut avoir fini cette histoire fin juillet. Début du cauchemar. À partir du moment où je lui ai laissé ce délai, Francis appelle ouvertement de la maison, puis du chalet, mes remarques n'y changent rien. Pourtant, régulièrement, je l'interroge sur le délai et régulièrement, il me dit qu'il respectera sa parole.

Le 30 ou le 31, je retrouvai mon compagnon à la maison la peur au ventre, car il ne m'échappait pas qu'il ne m'avait donné jusque-là aucun signe rassurant, je lui demandai s'il avait réfléchi à l'endroit où nous pourrions nous réfugier ensemble quelques jours en août, comme nous l'avions prévu, pour la fin de son histoire. Il me répondit :

— Ma chérie...

— Quoi ?

— Ma chérie, je ne suis pas prêt. Je n'ai pas eu le temps. J'avais trop de travail. Je n'ai pas fini de vivre ce que j'ai à vivre. Il me faut encore du temps. Je ne sais pas combien. Ce n'est pas possible. Je ne peux pas arrêter cette relation. Il faut attendre encore.

Je l'ai tué. J'ai pris un couteau qui traînait sur la table et je l'ai tué. J'ai découpé ensuite ses membres un à un et je les ai mis dans du formol. Quand ils furent bien imbibés, je les ai sortis de leur bocal et j'ai recomposé le cadavre. Je l'ai assis à notre table et je lui ai dit : « Je n'ai pas bien entendu ta réponse... On part où pour les vacances ? »

Bon. Soit.

J'ai voulu le tuer. Il y avait un couteau qui traînait sur la table. J'ai regardé le couteau. Le Russe l'a regardé aussi. J'ai vu qu'il avait peur. Il devait se souvenir de la fille qui avait mis le feu chez lui. Il avait déjà dû en croiser des yeux assassins comme ça. Il flippait.

Moi, j'hésitais. Entre hurler et pleurer et exterminer. J'entrevoyais la possibilité de le faire. Le meurtre passionnel. Je me demande même, en écrivant, là, si je n'ai pas carrément pensé aux conséquences, être séparée de mon fils, la prison... Oui, c'est passé dans mon esprit, tel un insecte furtif et bourdonnant.

J'ai choisi de hurler. Je ne sais pas quoi. Ce qui se hurle dans ces cas-là. Je n'ai pas essayé de faire original. Non, je ressentais même une certaine jubilation à hurler comme il était normal de faire. Hurler sans se soucier de notre enfant qui jouait dans le parc du salon au-dessus. Hurler sans se soucier de la réponse de l'autre. Hurler jusqu'à susciter la frayeur dans ses yeux. Atteindre le moment où il se dit que, peut-être, il est allé trop loin. Que, peut-être, le drame va avoir lieu. Sa jubilation contre la mienne. J'étais hors de moi, au sens littéral du terme. Je me regardais hurler. Je ne me reconnaissais pas. Il m'avait déplacée de moi. Cette violence était insoutenable.

Pour arrêter de hurler je n'ai rien pu faire d'autre que de m'emparer des clés de ma voiture, de mon sac, et partir. L'homme slave m'a crié de revenir, puis de prendre notre fils avec moi au moins, mais je n'ai même pas répondu. C'était son enfant aussi !

Et moi je ne pouvais plus assurer.

J'ai coupé mon portable.

J'ai roulé. J'ai roulé comme une malade.

Vers la mer.

La mer quelque part, pas si loin, en Normandie. La mer qui allait me dérouler sa silhouette nocturne. La mer indifférente au Russe et à sa médiocrité retrouvée, et à nos déchirements.

J'ai roulé en pleurant.

J'ai beaucoup roulé en pleurant à partir de ce jour-là. Et ce, pendant longtemps.

Je roulais et je me disais : « C'est un suicide. » Pas moi. Lui. Je me disais que là, c'était sûr, il foutait tout en l'air, tout qui était notre bonheur, et je me disais que oui, c'était un suicide.

Je me souviens avoir pensé : « Il a pas intérêt à crever. » S'il fout tout en l'air comme ça, il a intérêt à aller bien. Pour notre enfant. Il a pas intérêt à crever.

J'ai roulé et je suis arrivée à la mer. J'ai marché sur la plage dans la nuit. Parmi d'autres marcheurs. Plutôt des amoureux ou des familles. Rien à battre.

Rideau de larmes, de toute façon.

J'avais peut-être mis mes lunettes de soleil, comme je l'avais fait des années plus tôt quand j'avais surpris l'homme slave avec son assistante.

Oui, j'ai dû marcher sur la plage, la nuit, avec mes lunettes de soleil. Pour calmer le fracas en moi, au moins un peu.

Sur le coup de 1 heure du matin, je suis entrée dans le casino de la ville.

Le bruit de l'argent dans les machines à sous et l'odeur de la cigarette me sécurisaient, rumeurs d'un monde nocturne écorché, comme moi. Je suis allée aux tables d'abord. Puis aux machines.

Une fois aux machines, abrutie, j'ai rallumé mon portable. L'homme slave avait appelé vingt fois. Il n'avait pas cessé d'appeler. Il me demandait de rentrer. De ne pas faire de bêtises. Il fallait que je m'occupe de notre enfant.

J'ai coupé le portable.

Il pouvait aller se faire foutre.

Et il savait s'en occuper de notre enfant, lui. Il pouvait bien pour une fois. Le connard.

J'ai joué encore. J'ai perdu. J'ai gagné. J'ai reperdu.

Lasse, je suis ressortie.

J'ai erré.

J'ai zoné.

Je ne savais pas quoi faire.

Je n'avais pas envie de rentrer.

Je n'avais pas envie de l'appeler non plus. Surtout pas. Dégoût.

J'ai repris ma voiture.

J'ai roulé.

J'ai vu un hôtel.

Formule 1. Ou équivalent.

C'était bien.

Béton hygiénique.

Murs laiteux.

Lumière halogène.

C'était ça que je voulais.

L'absolue neutralité.

Le genre d'hôtel où il n'y a pas d'accueil.

On prend sa chambre avec une carte.

L'horreur.

Je voulais ça.

Je suis montée dans une chambre si piteuse. Si piteuse cette chambre. Avec une télé comme j'espérais. Une télé nulle à regarder. Un minuscule écran ridicule avec une télécommande à deux balles. Je savais que je n'allais pas réussir à dormir. Je savais qu'il fallait que je me saoule de vacuité. Qu'il n'y avait que ça pour me tenir.

La question qui m'obsédait était : « Je le quitte ? Je le quitte ou pas ? »

Est-ce que je prenais cette décision qu'il ne prenait

pas et dont je savais qu'en la prononçant, elle risquerait d'être irrévocable ? Est-ce que je bazardais tout, moi aussi, avec lui ? On s'y met à deux pour casser le château ou je continue de reconstruire derrière avec mes petites mains ensablées ? Mes neurones n'avaient aucune ressource, ça pédalait dans la semoule. Démunie, j'étais. Comment dire ? Innocente. Incompétente. Comme un autiste face aux codes de politesse. Déroutée.

Alors j'ai fait ça.

J'ai pris mon portable (qui affichait de nouveau dix appels en absence de l'homme slave) et j'ai téléphoné à SOS Amitié.

Ça m'a plu, cette idée. Ça oui, c'était bien. Ça rendait ma virée plus drôle. Appeler SOS Amitié, oui, ça avait de la gueule !

> Mot du matin de Francis. Période heureuse
> *« Tu es dans mes pensées tendres et folles. Je suis tout avec toi, près de toi, dans toi. Je t'aime fort fort fort. Lui. PS : N'oublie pas les oiseaux. »*
>
> Autre
> *« Tu penses au boucher ? Et à des os pour les chiens... Je n'aime pas sans toi si longtemps. Il t'aime. Il te veut. Il t'aura. Ton H. »*

À 4 heures du matin, ils mettent du temps à répondre, SOS Amitié. Mais peu m'importait, j'avais tout mon temps. J'ai réessayé plein de fois et ils ont fini par me répondre. Une femme. Elle m'a dit : « Je vous écoute. »

J'ai raconté.

J'ai raconté mon départ brutal tout à l'heure, après les hurlements. Les raisons de tout ça. Mon incapacité à prendre une décision. Mes errements. Mon égarement misérable. La femme écoutait. Une belle voix empathique. Juste ça.

Je ne me souviens plus bien de ce qu'elle m'a dit. Je me souviens qu'à plusieurs moments j'ai pensé qu'elle ne réfléchissait pas comme moi. Qu'elle était classique dans son approche. Qu'elle ne devait pas comprendre mes raisonnements bizarres. Mais ce n'était pas grave. Je voulais surtout combler ce temps qui m'était insupportable autrement. Ce temps dont je ne savais que faire. Alors je lui parlais et je la faisais parler. Elle a fini par affirmer plusieurs fois : « N'abandonnez pas le domicile conjugal. » Ça paraissait très important pour elle, que je rentre. D'un point de vue juridique. « Le domicile conjugal. » Elle insistait. C'était très grave d'abandonner le « domicile conjugal ». Ça pouvait se retourner contre moi. Étrange. Elle renvoyait mes larmes et ma détresse à ces mots vides, inactifs en moi, eunuques. Elle me rappelait sans le savoir que je circulais sur une voie parallèle, sans accès à la signalisation entendue par tous. « Domicile conjugal » me sautait à la figure ; moi qui avais tant tardé à vouloir regarder ma singularité en face. Ma différence. Je vivais avec un homme de vingt-cinq ans plus âgé que moi ? Et alors ? C'était juste parce que j'étais amoureuse, *comme tout le monde* ! C'était un don Juan ? Et alors ? Est-ce qu'on décide de qui on aime ? On n'était pas mariés ? C'est très fréquent de ne pas être mariés ! On avait un enfant malgré la différence d'âge ? Puisqu'on s'aimait... J'écrivais ? Tout le monde écrit à sa façon ! Pas forcément avec des mots...

Me fondre. Me faufiler dans la foule, incognito ; c'était tout mon art.

Donc, *comme tout le monde*, je m'en balançais du domicile conjugal et des conséquences juridiques. Et le Russe aussi, il ne jouerait jamais avec ça. Je le savais. Mais je finis par me rendre à son avis. J'allais rejoindre le « domicile conjugal ». Je verrais bien ensuite.

J'ai pris une douche et je suis partie.

Quand je suis arrivée à la maison vers 6 heures du matin, notre enfant dormait mais aussi le Russe, lourdement assoupi. Il ne m'a pas entendue rentrer.

Je me suis allongée sur le canapé en bas. J'ai attendu.

Au réveil, quand il m'a vue, il a d'abord paru soulagé, puis il a raillé : « Dire que je me suis même pas réveillé ! »

Cette phrase m'a trucidée. Elle était dans la gamme négligée de « Ben mince, si je me mets à oublier ton anniversaire... » Je revenais de l'enfer, pensai-je, d'une nuit où j'aurais pu me foutre en l'air, ne pas réapparaître avant dix jours, me perdre, me noyer, et lui, dont l'inquiétude ne m'avait pas échappé, concluait juste : « Dire que je ne me suis même pas réveillé. »

En trente secondes, il me mettait à terre. Il connaissait tout de moi, ma sensibilité aux mots, au ton, les sujets qui me heurtaient. Il n'allait plus manquer une occasion de m'atteindre. Et il avait toujours un air déconcerté quand j'avais la faiblesse d'avouer qu'il touchait sa cible, qu'il me blessait. Dès que j'allais bien ou un peu mieux, il me blessait. De façon anodine. Par allusions. Toutes choses qu'il ne faisait pas avant. C'est donc que « ça » se contrôle ? « Ça » se déclenche en soi. Pourquoi ? Pourquoi l'activait-il, « ça » ? Pour continuer de voir la douleur dans mes yeux ? Pour vérifier qu'il avait toujours de l'impact sur moi ? Qu'il ne me perdait pas ?

Ou bien, je payais.

Je payais quelque chose. Mais quoi ?

Peut-être cette histoire de dépression que je n'avais pas vue ? Peut-être de m'être éloignée du regard épris et inconditionnel que j'avais sur lui. Peut-être de l'avoir moins désiré, ou de m'être montrée moins désirable. Peut-être de décevoir, comme les autres femmes, son idéal d'amour ? Une fois de plus, et malgré tout ce qu'on s'était donné durant ces années, l'amour explosif de cet homme ne résistait pas au temps. Le temps sortait vainqueur et j'incarnais cette défaite.

Je payais en tout cas, c'est sûr. Je n'allais pas cesser de payer, finalement. Nous étions arrivés à un moment où celui qui me donnait tout ne voulait plus rien me donner. C'était ainsi. Dès qu'il sentait un sursaut chez moi, il veillait à l'anéantir. Sans doute y avait-il encore de l'amour derrière tout cela, et je le percevais. Mais il fallait que ma joie disparaisse pour qu'il ne soit tenté en rien de revenir vers moi. Pour que je n'essaie plus rien. Que je capitule. N'était-ce pas ce qu'il avait fait lors de notre première histoire, et qu'il réitérait de façon décuplée, comme son amour l'avait été ?

Je lui ai dit calmement, le plus calmement possible, que j'allais partir avec notre enfant prendre du repos. On verrait bien en septembre ce qui se passerait.

Il a dit d'accord.
Et j'ai fui en hâte cette maison.

Carnet Clairefontaine rouge
5-08-2000
Compte rendu
Il pleure pour la première fois. Il me dit qu'il ne peut pas renoncer au sentiment amoureux. *Il doit aller au bout! Mais il redit qu'il ne veut pas construire avec elle, ni elle avec lui.*
Je lui dis de quitter la maison. Il le fait presque content : « C'est une bonne idée! » Il me laisse donc seule avec Samuel et les chiens. Je décide de partir à Marmande voir B et A. Francis continue de jurer à B. qu'il « tend vers moi ». Que ce ne sera plus long maintenant.

Je suis partie. D'abord à Port-Vendres, où ma mère, ignorant ma situation, m'avait accompagnée chaleureusement, puis à Marmande, chez mes amis, qui étaient au courant, eux.

Pour supporter, je tentais l'évitement; regarder ailleurs; et ailleurs, c'était notre enfant.

Journal informatique 1
3-08-2000
Notre fils ne marche toujours pas, mais il n'est pas loin du tout. Il dit « Ateu » sans arrêt, « Tè » pour tiens, et donne (depuis au moins deux mois), il comprend tout, a douze dents, il baragouine des tas de choses, essaie de répéter ce qu'on dit, il dit « pa-pa » quand on lui demande de dire maman, et dit « papa » aussi quand on lui demande de dire papa...

C'est à Port-Vendres que notre enfant fit ses premiers pas. C'était un roc rieur et explorateur. Sac de joie. Très visiblement, il ne voulait pas se laisser envahir par la tristesse de ses parents devenus hystériques. Il avait des trucs beaucoup plus importants à expérimenter, lui ! Et moi, je le soutenais dans son projet d'asticot ! D'accord ! Luttons ! Ne soyons pas les victimes torturées du *break down* de son papa. S'il voulait plonger, l'autre, ce serait sans nous. Ou au moins, sans son fils. Marche, marche, mon enfant ! Cours. Cogne-toi. Relève-toi ! Ris. Rigole. Parle ! Vas-y ! Lance-toi ! Il tentait plein de mots que je décodais et que je mettais sur un cahier. Je profitais de lui, de ses découvertes, de ses audaces prometteuses d'une vie pleine. Je crois n'avoir jamais raté, même à cette époque-là, si noueuse, les étapes marquantes de l'évolution de ce petit humain. Je souffrais en revanche de voir l'homme que j'aimais en manquer quelques-unes au profit d'émois qu'il avait déjà vécus mille fois, et dont je ne croyais pas une seconde qu'ils fussent si différents cette fois-ci.

Il m'appelait néanmoins tous les jours pour prendre de ses nouvelles, et des miennes. Tous les jours il me répétait qu'il m'aimait. Qu'il fallait que je tienne bon. Il le redit à notre amie libertine : « J'ai peur qu'elle craque. Elle est tellement entière. » Et quand elle lui répondait : « Ben rentre, alors... », il objectait qu'il ne « pouvait pas faire autrement ».

Vers la mi-août, il nous rejoignit trois jours. Je ne sais plus pourquoi. Peut-être l'avais-je exigé ? Ou bien était-ce notre amie qui l'avait obtenu de lui ? Je me souviens de la marche de notre fils, quand il l'a vu arriver, rieuse et bancale, les bras ouverts vers le Slave épaté, ému : « Il marche le Croumoudouk... Ben ça... Il est trop fort... » Et il me regarde et tente : « La maman doit être fière... » (« *Fuck you* », a pensé « la maman » ; mais elle ne l'a pas dit.)

Durant ces trois jours, il essaya de faire bonne figure, mais lui qui savait tellement « être là » ne parvenait pas à être vraiment avec nous. Il ne paraissait pas non plus désireux de partir. Il piétinait dans cet espace d'hésitation, de transe, en haut de la pente connue pour être dangereuse mais qu'on brûle de descendre quand même, quitte à provoquer l'avalanche. Moi, j'étais dans l'ensemble très au premier degré de mes émotions et de ma perception des choses ; je ne voulais d'ailleurs pas qu'il en soit autrement. Par réflexe, je choisissais d'appauvrir ma représentation de lui, lui refusant toute poésie, ou tout « roman ». Je me vengeais en le ramenant systématiquement au prosaïque de mon regard. Je ne voulais plus lui donner *ça*. Alors, je lui renvoyais l'image d'un type, qui, comme beaucoup de types, quittait sa femme à l'arrivée d'un enfant en s'abritant derrière un scénario romantique de troisième zone pour pouvoir faire passer la pilule.

Le reste, ma perception allégorique et sensible, il ne la méritait plus.

Carnet 10 000 Jeunes
29-08-2000

	Avantages	*Inconvénients*
Se séparer.	*Bien si trop de souffrance.* *Bien si une vraie attirance ailleurs.*	*Samuel (son papa en alternance).* *Le discours à l'extérieur.* *La gestion du quotidien.*
Rester séparé le temps que son histoire se vive (et moi si jamais...).	*Pas de souffrance de le voir vivre près de moi ces trucs.* *Pas de risque d'amertume.*	*idem.*
Rester ensemble, côte à côte.	*Pratique.* *Samuel.* *Proximité.*	*Proximité.* *Danger surtout pour moi de l'amertume.* *C'est infiniment triste.*

Journal informatique 1
9-09-2000
J'ai envie de lui demander : « Qu'est-ce que tu fais concrètement pour aller dans notre sens ? » « Qu'est-ce que tu vois pour nous deux demain ? »
J'ai envie de lui dire : « Disons-nous la vérité. » « Qu'est-ce que tu éprouves ? » « Qu'est-ce que tu veux préserver de nous puisqu'on ne partage plus rien ? » « À quoi tu tiens de nous puisque tu peux te passer de tout ? »
[...]
J'ai posé ces questions à Francis, qui semblait un peu confus, un peu excédé... Il m'a répondu qu'il arrive à vivre sans nous, parce que, dit-il, il doit aller au bout, mais cette situation ne lui convient pas. Notre amour,

> *plus tard, il le voit complet, entier, total. Quand je lui rappelle qu'il m'avait parlé de le laisser vivre ses flambées* [effectivement, il parlait de « flambées » dans cette période-là pour évoquer ce qu'il vivait]. *Il me dit que non, ce n'est plus ce qu'il souhaite, il avait dit ça pour essayer de nous préserver.*
>
> *13-09-2000*
> *Haut bas haut bas montagnes russes et vie intense. Agréable avec M.* [l'ami-amant].

Je rentrai à Paris vers la fin août. L'homme slave ne dormait plus chez nous, mais la plupart du temps, rue du Château, où « la maîtresse » avait élu domicile provisoirement. (L'assistante y logeait pourtant ! Je n'ai jamais su comment ils s'étaient organisés.) Puisqu'il me demandait d'attendre encore avant de rompre et de prononcer la séparation, je lui dis que, dans ce cas, il fallait qu'il me propose quelque chose qui m'aide à attendre. Un signe tangible. Il s'engagea alors à être là la moitié de la semaine. Trois ou quatre jours et nuits, il serait avec nous. Il s'occupera de notre enfant. Il sera présent.

J'ai accepté.

Pour évoquer cet accord, on s'était retrouvés porte Maillot. Dans la même brasserie que quelques années plus tôt. La brasserie du Palais des Congrès. Celle des costards-cravate à haute responsabilité. On détonnait un peu.

Je l'attendais à l'intérieur.

Quand je l'ai vu arriver sur sa moto, je me suis levée. Il m'a aperçue. Il m'a souri. Il est entré et s'est approché pour m'embrasser.

Mot du matin, période heureuse
« Mon cœur d'amour, bonjour, bonne journée, je t'appelle.
Je t'aime immense.
Immense.
Ton H. »

Et là, il s'est mis à pleurer. À sangloter. Moi aussi, du coup, j'ai pleuré. C'était pas beau à voir. Passer de cette joie qui avait été la nôtre des mois et des mois durant, cette complicité si singulière, à ces larmes grossières, relevait du gâchis magistral. Je me disais qu'on allait s'en sortir. Que ce n'était pas possible de renoncer à nos rigolades, à nos ébats, à notre enfant.

Lui aussi il jurait qu'on allait s'en sortir. Il reformula d'ailleurs notre nouveau contrat, sparadrap humide posé sur une plaie trop profonde et qu'on tente obstinément de cautériser.

Carnet 10 000 Jeunes
18-09-2000
Je pleure. Je perds. Tout sans doute... Il m'arrive de me dire que Francis est de ces hommes qui donnent un amour immense mais pas longtemps. Il m'arrive de me dire que mon rêve de jeune femme était de partager des choses fortes avec lui, d'avoir un enfant avec lui (le bout du rêve), puis d'aller vivre ma vie. Et que c'est peut-être ce qui peut nous arriver de mieux. À moi en tant que femme, même si pas forcément à lui, ni surtout, à Samuel.
Il m'arrive, donc, de commencer à positiver cette possible rupture.

19-09-2000
Francis, s'il te plaît : Pas de « Ça va ? » trois fois par

jour. Pas de : « Le travail, c'est important » ; pas de mots. Du silence et de la présence. Pas de « Merci pour tout ce que tu fais pour notre amour ».

J'étais écrasée malgré son accord. Il fallait attendre encore, partager encore. Quelle idiotie ! Je pris rendez-vous chez un généraliste ordinaire à côté de chez moi qui, devant ma détresse, me prescrivit des antidépresseurs. Je les pris et découvris avec soulagement leur effet. Ils renforçaient ma patience et me redonnaient un peu d'humour. C'était déjà ça.

Je commençais à en parler. Très peu, mais un peu quand même. Ma famille était épargnée, comme toujours, mais quelques amis apprenaient peu à peu. Je me comparais souvent à un magnétoscope ou à une télévision. Je leur disais que depuis que je le connaissais, l'homme slave s'était toujours débarrassé de ces appareils dès qu'ils avaient la moindre anomalie, pour se hâter de se procurer le modèle le plus récent, et sans chercher jamais à réparer. Je me sentais comme la vieille télé qu'on mettait à la cave, et qui pourtant une fois révisée aurait marché encore longtemps, et même avec une qualité bien supérieure aux derniers modèles tout en esbroufe !

Je détestais les conseils du genre : « Essaie de le reconquérir », qui me paralysaient car je n'ai jamais ressenti l'amour comme une histoire de conquête ou de rivalité. Ou bien : « Tourne la page, tu es jeune, c'est peut-être une chance. » Comment tourner la page d'un homme qui avait été mon obsession depuis mes dix-sept ans ?

Difficile, donc, de trouver des éclaireurs pour déblayer mon fourbi. Je pressentais aussi qu'écouter l'avis d'un homme me serait précieux. Mais lequel? J'appelai, au culot, un ami médecin que j'avais rencontré avec le Slave. Il était plus jeune que lui mais plus âgé que moi. Au milieu. Je savais qu'il était marié mais très libre dans sa façon de vivre son couple, et très intelligent. Je gageais qu'il aurait un point de vue différent de ceux que j'entendais jusque-là.

Il me reçut à l'hôpital dans lequel il consultait parfois et me consacra une demi-heure, autour d'un café, dans une salle de détente. Je lui expliquai ce qui se passait, ma peine, mon impuissance, la cruauté soudaine de mon compagnon, son aplomb, son désintérêt pour tout ce qu'on avait construit. Tout. Mon sentiment d'humiliation si profond.

Il m'écoutait.

Il finit par me dire :

— Je vois ta peine ! C'est le bordel là-dedans... Tu te sens remise en question profondément. Je ne connais pas vos griefs et vos ardoises mais une chose est sûre : ce n'est pas toi qui es en cause. Sois-en persuadée. Ce n'est pas avec toi qu'il est en train de régler ses comptes.

— Avec qui alors ?

— Il règle ses comptes avec la mort.

— ... Il est pas malade. Il m'a même plutôt l'air d'être en très bonne santé. C'est pas moi qui en profite, mais bon...

Ce n'était pas une question de maladie. C'était une question de survie. L'homme slave avait été déconsidéré ces derniers mois, comme si on l'envoyait au tombeau, et il était juste en train de signifier à la mort qu'elle n'avait pas encore gagné. Il était en plein corps à corps avec elle. L'autre fille non plus ne comptait pas. Elle n'avait sûrement aucun autre intérêt que d'être jeune et non encore consommée. Seul comptait, selon lui, l'affrontement de cet homme vieillissant avec la faucheuse. Il ne fallait pas que je me vexe, mais moi et elle n'étions que des données secondaires du problème. C'est ça qui se jouait pour lui. Et c'est pour cela que je n'avais aucune prise sur rien. C'est pour cela que ça me rendait folle. En ce sens, j'avais raison quand je disais intuitivement que je ne sentais pas l'amour dans leur histoire, mais la comédie de l'amour.

Il me dit : « Vis ta vie, toi aussi. Avance. Toi aussi tu auras un jour un âge où tu lanceras régulièrement des défis à la mort. Peut-être. Alors vis pour ne pas regretter. En attendant, il est le seul à pouvoir quelque chose pour lui. Et pour vous peut-être. Mais ça tu n'en sais rien. »

J'ai ramené ces paroles à la maison. Je les ai laissées tourner dans ma tête pour les comprendre. Pour les créditer aussi, il me fallait du temps.

Elles ont contribué, peu à peu, et régulièrement, à me donner la force.

Il m'en faudrait.

Mot du matin, période heureuse

« Ma petite Croumoune d'amour, tu vas bien assurer comme toujours. Je suis tout près de toi. Ton H qui t'aime. »

La tristesse que je trimballais avec moi dans cette maison était si dense, si persistante, qu'elle imprégnait les murs, amiante aux effluves toxiques ; un poison avait imbibé notre amour et se répandait, invisible. Ma chambre suintait (je me souviens d'une trace d'humidité au plafond que je fixais le soir avant de m'endormir, persuadée de la voir chaque jour s'étaler un peu plus), les meubles, les accessoires suintaient, vénéneux et hostiles. Plus le temps passait, plus ma situation stagnait, plus l'air était vicié, nocif : mon travail partait à vau-l'eau, je le bâclais sans doute, alourdie par un horizon qui s'obscurcissait considérablement. Je prenais froid sans cesse. Mes dents me faisaient mal. Toute mon énergie positive étant occupée à protéger notre enfant et sa joie naturelle, le poison, après sa période de latence, frappa donc d'autres victimes : nos chiens.

Faustine, notre bon vieux labrador, commença la première à se traîner. Je mis cela sur le compte de la fatigue et de l'âge. Elle n'allait pas non plus s'y mettre, la grosse ! Elle allait tenir le coup ! Elle en avait vu d'autres ! Je la trouvai pourtant un soir, en rentrant d'un atelier, immobile, respirant fort. Se plaignant. Marlon s'était allongé près d'elle et tentait de la secouer pour jouer mais sans succès.

Agacée, contrariée, j'appelai le vétérinaire qui me dit de l'amener en urgence à Paris à la clinique pour chien. Je lui expliquai que j'avais un enfant en bas âge et qu'il fallait que je lui donne à manger, que je le change... Je ne pouvais pas partir tout de suite. Il me rassura : « Faites ce que vous avez à faire et vous irez ensuite. » On n'était plus à une heure près.

J'obéis.

Ces gestes-là, ces gestes qu'il faut faire seule désormais, comme ils pèsent !

Ils sont une tragédie.

Ils ne sont pas, non, un petit drame anodin. Donner à manger à l'enfant, le changer, le mettre dans le siège auto, se pencher pour l'attacher et attraper les sangles toujours inaccessibles, puis regarder la chienne se traîner jusqu'à la voiture, la porter pour qu'elle grimpe car elle est trop faible pour ça.

Tout fermer.

Repartir alors que la nuit tombe.

Quelquefois tout cela n'est rien.

Quelquefois, c'est une tragédie.

À la clinique on diagnostiqua un problème à l'estomac qu'on devait opérer immédiatement. Je la laissai deux jours, entre la vie et la mort. J'appelais régulièrement, il fallait attendre. On ne savait pas si elle allait «tenir». Finalement, on me contacta pour m'annoncer que je pouvais venir la chercher. On ne serait sûrs que dans quinze jours de l'aspect définitif de sa guérison mais elle était en bonne voie. Soit.

Quinze jours plus tard, je me levai un matin et je trouvai cette fois Marlon, notre berger allemand, immobile sur le sol.

Plus immobile encore que Faustine peu de temps avant.

Je me souviens que je l'avais appelé. Il n'était pas venu. Je l'avais cherché. Je ne le voyais nulle part. Puis je l'avais aperçu. Dehors. Allongé sur le flanc.

Transpercée, j'étais.

Faustine était une vieille chienne mais lui, si jeune, si puissant, joyeux, le voir étendu et geignant, pas encore mort, luttant pour tenir bon, c'était insoutenable.

J'essayai mais je compris vite qu'il m'était impossible de le porter seule jusqu'à la voiture pour l'amener chez le vétérinaire. J'appelai l'homme slave au secours. Il me répondit, contrit de ne pas être là et de ne pouvoir agir à distance ; il me conseilla de sonner chez la voisine pour qu'elle m'aide au moins à porter le chien dans la voiture, puis d'aller voir notre vétérinaire habituel, qui n'était pas loin.

J'obéis.

Je chargeai le chien à l'arrière avec l'aide de la voisine, j'attachai notre enfant dans le siège auto, encore, et je fonçai chez le vétérinaire.

C'était le même problème à l'estomac que Faustine, mais le diagnostic du vétérinaire était sans équivoque : il était trop tard. Une question d'heures. J'insistai. Je m'agitai ! On avait pu sauver ma vieille chienne à la clinique de Paris, est-ce qu'un chien si robuste ne pouvait pas être sauvé aussi ? J'étais prête à y aller immédiatement ! Mais il était formel. L'animal était jeune mais d'une race plus fragile. Il ne tiendrait pas. « Regardez-le. Même si on n'est pas vétérinaire, on le voit. »

Le chien râlait à peine. Relâché. Lourd.

Superbe.

À l'agonie.

Le vétérinaire murmura qu'il était partisan d'accélérer le processus pour ne pas laisser l'animal souffrir davantage. Il pouvait le faire maintenant, mais il avait besoin de mon accord. Est-ce que j'étais prête à le lui donner?

Je lui demandai un instant. Il fallait que j'appelle... que j'appelle... (Comment nomme-t-on un homme qui n'est pas encore parti? Comment nomme-t-on un homme qui s'éloigne? Un déserteur? Fallait-il que je dise : «Il faut que j'appelle mon déserteur?») Il fallait que j'appelle mon compagnon.

J'appelai. Il décrocha immédiatement. Je lui expliquai, froidement encore, la situation et sa gravité. Il était silencieux. Abattu, je crois aussi. Il finit par demander à parler au vétérinaire qui lui répéta ce qu'il venait de me dire.

Après un long échange avec le spécialiste, l'homme slave décida qu'on allait l'écouter. On allait le faire.

Euthanasier.

Les antidépresseurs ne parvinrent pas à calmer ma peine. Le Russe m'appela à nouveau dans la matinée. Je me souviens qu'il me dit : «Ne conclus rien, hein? Ça ne veut rien dire. D'accord? Ça n'est pas un symbole...»

J'acquiesçai. Mais dans cet état d'anesthésie qui allait être le mien des années durant. Cet état séparé du monde, dans un espace ouaté qui amortit tout. Je commençais à me mettre «en veille».

Dès lors, la vieille Faustine erra seule dans la maison, plus triste encore qu'auparavant. Comme moi.

Carnet 10 000 Jeunes
5-10-2000
Marlon est mort.
Alors quoi?
Merde.

Sixième mouvement

Carnet Clairefontaine rouge
8-10-2000
Francis me dit qu'il est sûr qu'il va revenir vers moi parce que ce qu'il éprouve est plus profond. Mais il dit qu'il doit se « faire violence » pour finir cette histoire.
Ras le bol. Ras le bol. Ras le bol.
Tout le monde me le déconseille, mais je crois que je vais rentrer dans la mêlée.

Une semaine d'octobre, l'homme slave m'annonça qu'il ne pourrait venir que deux nuits au lieu des quatre prévues dans notre accord. Je n'eus pas la force de négocier, mais je décidai que le contrat était définitivement rompu et que cela m'autorisait à le quitter. Ce n'était pas si simple car il continuait à me laisser de longs messages d'amour sur le répondeur (je les ai effacés ce jour-là un par un), et à me dire son admiration et sa tendresse.

Carnet Clairefontaine rouge
15-10-2000
Je dis à Francis que je suis allée voir une agence pour vendre la maison. Il me dit : « Où on se retrouvera

alors ? » Il me dit qu'il m'aime très fort sur un long message.

Ce n'était pas simple non plus car j'estimais que cette décision aurait des conséquences très concrètes sur l'organisation de notre vie, et que je ne pouvais pas la prendre à la légère. Je savais que je serais radicale une fois la résolution prononcée. Je mettrais fin sans nuance à ce flou insupportable qui était la toile de fond de ma vie depuis six mois. C'est d'ailleurs en pensant à ça, dans le train, alors que je rentrais de Nantes où j'avais donné des ateliers à de jeunes étudiants en communication qui étaient admiratifs de ma clarté d'expression et d'enseignements, que je me dis qu'il était temps d'harmoniser ma parole et mes actes. Il m'apparut, lors de ce voyage, que ce qui m'empêchait de mettre complètement en œuvre cette rupture, c'était l'incertitude que l'homme slave, moi, et la maîtresse vivions bien *la même histoire*. Le Russe me garantissait qu'il informait sa dulcinée de ce qui se passait entre nous, qu'elle savait qu'il désirait revenir vers moi, mais je n'en étais pas sûre ! Si elle avait accepté cela, comme il le prétendait, cela rendait ma décision de rupture plus délicate, puisque cela signifiait qu'elle aussi « tendait » vers la fin de leur liaison. Je ne savais si son projet était, comme exprimé souvent par l'homme slave, de « vivre ça le temps que ça dure », ou, au contraire, de construire. Cela peut paraître naïf de ma part, mais je n'ai jamais exclu certains scénarios, même s'ils paraissent dénués de bon sens, car j'ai de longue date admis que tout le monde n'avait pas le même rapport à la cohérence et aux émotions, et que ce qu'on nous vend dans les journaux, dans les émissions bon chic bon genre, ou chez certains psys, comme des bases du « rapport humain » n'est pas plus qu'un accord simple en musique (fondamentale-tierce-quinte), le b.a.-ba de l'harmonie, sa forme à la fois la plus pauvre et la plus incontournable.

Durant ce voyage il m'apparut donc qu'avant de rompre définitivement il fallait que je consulte celle qui avait à coup sûr des données que je n'avais pas : la maîtresse.

Arrivée à la gare Montparnasse, j'appelai l'homme slave, en stratège, pour une fois. Il me dit que ça lui faisait plaisir de m'entendre, vraiment. Qu'il m'aimait. Est-ce que ça s'était bien passé à Nantes ? Oui. Très bien. Je lui demandai s'il était « au bureau » ? Il me répondit que non, il rentrait en rendez-vous, mais il me rappellerait ensuite, quand il aurait fini.

J'en conclus que la voie était libre et me dirigeai rue du Château, tout près de la gare.

Arrivée devant la maison, chancelante, je sonnai. (Comme dix ans plus tôt, quand je l'avais attendu devant chez lui et qu'il était arrivé avec « l'assistante ».) La jeune femme qui m'ouvrit me dévisagea un instant, puis murmura :

— Murielle... ?

— Gagné.

Elle était moins jeune que prévu. Jolie, mince, mais pas si sexy et désirable à mon goût. Officiellement gentille mais un peu pincée. (En toute objectivité !) – À dire vrai, c'était une jeune femme qui faisait déjà

« femme », plutôt jolie en effet, assez « branchée ». Quelque chose qui a à voir avec « le bon goût » et qui le sait. De la maturité. Une aptitude à assurer. Pas d'étonnement. (Le désir n'est-il pas satellite de l'étonnement ?)

Elle m'a dit :

— Entre.

Je suis entrée.

— Tu veux un thé ?

J'ai dit oui.

Elle a préparé le thé pendant que j'attendais dans la pièce principale ; cet endroit que je connaissais si bien, un peu moins capharnaüm et vivant, lieu de passage et de labeur, pour cette fois réservé à notre face-à-face.

Quand les tasses de thé furent posées sur la table ronde elle me dit : « Je t'écoute. » Je lui expliquai que je venais la voir pour m'assurer qu'on vivait bien *la même histoire*, parce que j'étais en train de décider de quitter l'homme slave, mais je voulais être sûre de prendre cette décision avec les bonnes informations en main ; car nous avions un enfant et ça engageait sa vie aussi.

Elle changea d'expression. Elle murmura :

— Comment ça, le quitter ?

— ... Arrêter définitivement notre histoire. Le quitter.

— ... Mais il t'a déjà quittée depuis le mois de mai, non ?

J'eus un petit rictus de surprise. Un ris. Depuis le mois de mai ? Non. Enfin... il ne m'a pas quittée. Il n'a pas prononcé le mot de rupture. Jamais. Il vient à la maison trois fois par semaine, il me dit qu'il m'aime à longueur de journée, qu'il faut que je l'attende, que ça va s'arrêter, qu'il va revenir. « Il dit que tu es au courant de tout ça. Que tu es d'accord. »

Mais la maîtresse n'avait pas l'air au courant du tout. Elle me sonda, glacée. En femelle pragmatique, elle me questionna très vite sur la fréquence de nos rendez-vous, sur ces messages dont je lui parlais, et si nous faisions... l'amour ? Je la rassurai presque en lui disant que je ne désirais plus faire l'amour avec lui depuis des mois ; quant aux messages, je regrettai de les avoir effacés car j'aurais pu les lui faire écouter, je l'aurais fait, c'est sûr, tant j'étais remontée. Je les lui relatai assez fidèlement. Elle blêmit. Comme je suis ridiculement sensible à la douleur des autres, je la réconfortai en lui certifiant qu'il jurait l'aimer elle aussi, vraiment, que c'était fort, qu'il ne pouvait pas s'empêcher de vivre cet amour. Mais il ne s'agissait pas pour lui de construire avec elle.

« La maîtresse » encaissait, visage dur.

Mon téléphone sonna. C'était l'homme slave. Je bredouillai : « C'est lui, tiens. »

Elle n'en croyait pas ses yeux !

Je revins au motif de ma venue : quel était son projet ? Elle me dit que dès le mois de mai, un mois après leurs retrouvailles, ils avaient décidé l'un et l'autre de se séparer de leur conjoint respectif, ce qu'elle avait fait, elle. Qu'elle était amoureuse du Russe, et qu'elle voulait vivre avec lui, oui. Construire. À la fois, elle m'avouait que ce que j'étais en train de lui dire changeait un peu la donne. Elle ne savait pas bien comment réagir. Elle semblait même douter de ma parole. J'étais peut-être venue pour faire vaciller sa merveilleuse passion hors du commun. Qui sait ? J'étais peut-être une méchante épouse bafouée qui venait déposer son venin ?

Le Metteur en Scène Universel allait rapidement lui donner l'opportunité d'obtenir des réponses à ses questions.

La porte s'ouvrit et l'homme slave entra.

Petit mot du matin. Période heureuse
« Mon petit amour, à tout de suite. Je reviens vite... Tout ce que tu écris me plaît. Tout ce que tu es me plaît. Il est amoureux... Ton Homme. »

Quand il nous vit, toutes les deux, autour d'un thé, il eut un petit moment de stupéfaction presque chaplinien. Puis il murmura vers moi :

— Ah, tu es là ?

— Oui, c'est pour ça que je ne t'ai pas répondu.

Il se décomposait.

Il s'avança et nous embrassa l'une et l'autre d'un petit *smac* équitable.

— Il me manquait quelques informations, dis-je.

— Et moi aussi, apparemment, dit « la maîtresse ». J'aimerais bien qu'on en parle.

L'homme slave posa sa sacoche à deux battants, comme j'aimais tant le voir faire à la maison, et il nous dit que ça n'allait pas être possible maintenant. Il avait beaucoup de travail. Beaucoup de coups de téléphone importants à passer et beaucoup de charges qui lui occupaient l'esprit, et le mieux était qu'on prenne rendez-vous pour se parler. Ce serait plus simple, plus sain même.

Je ne sais qui de « la maîtresse » ou de moi fut la plus ahurie par sa réponse. D'autant qu'il la doubla d'un geste sûr, saisissant son gros agenda de ministre et regardant sur-le-champ ses disponibilités dans les jours à venir. Mercredi ? Jeudi ? Ah non, pas jeudi. Mais vendredi matin, pas de problème...

« La maîtresse » dit : « On va parler maintenant. Assieds-toi. »

Ça ne rigolait pas avec elle. C'était pas mon genre de douceur.

Il s'assit. Je demandai un instant pour appeler la nounou de notre enfant et la prévenir du retard que j'allais avoir. Je le fis ostensiblement, comme pour leur rappeler, à l'un et à l'autre, qu'il y avait un enfant dans l'histoire. Parce que « la maîtresse » m'avait tout l'air, depuis le mois de mai, de ne pas s'être trop préoccupée de la question.

Puis je repris ma place, grave.

L'homme courbé. L'homme vaincu. L'homme qui a honte et qui ne peut plus le cacher. L'homme qui ne sait plus. Pour qui c'est trop. L'homme et sa tristesse infinie. Celui que je n'aurais jamais voulu voir. La face cachée éclairée au néon. Crûment. J'aimerais qu'un peintre un jour saisisse cette image pour moi. Pour me réconcilier avec elle. Pour m'en montrer la beauté que je ne vois pas. Que je n'ai jamais su voir. Que la distance et le temps ne m'ont pas appris à domestiquer. L'image du plus beau des hommes dans sa plus inconfortable posture. En procès.

Pourtant, c'est moi qui fus mise à mort.

Aux questions de « la maîtresse » il répondit que oui, il m'avait menti sur sa situation d'engagement avec elle pour m'aider à passer le cap de la rupture. Ces messages d'amour étaient une façon de me rendre les choses moins dures. Moi, il m'aimait comme la mère de son fils. Il avait toujours été clair là-dessus [*sic* !]. (Ne faudrait-il pas bannir le mot « clarté » du vocabulaire amoureux ? Donner un gage au fouet à tous ceux qui en usent ?) Mais d'elle, il était amoureux. C'était ainsi. Je ne pouvais pas nier qu'il me l'avait toujours dit.

Je me suis ébrouée quelques fois dont une dernière pour lui rappeler son message d'amour de la veille qui promettait l'avenir.

Mais il nia.

Je savais, parce que je connaissais son intelligence et notre complicité, qu'il était lucide sur ce qu'il était en train de faire, sur la pauvreté du geste. Il n'était pas fier. En cela, je sentais imperceptiblement entre nous l'avance que nous avions sur elle, l'autre, qui devait le croire.

Et c'est ce qui rendait cette scène à la fois impitoyable pour moi et surréaliste. Lui et moi étions « au-delà ». Oui, je crois que cette scène terrible était un moment d'amour. Finalement. Encore. Puisque nous la vivions sur plusieurs plans ensemble, hors les mots, dans un espace de compréhension douloureux mais tangible pour l'un et pour l'autre. Sans elle.

Peut-être que c'est cela qu'il faudrait peindre...

J'ai dit : « D'accord, c'est ce que je voulais savoir. »

Je me suis levée.

J'étais dans un état étonnamment puissant, libre.

Comme si, enfin...

J'ai dit que nous étions donc, à partir de ce jour, séparés. J'ai rappelé que nous avions un enfant de bientôt deux ans et que, par conséquent, nous devions nous partager les tâches, comme tous les couples séparés. Lui et sa maîtresse l'auraient un mercredi sur deux, un week-end sur deux, et la moitié des vacances. Ils devraient lui aménager une chambre là-haut très vite car nous commencerions dès le prochain week-end.

Le Russe eut un sursaut et me dit qu'on pouvait être un peu plus souples quand même avec le planning. Attendre un peu. En fonction de son emploi du temps... C'était assez chargé. On n'était pas pressés.

Je lui répondis que non. Pas de souplesse. Trop de mois avaient passé déjà sans que notre fils ait un cadre stable. Je me tournai vers « la maîtresse » pour obtenir son assentiment qu'elle me donna, compassée. Elle s'y engageait aussi.

Je remerciai et je sortis.

Sur le chemin du retour, dans ma voiture qui me conduisait à notre lointaine campagne, je riais toute seule. Je passais par toutes les émotions possibles. Peine, colère, mais euphorie aussi. Euphorie surtout ! Je riais de la scène que je venais de vivre si singulière. Je riais comme on rit après un traumatisme violent, quand l'impact n'est pas encore arrivé tout à fait au cœur. Je riais aussi, bien sûr, de ce que je venais de récupérer : ma liberté.

Notre enfant était gardé par une nounou marocaine trentenaire et très maternelle qui m'accueillit avec des gâteaux. Elle savait que je passais une période très difficile et elle me gâtait toujours. J'acceptai le thé et le miel qu'elle me proposait. Je lui dis que c'était fini. Définitivement. Pour la première fois je prononçai ces mots : « C'est fini. » Elle n'était pas mécontente parce que ça commençait à faire cette histoire... Je lui dis qu'elle avait raison. Étrangement, je ne me sentais pas mal. Presque mieux. Même s'il allait falloir prendre des décisions dont la première serait de mettre la maison en vente, et que ce serait très lourd.

Mais je ne voulais pas rester là. Je me rapprocherais de Paris.

Elle me serra dans ses bras et me félicita. C'était ce qu'il fallait faire, arrêter d'attendre. Avancer.

Elle ajouta qu'elle avait un frère célibataire qui vivait en Belgique, si jamais ça m'intéressait. Il était jeune et très gentil. Elle le voyait bien pour moi.

J'en souris encore.

Journal informatique 1
19-11-2000
C'est fini. Je cherche une maison.
J'ai arrêté les antidépresseurs.
Raconter quelque part ce trio surréaliste.
Je sens, doucement, que je vais apprendre.

L'homme slave prit très mal cette hypothèse de déménagement. Pourquoi partir ? Si c'était pour une question d'argent il continuerait de m'aider, il pouvait même me donner plus ! Mais je lui dis que je ne voulais pas de son pognon (je commençai à devenir très amère), qu'il pouvait se le garder, et que je ne voulais plus rester dans cette baraque qui puait le mensonge et la manipulation. Je souhaitais fuir. Partir. M'en aller.

C'était la fin de la récréation. Le jeu avait assez duré. Toute ma rage contenue pour préserver notre lien s'exprimait désormais librement, puisque j'avais renoncé à laisser une chance à notre amour. Je pouvais me vautrer dans les excès divers de ce genre de rupture. Acrimonie, rancœur, cruauté, humour, hargne... Je ne m'en privais pas, ou peu.

Pour riposter, l'homme slave accéléra le rythme. Souvent ces hommes collectionneurs, excessifs et angoissés, se précipitent pour mettre en place le décorum de leur nouvelle vie, comme s'il y avait une date de première et qu'il fallait que tout soit prêt pour le public. Il agissait d'ailleurs de façon si ostentatoire que j'avais parfois l'impression que tout cela m'était adressé *à moi* en particulier. Une sorte de « spéciale dédicace » !

Il se mit donc lui aussi à chercher une maison à acheter. Dans le même secteur que là où nous étions. Avec le même procédé (c'est elle qui achète, il participe). Ils poussèrent même le vice jusqu'à me proposer de racheter notre maison. Enfin... elle ! Puisque lui ne pouvait pas.

« Tu me vois chez le notaire signer avec elle ? j'ai demandé. Tu me vois, lui vendre à elle, le lieu que je pensais être "notre lieu" ? Tu crois que je peux vous imaginer tous les deux dans *notre* maison ? Je vous la vends, OK, mais au double du prix alors ! »

Je l'insultai. Je l'insultai elle aussi par mail de cautionner cette idée ! Elle me fit une réponse pour me signifier qu'il ne fallait pas que je prenne les choses comme ça. L'homme slave m'avait fait cette proposition plutôt généreuse parce qu'elle était plus simple. Pour eux, et pour moi. Il fallait vraiment que je me calme. Et elle achevait (elle m'achevait, devrais-je écrire) en me jurant que leur souhait le plus profond à eux deux était que « je retrouve vite un homme pour me reconstruire ».

...

Merci, vraiment... C'est gentil.

Carnet Clairefontaine rouge

7-02-01

Concert d'insultes hier vers Francis qui encaisse assez glacial, habitué qu'il est à ces séances. Ça me fait du bien et du mal. Les deux.

(Mais concert d'éloges à la dernière réunion sur mon travail.)

[...]

Envoyé un mail à Francis : « Je viens de recevoir une réponse de ta nouvelle petite amie... Je comprends mieux pourquoi tu parlais de "mythe". »

Je n'avais donc pas encore vendu notre maison qu'ils avaient déjà trouvé la leur, un peu plus loin. Je lui rappelai que c'était ridicule car j'allais partir, et probablement de l'autre côté de Paris, beaucoup plus abordable pour moi ; mais il n'entendait pas. Il n'attendait pas surtout. C'était une sorte de bras de fer pour m'acculer à rester dans cette région qui m'était devenue insupportable. Il tentait de faire appel à ma « maturité », et à ma « raison », ce qui m'ahurissait venant de lui ! Il arguait que la proximité entre nos deux domiciles serait préférable pour notre enfant, qu'il fallait que je laisse les passions de côté pour réfléchir sereinement ; mais j'avais fini d'écouter sa parole, de me laisser dicter mes actes. Ce n'était pas parce qu'ils dégainaient leur maison plus vite que moi que j'allais me sacrifier encore. J'habiterais où je voulais, en région parisienne. Je ne partais pas au bout du monde non plus. On ferait la moitié du chemin pour se rejoindre. Point.

Le ton montait. Je ne parvenais plus à échanger avec lui, sur rien. J'étais furibonde. En commando. Redoutable. Méfiante des coups qu'il me préparait. Je me disais que ça pouvait venir de n'importe où. N'importe quand. Mais désormais, je lui en réservais aussi. (J'avais, par exemple, envoyé à la maîtresse un mail ou deux avec les mots d'amour récents reçus de l'homme slave, avant la scène de la rue du Château, afin qu'elle ait bien toutes les données en main.) Je ne craignais plus de me montrer sous mon jour obscène, que je découvrais au passage. Cet homme m'avait révélée dans ma grandeur et, désormais, dans ma misère. Lui et moi nous étions donné l'un à l'autre tout le spectre de notre terrible humanité : « Je veux tout de toi ; je veux tout toi ; je te veux dans l'illimite de notre amour... », me disait-il sans cesse. Nous y étions.

J'avais exigé qu'il vienne chercher ses affaires et, surtout, la pauvre Faustine, car il était hors de question que je garde sa chienne. Il n'en revenait pas de cette décision, moi qui étais réputée « au grand cœur ». Mais le grand cœur avait fait ses malles pour un bon bout de temps. Et puis, ce n'était pas lui qui se tapait cette vieille chienne devenue triste et que je n'avais pas l'énergie de consoler. Eux, ils allaient bien. Forts de leur amour irrépressible et mythique. Ils pouvaient bien en donner un peu à leur clébard !

Le jour où il vint, il traqua la peine dans mes yeux mais il n'y en avait pas. Je regardai la chienne monter dans la voiture, indifférente. Je lui dis d'attendre. Je revins avec le bracelet à tournevis Cartier offert si généreusement le jour de mon anniversaire et je le lui tendis. De ça non plus je ne voulais pas.

« Garde-le ! » me conjura-t-il.

Pour toute réponse, je le lui jetai dans la voiture et le traitai d'enculé.

Mon vocabulaire s'appauvrissait considérablement.

Journal informatique 2
15-02-01
Je ne sais pas en quoi toute cette violence se transformera. En meurtre ? En sagesse ? En amour ?

Notre tristesse était incommensurable. La mienne mais la sienne aussi. Je savais qu'il savait ce que nous perdions l'un et l'autre. Mais, dans son attitude suicidaire, je me demandais parfois s'il n'y avait pas plus de jubilation à me voir stupéfaite de l'ampleur des dégâts, que de chagrin à constater que ces dégâts le concernaient aussi. (D'une certaine façon, il voguait dans les eaux de ceux qui n'ont plus peur de perdre, rien, et dont la force inébranlable réside dans ce renoncement, boulevard vers certains sommets, sans doute, mais aussi, vers la terne solitude des cœurs rogues.)

Quand nous nous passions notre enfant, le weekend, l'homme slave pleurait souvent. Plus que moi. Ses larmes me touchaient car elles confirmaient notre ratage. C'était la seule chose qu'il me donnait, sa peine, mais sans commentaire. Sans clé pour la déchiffrer. Que pleurait-il exactement ?

Je n'essayais plus de savoir. D'autant que, par ailleurs, il confirmait son installation avec « la maîtresse », achetait les meubles au même endroit que là où nous avions acheté les nôtres, tentait de recréer rapidement la douceur de vivre que nous avions fait naître ensemble et dans laquelle nous étions si heureux finalement, pour pouvoir y déposer une autre femme et s'y retrouver comme si tout était pareil, à l'exception de la femme.

Malgré les mises en garde de mon ami médecin et le comportement si ambivalent du Russe, je ne pouvais m'empêcher de me remettre en question. J'imputais une grande part de la responsabilité de notre échec à ma prise de poids et la disparition lente de notre désir, une autre à mon amour trop exclusif pour notre enfant, une autre à mon incapacité à mieux gérer ma fatigue et la dépression de mon compagnon, mais lui n'avança jamais, *jamais* aucun de ces arguments. Il voulait ainsi me préserver, soit, mais cette absence de « raisons officielles » était presque plus insoutenable pour moi.

Journal informatique 2

3-03-01

Chercher ce qui a fait que j'ai eu cette histoire avec Francis, malgré ma première souffrance, malgré la perversité déjà subie. Ça, c'est la bonne question, je crois.

4-03-01
Il faut résoudre la fin de notre histoire. Il faut que je l'articule et l'articule encore. Il faut qu'il l'articule. Il faut que j'accepte l'idée de sa mort. D'une certaine manière.

Je m'en voulais, et je nous en voulais d'être si médiocres dans cette rupture, nous qui avions vécu un si bel amour. Je nous en voulais de finir d'une façon si banale, après l'arrivée d'un enfant, après une infidélité quelconque. Je trouvais ça d'une indigence affligeante. Lui se raccrochait à son fantasme d'amour retrouvé avec «la maîtresse», mais tout indiquait qu'il n'y croyait pas vraiment. Que son propre fonctionnement l'épuisait et que son carburant endogène ne marchait plus tout à fait sur lui, comme une drogue trop longtemps consommée. Il rejouait la comédie de l'emballement qu'il avait jouée toute sa vie mais il n'en était plus dupe. Il le sous-entendait quelquefois, notamment en laissant poindre quelques déceptions, déjà, avec sa nouvelle compagne. (Par exemple, il m'avoua qu'elle ne voulait pas de «poils de chiens» dans sa maison et que du coup, ils allaient mettre Faustine en pension à la campagne. Elle y serait bien. Grands yeux étonnés de ma part! Petite jubilation de la sienne? C'est là-bas que cette chienne est morte je crois. Un jour. Je ne sais quand. Je ne l'ai jamais su.)

Journal informatique 2
19-03-01
Interrompue hier dans mon élan par l'arrivée de Francis justement qui venait chercher Samuel et faire le partage des «biens».

Il m'a presque émue à ne se battre pour rien, à me laisser les sous que je veux et tout ça... À me dire « je t'aime et je te respecte ». J'ai pleuré, d'ailleurs, après son départ... un peu. Comme maintenant, ça coule doucement.

J'avais mis en place un cahier « enfant » qu'on se passait en même temps que notre fils et qui me permettait de ne pas échanger verbalement avec lui et de rester la plus décente possible. On arrivait même, *via* ce cahier, à communiquer avec un peu d'humour. (Qu'y a-t-il dans ce cahier pas encore rouvert ? Que se disait-on ? On se donnait des nouvelles de notre enfant, c'est sûr, et peut-être quelques informations pratiques sur son évolution ou l'organisation. Je ne sais plus exactement. Je sais en tout cas que l'homme slave m'a souvent dit que c'était une bonne idée, une idée que j'avais moi-même piquée à un ami virtuel « rencontré » sur un site où nous nous épanchions anonymement sur nos ruptures respectives.)

Cahier Samuel

Observations de Francis
« Il mange de plus en plus seul (tous les mets qui ne coulent pas trop) avec l'aide de son père.
Langage : « Encore », « Hm, c'est bon », distinctement.
Répète, essaye, de plus en plus ce qu'il entend. Beaucoup d'intonations très variées.
Bilan à cette date : un athlète, très intelligent, très fin ; une pure merveille. »

Autre
« Enfin de nouvelles chaussures.
Il grandit à vue d'œil, non ?

Vrais moments commencent à se partager. Il cherche à comprendre, et souvent, il comprend.
Selon tes lectures, il est en retard pour parler plus clairement ? Je veux dire, est-il en retard pour être en avance ?
Je ne peux pas écrire plus longtemps car cette pure merveille est en train de faire des conneries. »

Autre
« Il s'est réveillé à 8 h 15.
Il chante plus longtemps qu'avant, il a l'oreille très musicale.
Pas de mots nouveaux. »

Autre
« A mangé normalement sauf la purée d'artichauts !
Câlins fréquents.
Il a pris le métro. Il adore.
Son scooter ne lui déplaît pas non plus. Irrémédiablement un petit garçon et pas de doute dans ce domaine.
Il dit non de plus en plus souvent. Quel amour d'enfant malgré cela.
Il me manque. »

Je finis par vendre la maison et en dégoter une autre plus petite mais avec véranda ouverte sur un jardin, à Rosny-sous-Bois, dans le 93. Je trouvai des déménageurs. Un nouveau système de garde pour notre fils. Entourée par ma famille désormais au courant, de celle de l'homme slave (notamment sa sœur et son mari qui ont été très présents pour moi pendant longtemps), et par mes amis, je me sortais le mieux possible de tout cela. Lui continuait de me verser l'équivalent d'un loyer, ce qui me convenait même s'il fallait pour payer les charges et nourrir notre fils que je gagne ma vie mieux que ce que je gagnais en ce printemps chaotique. Mais je traitais les choses les unes après les autres.

Le Russe, qui devait se douter de la situation, m'appela d'ailleurs pour me proposer de travailler avec lui, mais je refusai. Je lui rétorquai sèchement que je n'étais pas de cette sorte, je n'allais pas rester dans son giron toute ma vie, comme d'autres, à attendre qu'il daigne porter à nouveau un regard sur moi. Et j'ajoutai que je ne voulais pas travailler avec un gros connard. (je ne crois pas que ç'ait été exactement ce terme-là, mais je ne m'en souviens plus : « Ringard ? » « Beauf ? »)

Journal informatique 2

23-05-01

Francis m'a reproposé de travailler avec lui pour le Secours catholique, j'ai refusé. Je lui ai dit que je n'avais pas envie de travailler avec lui. Il m'a dit : « Ça ne va pas durer toujours », je lui ai répondu : « Sans doute longtemps en tout cas. J'ai envie de travailler mais pas avec toi. Tu t'es comporté comme un blaireau, et je n'ai pas envie de travailler avec un blaireau de base... »

Tous nos échanges téléphoniques étaient tendus. Il m'appelait chaque jour. Je lui passais notre fils et réduisais nos conversations aux quelques phrases nécessaires à notre rôle de parents. Je refusais de répondre à ses « Ça va ? » insistants. Ou ses « Parle-moi quand même un peu de toi » qui me rendaient folle. Mon orgueil n'en finissait pas de se cabrer. J'en éprouvais une fatigue constante mais je ne parvenais pas à calmer la bête en moi. L'animal blessé prêt à tuer.

Mail du 3 juin 2001
[en réponse à Francis qui me demande si je peux lui donner un peu d'argent de la vente de la maison finalement parce qu'ils doivent refaire le plafond de leur nouvelle demeure]
« [...] *je te rappelle qu'il y a quelques mois tu m'as dit presque fièrement que tu étais "amoral" alors que je me tapais la tête contre les murs de douleur, me donnant ainsi une belle leçon de vie. Comme tu le sais, j'ai toujours écouté attentivement les leçons qui venaient de toi. Un peu bêtement sans doute.*
Alors tes impôts, ta nana, son plafond et son plancher, tu imagines à quel point je m'en tape (j'ai au moins la franchise de te l'écrire). Je pourrais aussi te dire que je "tends" vers ça, te donner un peu d'argent de la vente, que c'est mon désir le plus profond mais que "c'est plus fort que moi. Au-delà de mes forces"... Je pourrais te dire on verra fin juillet, ou la semaine prochaine, ou très vite, c'est sûr. Ne me demande pas quand... J'ai mal de ta douleur et du mal que je te fais. Mais c'est plus fort que moi. Et j'espère du fond du cœur que vous allez vite retrouver de l'argent pour vous reconstruire. Murielle, ton unique amour, la tendresse même... »

Je m'étais inscrite sur un site de rencontre sur Internet et j'y avais croisé quelques profils rassurants et drôles. Des beaux gars qui me donnaient envie d'aller plus loin. Même si finalement je n'y parvenais pas, soit de mon fait, soit du leur. J'ai béni ce nouveau mode de rencontre, ludique et vertigineux (le fantasme de l'inconnu), qui permettait aux pauvres choses comme moi, avec enfant en bas âge et exil banlieusard, de pouvoir quand même accéder à la perspective d'une histoire.

Mais ce n'était pas l'heure.

Je posai mes valises dans ma nouvelle demeure en mai. J'avais fini par donner à mon ex-compagnon une part de la vente mais j'étais néanmoins encore prisonnière de cette colère polluante, cette souffrance qui me tordaient les boyaux et l'esprit ; le moindre échange avec lui m'assommait, or, ils étaient quasi quotidiens. Lui semblait chagriné de cette absence de relation entre nous mais il ne se privait pas, pourtant, dans le peu de temps téléphonique que je lui offrais, de m'envoyer dans la figure quelques douceurs du genre : « Nous sommes allés en week-end chez les parents de C. en Bretagne et notre fils s'est régalé ! » « C'est vraiment dommage que tu n'aies pas voulu venir au mariage de Romain, c'était très bien. Et on aurait très bien pu être côte à côte quand même. Non ? » Toutes ces choses qu'il aurait pu m'épargner s'il avait eu l'élégance qu'ont pourtant certains hommes. Je continuais donc d'avoir envie de le trucider, de le dépecer, de l'envoyer se faire voir chez les Grecs ou autres amabilités qui me mettaient le ventre en charpie.

Journal informatique 2

17-03-01

C'est l'hypothèse de son bonheur qui me fout les boules. Je n'ai pas envie d'envisager une seconde qu'il puisse aller bien ! En fait, je suis persuadée qu'il ne va pas bien d'ailleurs. Il ne va jamais bien.

1-04-01
Grotesque. C'est le mot qui me vient. Je cherchais l'harmonie, je trouve le chaos. Ça va être lent et ma vie passe... Elle est belle mais elle est traître.

17-04-01
Le pardon apaisera ma violence. Mais le pardon ne regarde que moi, et pas la personne pardonnée. Je crois que c'est une vraie hypocrisie que de croire que le pardon est un acte de générosité. C'est un acte égoïste comme un autre, qui permet de vivre mieux.
Jusque-là, je n'ai pas pardonné.

20-04-01
Mon anniv... berk. En plus, problème de pognon, alors que j'en gagne, toujours à découvert. Et plus de chauffage, et pas de boulot scénar, et pas de boulot mise en scène, tout se casse la gueule...
Y a que ma maison qui sera bien et moi bien dedans sans doute aussi.
Comment me venger ? Je trouverai bien. Je trouverai.

1-05-01
Accepter d'échouer. De perdre. D'être heureuse.

6-05-01
Problème de chaudière. Merde.
Longue discussion hier avec C. et A. [sœur de Francis et son mari]. *Ils disent que ce que j'ai vécu avec Francis est sans doute unique dans le parcours de Francis, et qu'il n'a pas réussi à le vivre plus longtemps mais que c'est déjà énorme. Je me dis qu'ils ont peut-être raison.*
Un petit moment de haine envers Francis aujourd'hui. 10 minutes peut-être... Tellement moins qu'avant.
Travailler.

16-05-01
Il pleut. Je suis bien dans ma nouvelle maison. Heureuse de sa lumière, de ses ondes et tout... C'est une vraiment belle maison. Quel avenir dedans ? C'est quoi ma vie maintenant ?
Cette nuit, j'ai rêvé que je laissais Francis me prendre dans ses bras. Ce matin il m'a appelée, juste pour m'embrasser, je ne m'y attendais pas, ça m'a troublée.

20-06-01
Ce matin il a appelé encore pour rien... Pour m'entendre. Il veut quoi là ? Il y a un peu de trouble en moi. Mais « un peu ».

1-07-01
Pas mal de choses pas très cool. Pourtant plaisir à la perspective des vacances. Mais de l'amertume en moi. La sensation d'être vieille et pas très gaie...

Début juillet, je décidai de prendre les choses en main. Égoïstement, je me dis qu'il fallait que je me sorte de cette bile permanente, et que cela ne pouvait passer que par la parole avec mon ex-compagnon. Mais je voulais une parole juste, pas viciée par sa pratique de la langue de bois de haut vol. Je voulais une parole « contrôlée », décente. Je l'appelai donc et lui fis cette proposition : « Puisque tu veux qu'on se parle, mais que tout ce que tu me dis me heurte, je suggère qu'on se voie en présence d'une tierce personne. »

Le Russe a pris sa voix douce des tréfonds pour me dire : « Tu sais à quel point les psys m'emmerdent. » Je lui répondis que ça pouvait ne pas être un psy, mais quelqu'un en qui nous ayons confiance l'un et l'autre, quelqu'un de notre entourage même. À nous de décider.

Je voulais simplement que ses propos aient lieu désormais devant témoin. Car j'étais persuadée qu'il ne régurgiterait pas le même discours en présence de quelqu'un d'extérieur. Qu'il parviendrait à redevenir plus personnel, plus juste, moins mécanique. J'avais eu trop souvent l'impression, tous ces derniers temps, qu'il récitait un texte appris par cœur. Un texte qui était sa bible en matière d'amour, un discours presque naïf et victimaire dont je pouvais admettre la pertinence chez quelqu'un de vingt ans, mais dont j'avais du mal à concevoir que lui, si fin, si complexe, soit le porte-voix. Il l'était pourtant mais comme on récite une prière apprise enfant en laquelle on a mis tant de foi qu'on ne peut y renoncer de peur d'être puni par une force quelconque, un démiurge qui nous jugerait traître à la « cause ».

Malgré mes explications sur les raisons de cette parole à trois, il ne semblait pas convaincu ; il finit néanmoins par donner son accord. OK. On parlerait. Avec qui je voudrais. Si c'était la seule façon pour lui d'avoir accès à moi. On commencerait en septembre parce que l'été risquait d'être chargé. Mais il tenait plus que tout à ce que nous réussissions à nous retrouver calmement.

Je fus surprise de cet assentiment si rapide. Je lui dis que j'avais pensé à une personne, une haptonome, connaissance d'une amie comédienne, et dont j'avais visité la maison lorsque je cherchais à acheter il y a deux mois. Cette très belle femme de quarante ans, spécialiste des couples en attente d'enfant, avait vu ma peine et m'avait posé quelques questions discrètes sur ma situation et ma nécessité de déménagement. On était dans son jardin et, de temps en temps, elle parlait en langage des signes à son fils sourd de huit ou neuf ans qui jouait près de nous. Ce détail avait donné à notre échange un tour singulier et je m'étais mise à lui raconter brièvement ma rupture et mes tourments. Très vite, elle m'avait dit : « Mais êtes-vous sûre de vouloir le quitter ? Est-ce qu'il ne faut pas discuter un peu avec lui... ? Est-ce que vous avez essayé ceci ? Et cela ? » Bref, malgré la brutalité de ce que je lui relatais et qui selon moi impliquait forcément la séparation, elle avait immédiatement pris du recul, un peu comme mon ami médecin mais de façon moins existentielle, plus pragmatique. Elle était la seule à l'avoir fait. J'avais senti, même s'il était trop tard, qu'elle posait un regard différent sur les passions humaines, qu'elle les lisait au-delà de leurs premiers symptômes. Elle détiendrait peut-être les mots pour nous pacifier l'un et l'autre, et mettre à l'aise le Russe. Elle avait pour elle une beauté à laquelle je me disais qu'il ne serait pas insensible. Elle avait contre elle d'être une femme. Mais ça valait le coup d'essayer.

Elle fut surprise par ma demande mais accepta de nous recevoir en septembre, puisque j'estimais qu'elle était la bonne personne et ce, bien que ce ne soit pas sa « spécialité ».

Forte de cette décision, je rentrai dans l'été, persuadée que j'allais bientôt pouvoir clore le chapitre de mes affres.

Pourtant.

Peu de temps après, je reçus un appel de l'homme slave :

— C'est moi. Ça va ?

Il avait sa voix sombre, nouée.

— Oui, ça va. Tu veux parler à Croumoudouk Ier ?

— Non, c'est à toi que je veux parler.

— ... Oui ?

— Ce n'est pas une bonne nouvelle.

— ...

Je n'en pouvais plus des mauvaises nouvelles.

— J'ai fait des examens. J'ai une tache sur le poumon.

— ...

— C'est une tumeur.

— C'est-à-dire ? C'est quoi, une tumeur ?

— C'est un cancer.

— ...

— Un cancer du poumon à petites cellules.

— « Petites cellules ? »

— C'est plus grave qu'à grosses cellules.

— ...

J'étais dans la cuisine de ma maison. Je me suis appuyée à la gazinière. Il a dit :

— Je vais me battre. Je te promets que je vais me battre. Je te promets.

Journal informatique 2

23-07-01

Je crois qu'aucun scénario ne pouvait être pire pour moi que celui que je dois affronter depuis un an. Je ne sais pas comment je vais me sortir de ça.

Septième mouvement

J'ai appelé mon père qui s'est prononcé avec prudence, bien sûr. Il ne pouvait pas faire un vrai diagnostic à distance et il voulait sans doute me protéger. J'ai gardé espoir.

J'ai appelé l'ami médecin qui m'a dit qu'il fallait que je me prépare au pire. J'ai perdu espoir.

Je suis allée sur Internet et j'ai vu qu'il y avait 2 % de guérison des cancers du poumon à petites cellules. Je me suis effondrée.

Puis j'ai choisi d'y croire. De me dire qu'il serait dans ces 2 %. Et que j'avais peut-être mal lu l'article.

Internet, c'est de la merde.

Bien sûr, plus d'emportement contre lui. Plus de colère. Plus rien. L'envie qu'il vive. Qu'il vive, putain. Pas ça. Pas déjà.

Bien sûr nos larmes quand nous nous sommes « passé » notre enfant le week-end qui a suivi. L'un dans les bras de l'autre. Tous les trois.

Bien sûr le sentiment d'injustice. De trop d'injustice.

Bien sûr encore plus, la certitude d'avoir quitté la rive de la légèreté. Définitivement cette fois. (Sauf avec notre enfant qui continuait de rire, et d'aimer les blagues et quand on se cachait et qu'on faisait « coucou ». Il obligeait à vivre. Ceux qui sont passés par là le savent. Les enfants sont les poumons des désespérés.)

Journal informatique 2

26-07-01

Aujourd'hui je fais des trucs, je paye, je fais des papiers, je n'écris pas encore, je ne pense à rien. J'ai pleuré une fois quand même, ça m'a surprise, quelques secondes comme ça, à cause de la perspective de perdre Francis une seconde fois, à cause de ses larmes hier au moment de partir...

Je vais essayer de continuer comme ça. Ne pas penser. Avancer toujours... Bizarre... J'ai annoncé à trois amis la maladie de Francis. Aucun des trois n'a rappelé. C'est comme si là, c'était trop.

C'est trop, d'ailleurs.

Je vais aller au casino encore aujourd'hui, jouer 500 balles. Hier j'en ai gagné 500. C'est bien. Ça me permet de payer l'aide ménagère... Je vais pas faire le ménage en plus !

9-08-01

Le cancer de Francis force le respect. On reconnaît celui qui ne fait pas les choses à moitié.

11-08-01

Je regarde mes cheveux dans la glace. Beaucoup de cheveux blancs. Cette année m'a vieillie. Je l'ai dit le jour même à Francis, quand il m'a annoncé son infidélité, je lui ai dit : « Tu me fais vieillir en quelques

> *secondes », il a effacé ça d'un « mais non » dont il a eu le secret dans cette période...*
> *Je voudrais sentir mes cheveux redevenir bruns, vigoureux. Je voudrais comprendre pourquoi je laisse mon fils et Francis partir comme ça, vers ailleurs, pourquoi j'ai à vivre cette scène d'une extrême violence...*
> *Comment a t-on pu en arriver là ?...*
> *Comment je vais me sortir de là ?...*
> *Comment régler cet amour ?...*
> *Cette maladie me fait replonger dans tout ça. Dans la peur de le perdre, comme l'année dernière finalement.*
> *Merde...*
> *Tout cela va avoir la forme de questions.*

Il passa l'été en radiothérapie, entouré par « la maîtresse », et il s'amaigrit considérablement.

Je me souviens d'un coup de fil, long – de quoi parlions-nous ? – où l'homme slave avait le hoquet. La radiothérapie lui donnait le hoquet et ça ne s'arrêtait pas de toute la journée. Je lui demandai s'il n'y avait quand même pas un moyen de faire cesser ça ? Est-ce qu'il avait demandé ? Est-ce qu'il voulait que j'appelle mon père ? Oui, pourquoi pas. Mais il craignait qu'il n'y ait pas de solutions. *Hic*. C'était ainsi. *Hic*. « Mais comment tu fais pour travailler ? Pour tes coups de fil de boulot et tout ça ? – Je travaille, *hic*. Avec le hoquet. »

L'immensité de la peine... N'est-ce pas ? Comment faire autrement ? L'homme slave avec le hoquet toute la journée... Non. Pourquoi ? Lui, ainsi ? Ce n'était pas possible.

Sa première cure de radiothérapie fit disparaître la tâche à moitié. Il me l'annonça avec une petite satisfaction ; il jouait le jeu de l'espoir. Mais j'ai regardé sur Internet : si lors de la première cure de thérapie la tache ne disparaissait pas totalement, il n'y avait pas de guérison possible. Les 2 % de guérison avaient toutes eu lieu après une disparition totale de la tache, pas partielle. Il pourrait avoir une rémission éventuellement ; pas de guérison.

Carnet plastique gris
5-09-01
Je veux que Francis vive ! Je vais finir par lui dire merci de tout.

13-09-01
Peur pour Francis.

19-09-01
Peur pour Francis.

2-10-01
Boulot OK. Peur pour Francis.

5-10-01
Écrire un court roman sur une histoire d'amour après un deuil. Une belle histoire d'amour...

À la troisième cure de radiothérapie, la tache disparut complètement. Le Russe semblait soulagé. Un peu soulagé. Il se battait. Il me l'avait promis. Il allait pouvoir se reposer de tous ces soins avant les prochains examens qui indiqueraient s'il était en rémission ou pas. Il allait pouvoir reprendre le travail. Et aller voir avec moi cette dame-là, que je voulais tant lui présenter ! Je lui rétorquai qu'il fallait le faire seulement s'il en avait envie aussi, ce n'était plus pareil.

Mais il confirma. On y va !

C'était la première fois depuis presque un an qu'on se retrouvait tous les deux pour quelque chose de constructif. Toutes les autres fois avaient porté des coups à notre lien. Mais ici, nos intentions étaient communes : réparer. Colmater. Comprendre.

On s'est donné rendez-vous devant le cabinet de l'haptonome, à Montreuil. Comme j'étais en avance, je l'ai attendu dans un bar de quartier, un boui-boui où ne traînaient que des hommes. Ils m'ont accueillie en arabe en souriant mais j'ai dit que je ne parlais pas leur langue malgré les apparences et j'ai commandé un café au comptoir, et j'ai laissé errer mes pensées. Il y avait la radio. C'était une chaîne avec des chansons françaises, un peu décalées dans ce genre d'endroit où je m'attendais à entendre du raï ou des musiques berbères. Alors, quand la voix de Barbara a résonné pour interpréter « Ma plus belle histoire d'amour », j'ai beau être tout à fait agacée par les signes à deux balles, j'ai craqué : « Les temps d'hiver et d'automne, / De nuit, de jour, et personne, / Vous n'étiez jamais au rendez-vous / Et de vous, perdant courage, / Soudain me prenait la rage, / Mon Dieu que j'avais besoin de vous / Que le diable vous emporte, / D'autres m'ont ouvert leur porte, / Heureuse, je m'en allais loin de vous, / Oui je vous fus infidèle, / Mais vous revenais quand même, / Ma plus belle histoire d'amour, c'est vous... »

Cette femme-là, cette chanson-là, alors que j'attendais cet homme-là... la forteresse que j'avais vaillamment construite autour de ma chair à vif se fendilla d'un coup ! Le barman eut un petit sourire gentil et me passa une serviette en papier. J'essuyai mon nez et mon rimmel en hâte, tant pis pour l'élégance.

J'avais récupéré de mes émotions quand mon ex-compagnon est arrivé, maigre, mais toujours beau. Presque ensemble, on a plaisanté sur le côté incongru de cette scène à venir. Sur le chemin qu'il avait fait pour ça ! Pour moi et « mes trucs » ! Et j'ai senti que nous partagions soudain un moment d'une douleur fulgurante, la même : celle de retrouver notre complicité intacte, profonde. Rare. J'ai senti aussi qu'il n'en voulait pas. Alors on ne s'y est pas attardés. On est allés, solennels, sonner à la porte de la belle femme blonde.

L'homme slave a commencé par articuler son refrain : « L'amour était plus fort que tout. C'était ainsi. Nous n'y pouvions rien. C'était au-delà de mes forces. Ce n'est pas de chance. Je suis désolé. L'amour est ainsi, etc. », mais la belle femme blonde insista sur le fait que nous étions là parce que nous n'avions pas pu comprendre cette rupture, ses fondements. Pas sa « fable ». Que sans doute ma colère venait du fait que j'étais exclue complètement dans ce récit-là. Passée à l'effaceur. Impuissante. Et que s'il voulait vraiment rétablir un contact avec moi, ce qui semblait être le cas, il fallait qu'il regarde non pas ce qu'il vivait aujourd'hui ailleurs, mais ce qu'on avait vécu ensemble et ce qui l'en avait éloigné. « L'amour » n'allait pas pouvoir suffire.

Il convint à mi-mot que la dépression, la comédie musicale et son échec, ma maternité, tout cela avait pu jouer, mais il revint quand même à : « Mais néanmoins, c'est pas de chance, c'est l'amour qui m'est tombé dessus. Je n'y pouvais rien. C'est ainsi», en fixant le sol. Cela semblait un exercice impossible pour lui de regarder en arrière. Au-dessus de ses forces mais surtout, de sa conception du monde. Sa nature profonde était de laisser un champ de ruines et de ne pas se retourner. La mienne était de lier. De bâtir ma ville. D'enraciner. D'inscrire, comme je l'ai dit plus haut, ce «nous» et la fin de ce «nous» dans quelque chose en mouvement. Pas mort. Ce qui m'est insupportable. Notre enfant, qu'il aimait et auquel j'avais eu la bonne idée de l'attacher définitivement devant celle qui était sa nouvelle compagne le jour de la scène à trois, rendait très difficile son projet d'anéantissement, mais s'il n'y avait pas eu ça, je sais que c'est ce qu'il aurait tenté de faire et que ça aurait été impossible, pour la jeune femme que j'étais, d'y résister.

Nous nous étions complétés magnifiquement dans l'amour mais nous étions aux antipodes dans la rupture.

Nous sortîmes de ce rendez-vous avec un petit chemin accompli, infime. Et deux ou trois dates prises pour continuer ce travail. Sur le pas de la porte, la belle femme blonde nous dit : «Ça ne me regarde pas, et je ne dis pas ça en général, mais il y a de l'amour entre vous. J'en suis sûre».

Journal informatique 2

29-09-01

Francis a dit hier quelque chose comme : «Le problème, c'est qu'il y a Samuel, qui nous rappelle notre histoire indéfiniment...» Et j'ai pensé que s'il n'y avait pas eu Samuel, il n'aurait jamais accepté de discuter comme ça avec moi, qu'il m'aurait enterrée comme il a enterré les autres.

Le Russe m'embrassa tendrement avant de monter sur sa moto. Me demanda si j'étais contente. Je dus répondre que oui. Alors il l'était aussi.

Les autres consultations nous permirent d'avancer doucement, mais sans miracle. Il admit notamment avoir été « tiraillé » entre deux femmes, ce qui ne lui était jamais arrivé auparavant. Pour la première fois de sa vie, l'arrivée du « sentiment amoureux » qui lui était si cher n'avait pas pu effacer l'amour qu'il éprouvait pour celle d'avant (moi en l'occurrence) et c'était ce qui avait rendu cette séparation si compliquée. Mais cela mis à part, rien de bien nouveau ne sortit de ces rencontres tant il était entravé par cette nouvelle vie qui se mettait en place et la crainte de la trahir par ces rendez-vous dont je n'ai jamais su si « la maîtresse » était informée. Elle semblait en tout cas être bien présente auprès de lui et de sa maladie. C'était notable et honorable. Je m'offusquais quand même du fait qu'elle n'avait pas voulu récupérer Faustine malgré leur déménagement à la campagne, mais le plus important était qu'elle ne le quittait pas, au contraire, je crois qu'elle prenait à cœur son rôle de compagne. La belle thérapeute blonde nous dit après le troisième ou quatrième rendez-vous qu'elle ne pensait plus nécessaire de nous voir. Sensible au fait que le Russe n'évoquait jamais sa maladie, elle l'incita à contacter Marie de Hennezel de sa part, spécialisée dans l'accompagnement des malades graves, oserait-on dire, « en fin de vie » ; mais il ne le fit pas ; à peine fut-on sortis du bureau qu'il jeta presque devant moi le petit papier avec le numéro. Il me proposa en revanche immédiatement de remplacer nos rendez-vous par des déjeuners réguliers ; il en avait besoin. J'hésitai, puis j'acceptai.

Cahier Samuel

Observations de Francis
« Il chante.
Un athlète. Une pure merveille infatigable.
Il sera chef d'orchestre ou médaille d'or dans un sport quelconque. »

Autre
« Il va bien, très bien ; il évolue dans tout très bien.
Il compte jusqu'à 2, quand il en sera à 3 il pourra diriger une valse. »

Autre
« Il a passé son bac avec succès.
Assez d'énergie pour alimenter une centrale européenne.
Pas de succès pour le pot.
C'est un gredin merveilleux. »

Autre
« Il a du mal à prêter ses voitures ; il le fait quand même avec des larmes au bord des yeux.
Ne t'étonne pas s'il dit « Glout », je lui ai raconté l'histoire du « gloutier » ».

Autre
« Le pot = le bide !
Il dit souvent "papa tousse".
Il est très en confiance avec la vie, je vais essayer d'en faire autant

Il dit oui de temps en temps mais c'est parce que la sonorité lui plaît.
Curieux, intelligent, sociable, tendre, musicien, littéraire, mécanicien. Un futur chef d'orchestre avec des yeux vert, noisette, bleu, et plus.
Quelque chose en plus dans les yeux : lui. »

Notre premier déjeuner eut lieu place de la République dans un restaurant-brasserie. Plus encore que chez l'haptonome, mon ex-compagnon s'appliquait à dire ce que je voulais entendre, pour me satisfaire en quelque sorte. Et dans ce jeu pathétique qui ne m'échappait pas, j'ai vu la fin, en vérité, la fin interminable de ce qui nous liait depuis presque quinze ans : la spontanéité. Cette pierre précieuse qui avait été notre socle, tant dans l'amour que dans la haine, s'était mue en calcul et en défiance dans un premier temps et désormais en prudence mortifère. L'homme slave craignait de me blesser et donc pesait ses mots pour me plaire. (Mais pourquoi voulait-il encore me plaire ? Pourquoi ne pas passer définitivement à autre chose comme le font de nombreux couples séparés ?) Du temps de notre amour, et même dans nos séparations, nous n'avions jamais été ainsi l'un avec l'autre. Ce qui m'attristait au-delà de tout, plus ou moins consciemment, c'est que j'avais entrevu, dans ces quelques secondes avant le rendez-vous chez l'haptonome, que dès le retour de cette spontanéité l'amour et peut-être même le désir se ranimaient. En bref, nous ne pouvions plus être spontanés ensemble au risque de réamorcer une attirance encombrante dont le plus raisonnable était de l'étouffer. Je tentais sans succès de souffler sur les braises de cette spontanéité perdue. Je m'épuisais en un massage cardiaque inopérant. Non que j'aie voulu le reconquérir, car sa maladie ne m'y encourageait pas du tout et j'estimais que j'avais assez subi pour jouer la femme sacrificielle qui reprendrait sa place « légitime » jusqu'à la mort de son compagnon, mais j'aurais aimé que le Russe ne craigne pas de me redonner accès à cette partie de nous, qui était finalement la seule chose précieuse à mes yeux. Il aurait pu ainsi passer du baume sur mon orgueil bafoué. Mais il ne le fit pas. Il finit par dire péniblement qu'il avait quelques regrets mais sans les nommer vraiment. Vaguement. J'étais meurtrie. À nouveau. Il ne le vit pas puisqu'il me proposa de fixer une date pour une prochaine rencontre.

Journal informatique 2

1-10-01

Envie d'insultes. Retour de la rancœur. Se souvenir que Francis est très malade. Mais bon. Retour des larmes et de l'amertume. Cette discussion n'était sans doute pas une bonne idée. Revenir au rien, c'est sans doute mieux.

1-11-01

J'ai fait l'amour avec M. Tiens, ça fait plus d'un an qu'on fait l'amour comme ça avec M.

La tristesse encore. La peur pour Francis.

9-11-01

Comme la dernière fois, mon entretien avec Francis m'a fait plus de mal que de bien. La psy-tél' me dit : « En fait, vous voulez qu'il reconnaisse votre douleur », je lui dis que non, je m'en fous qu'il reconnaisse

ma douleur, ça m'énerve au contraire. Et c'est vrai, ça me met hors de moi.
En fait ce matin, la vérité m'est apparue (ou hier soir), en fait, je veux qu'il reconnaisse sa propre douleur.

En rentrant de ce déjeuner, j'étais si accablée que j'appelai un service de psy en ligne et je demandai de l'aide. (« Numéro de carte bleue s'il vous plaît ? Merci. Est-ce que vous avez un interlocuteur habituel ? Non ? Alors je vous passe Mme Machin. Elle est disponible immédiatement. Bonne journée. ») Comme avec SOS Amitié quelques mois plus tôt, je racontai à Mme Machin toute l'histoire en accéléré. L'amour fou, l'infidélité, la rupture, la maladie, pour arriver à ma question du jour : Était-il possible de refuser ces déjeuners si douloureux pour moi à cet homme en rémission, à qui je craignais tant de faire du mal même si lui m'en avait fait furieusement ? La psy-téléphonique me demanda si ma question signifiait que j'avais peur de le « tuer », en quelque sorte, en n'acceptant pas les rendez-vous en tête à tête ? Je convins que c'était un peu ça. Elle ne commenta pas, laissant en moi l'écho se faire de mon sentiment de toute-puissance. (Étais-je vraiment capable de « tuer » un homme qui n'avait rien fait pour m'empêcher de sortir de sa vie, juste en refusant de déjeuner avec lui ?) Elle me demanda ensuite si la solution de nous voir tous les trois, avec notre enfant, me serait plus supportable ? Je lui dis que oui, je crois, oui. Ça, je devrais pouvoir.

C'était bien.

Mais quand j'appelai mon ex-compagnon et lui expliquai ma requête, en lui avouant sans fierté que cela demeurait compliqué pour moi de le voir en tête à tête comme aujourd'hui, toujours pour les mêmes raisons, mais qu'en revanche j'étais d'accord pour passer des moments à trois, avec notre enfant, que tous deux pourrions emmener faire des activités, il refusa. Il adorait la compagnie de notre enfant, ce n'était pas la question, il avait un plaisir immense à être avec lui et s'en occuper, mais en l'occurrence, là, il voulait du temps *avec moi.* La mort dans l'âme, trop blessée encore par la morsure de notre récent déjeuner, je déclinai. (Je ne comprends toujours pas bien aujourd'hui cette demande de temps « avec moi » ; alors que nous ne parvenions plus à communiquer, alors que cette complicité rare entre nous n'était plus qu'à l'état de trace homéopathique, trace qu'il ne voulait de toute façon pas considérer puisque, au contraire, il en étouffait les sursauts de vie ; alors que nous ne nous prenions plus la main, alors que nous ne faisions plus l'amour... Pourquoi ? Quel intérêt de se voir ? L'homme slave avait-il l'espoir caché d'une reconquête de ce territoire perdu – ne m'avait-il pas dit : « Où se retrouvera-t-on si tu vends la maison ? » – mais sans vouloir passer par la verbalisation de ce projet ? Il me proposait une sorte de « Viens, tu verras bien » aveugle, que je ne pouvais absolument plus lui donner tant j'avais reçu de coups et tant je me devais de tenir droit. Une autre hypothèse, moins flatteuse pour moi, serait que mon ex-compagnon ait eu besoin de mon regard sur lui, regard de celle qui le connaissait entièrement désormais, et qui, malgré la colère et la lucidité, gardait de l'indulgence et, il le savait, il le sentait, de l'amour.)

Journal informatique 2

23-12-01

Il est en rémission. C'est la bonne nouvelle. Et je sens une pression sur moi, comme s'il fallait que je l'aide alors je ne l'insulte pas, je n'exprime pas mes colères, je retiens. C'est moi qui vais me faire un cancer.
J'ai envie de légèreté.

3-01-02

Mercredi, j'ai laissé Samuel à Francis pour aller à Nantes. J'étais triste comme d'hab.
Dans le train, mon portable a sonné, c'était Francis pour m'embrasser. J'ai dit merci... Je n'ai pas donné de sens à cet appel, sinon celui de la confusion dans laquelle il est.
Voilà.
Je vais moyen.

7-01-02

La maladie de Francis est une bombe à retardement. Elle peut exploser cette année, un jour ou peut-être jamais... Alors on ne peut pas espérer que les années à venir soient toutes roses. Accepter les difficultés à venir. S'y préparer intelligemment. Vivre heureuse malgré tout.

3-02-02

Mon histoire personnelle, ma construction personnelle, et je ne sais quoi encore font que je suis violemment modérée. Je crois bien que c'est le terme : violemment modérée.
Beaucoup de sujets d'agacement. Beaucoup de difficultés de concentration...
J'ai souvent l'impression que Francis veut que je l'aime tel quel...

27-02-02
Je gagne bien ma vie en ce moment. C'est bizarre. Je vais m'acheter une auto. Pour partir loin s'il le faut. Mais quelle auto ?
J'ai du bonheur actuellement. Un bonheur sans doute incomplet, mais qui ne m'apparaît comme tel que si j'y réfléchis...

26-04-02
Qui je préfère parmi ces prétendants ? D. ? M. ? A. ? Je les aime bien tous les trois. Nous verrons.

Nous approchions de l'été et j'appris que ma pièce *Pierre et Papillon* avait eu un prix. Un nouveau metteur en scène s'en était emparé avec les mêmes acteurs et avait repris le travail à zéro. Une lecture jouée lors d'un concours d'écriture contemporaine nous avait attribué le prix à l'unanimité. Le jury était prestigieux : la journaliste théâtre du *Figaro*, du *Nouvel Obs*, de France Inter, des responsables d'édition, et des personnalités artistiques de talent, écrivain, acteur, réalisateur, sportif même, le constituaient. C'était une fête pour moi. Grâce à ce prix, la pièce allait être programmée à Avignon, reprise à Paris et, surtout, éditée ! Je ne touchais plus terre, mais cette bonne nouvelle m'attristait aussi infiniment dès que je me retrouvais seule. C'était une aberration de ne pas pouvoir la partager avec l'homme slave tant nous l'avions attendue ensemble. Et puis j'avais l'impression, même si cette pièce avait été écrite « sans lui », dans le temps qui séparait nos deux histoires, de lui être redevable de la reconnaissance que je commençais doucement à récolter. Je le lui dis au téléphone, et à nouveau quand nous nous vîmes pour nous «passer» notre enfant. Il était heureux pour moi et au moment de nous embrasser il me glissa dans l'oreille : «Martinez !...»

Cahier Samuel

Observations de Francis
« Un casse-cou qui fait rêver. Plus homme de piste que spectateur. L'important est qu'il aime dire bravo. »

Autre
« Charme et provocations se succèdent à grandes fréquences.
Il aime tellement les fraises qu'il serait prêt à lâcher ses voitures l'espace d'un instant.
Je ferai tout pour être à la Star academy du Croumoudouk au mois de juin » [spectacle de fin d'année]

Autre
« Il compte jusqu'à 5 mais en français seulement, est-ce bien normal ?
Il est trop mignon, est-ce bien normal ?
Il connaît toutes les marques de voitures, est-ce bien normal ?
En dehors de ça, tout paraît normal. Comme je te disais, je pense qu'il faut que l'on commence à être fermes, avant qu'il aille à l'école et qu'il risque de subir des influences diverses.
Merveille de Croumoudouk. »

Autre (après le spectacle de fin d'année)
« Je suis étonné et heureux des possibilités d'attention et de volonté qu'il a développées pour participer au spectacle. Bravo à ses coachs et à son agent. »

Journal informatique 2
1-06-02
J'ai vu Francis ce matin pour le spectacle de Samuel. Il est fatigué. Il souffle dès qu'il faut marcher un peu. Samuel a dansé très bien. On était fiers de lui mais il s'en fout...

L'homme slave aussi avait de bonnes nouvelles professionnelles. Il avait rencontré un humoriste-animateur grinçant – devenu très connu aujourd'hui – qui lui avait demandé de le mettre en scène pour le festival d'Avignon. Nous nous en amusâmes. Nous serions tous les deux à l'affiche là-bas en même temps. C'était émouvant. Nous fixâmes même notre organisation de parents en fonction de nos deux déplacements.

Outre ce one man show, on lui avait aussi demandé de travailler à la conception d'un gros événement, le transfert des cendres d'Alexandre Dumas au Panthéon, qui aurait lieu en décembre à Paris. Ces deux beaux projets sonnaient comme un chant du cygne, pour cet homme qui s'était cru moribond, artistiquement fini, après l'estocade portée par un réalisateur-frimeur mesquin et sans inspiration. Je suis persuadée aujourd'hui que si le Russe avait vécu, il aurait été parmi les metteurs en scène les plus sollicités sur les grosses comédies musicales, mais aussi, vu le succès de l'humoriste en question, sur des seuls en scène ou, bien sûr, comme toujours, des gros événements. La comédie musicale, le « one », sont tant revenus en force depuis dix ans que ce milieu n'aurait pas pu se priver de ses talents, de son sens du spectacle, de son humanité. Il eût fallu seulement que le Russe ait, comme dirait notre fils : « La foi » !

Journal informatique 2
26-06-02
Francis rechute.
Voilà.

Peu de temps avant Avignon, il m'annonça la nouvelle. Le cancer avait récidivé, plus virulent.

Journal informatique 2
30-06-02
Je ne peux pas dire à quel point c'est difficile cette perspective de perdre Francis. Bizarrement, ce n'est pas tant le père de mon fils que je crains de perdre, mais Francis lui-même, ce qu'il représente pour moi, notre histoire, sa présence... Bien sûr vient ensuite la peur du manque terrible que ça serait pour Samuel.

Il n'annula pas son déplacement à Avignon ni notre organisation, mais il s'excusa auprès de moi et me dit qu'entre sa fatigue et son spectacle, il ne pourrait pas voir cette nouvelle version de *Pierre et Papillon*. Il y restait trop peu et y était très sollicité. Il m'appela pourtant de là-bas lorsque parut dans *Le Figaro* un article dithyrambique sur la pièce. Il me laissa un message sur le répondeur. Je l'ai gardé. Pas réécouté jusqu'à aujourd'hui.

...

Message d'Avignon
« Je t'appelle pour te dire que tu as un très bel article dans Le Figaro [il tousse] *enfin, vous avez un très bel article dans* Le Figaro, *voilà...* [il tousse]. *Je t'embrasse fort. »*

(Je ressors et relis également – pour les glisser dans ce texte – les mille mots qu'il m'avait laissés sur la table du petit déjeuner, dans mon sac, sous mon bol, sous ma serviette, sur mon clavier d'ordinateur, dans la poche de mon manteau, quand nous étions épris.)

« Mon adorée
Les oiseaux sont faits. Je n'ai pas préparé le café. Prends soin de toi, vraiment. Je t'aime et tu me manques. Jus de fruits frigo. À tout amour. Ton H. »

« Ma petite femme si belle, ça me pèse, ce peu de temps ensemble, tu me manques. Merde pour ta journée. Tu es au fond de mon cœur. Tu es aimée. Ton H. – N'oublie pas les oiseaux, la poste. Prends de l'avance et du recul sur ton scénario. »

« Mon adorée
Je suis tout bouleversé de ces 18 millimètres qui battent en toi. On va bien s'en occuper. Je t'aime énormément fort. Tout près de toi. Fais attention à toi. T'aime. Ton H. »

« Mon aimée. À tout à l'heure. Je t'appelle pour te dire si on peut déjeuner ensemble. Tu es ma petite femme, mère de mon amour 2 (dit Croumoudouk le Chauve). Ton H. »

« Je t'aime et lui aussi. »

« Mon adorée, je t'aime. N'oublie pas les oiseaux. Je t'aime. N'oublie pas le club vidéo. Je t'aime. Je n'ai pas retrouvé la confiture de pommes, marrons, etc. Je t'aime. Tu es mon amour. Je t'aime. Écris... bordel ! Ton H. »

« Je t'aime très très très fort. Ton H. (le père de l'athlète qui est en toi, de nous...) ».

Après un match de foot que je suivais la veille au soir alors que lui n'aimait pas ça et était allé se coucher ! (La France devait être opposée à la Russie.)
« Ma belle Croumoune, bravo pour ta victoire d'hier soir, le monde entier en parle, mais les Russes n'ont pas dit leur dernier mot (« ce mot que vous croyez qu'on n'a pas entendu »), DCB – DCDCB. Je t'appelle. Je t'aime toute. Ton H. (N'oublie pas de couper deux ou trois roses pour ta mamie.) »

...

Il rentra à Paris. Je lui laissai notre enfant avec qui il devait partir quelques jours en Bretagne, et je pris le train pour Avignon. L'accueil de la pièce était si chaleureux ! La salle était bondée, la presse unanime ; une consécration à petite échelle et pourtant j'en profitais si peu. J'en profitais avec une distance que j'ai gardée des années durant. La distance de celle qui a plus urgent à régler. Alors que cela comptait tellement, dans le fond.

À peine cinq jours après mon arrivée – je devais rester une quinzaine de jours pour accompagner l'équipe –, l'homme slave m'appela et me demanda de revenir. Son état s'aggravait. Il était rentré à Paris. Il allait être à nouveau hospitalisé. Il fallait que je récupère notre enfant.

Je lui demandai : « Il faut que je rentre quand ? »

Il me répondit : « Maintenant. »

Carnet Super Conquérant parme
24-07-02
Le pire arrive. Doucement. La scandaleuse se penche sur le papa de mon fils, le premier homme de ma vie.

Déjà. Il va mourir sauf si miracle. Je vais élever seule notre enfant. Je pleure. La vie m'en réserve de belles... D'un autre côté, la lumière se penche sur mon théâtre. Chacun se penche sur ce qu'il peut.

Assommée, j'ai prévenu la petite troupe de mon départ soudain (j'essaierais de revenir quelques jours si je trouvais une solution d'organisation) ; j'ai pris le train et je suis rentrée à Paris. « La maîtresse » m'avait donné rendez-vous à l'hôpital pour que je récupère le petit homme qui m'a couru dans les bras et que j'ai fait tourner. Elle m'a expliqué que le Russe s'était affaibli en quelques jours après le départ d'Avignon, et qu'il avait de moins en moins de force.

Je suis allée le voir. On s'est parlé du festival et de nos succès.

Il m'a dit qu'il craignait de devoir rester un peu désormais à l'hôpital, et qu'il avait décidé de faire venir son « banc de montage » pour monter les images du film qu'il devait réaliser pour les cendres de Dumas au Panthéon. « Ici ? » je lui ai demandé. Oui, ici. Puisqu'on voulait le garder... Cet homme ne plierait donc jamais sa voile ! Je ne lui cachais pas qu'il m'impressionnait, me bluffait, encore. Je lui ai demandé s'il était... « bien entouré » ? Si ça allait ? Il m'a dit que oui, ça allait.

Puis c'est lui qui m'a questionnée sur mon organisation ces jours-ci. Est-ce que j'allais retourner en Avignon ? Je confirmais : notre amie libertine, toute générosité dehors, m'avait proposé de faire l'aller-retour Marmande-Paris dans la journée pour récupérer notre garçon et me permettre de retourner les trois jours en Avignon sur lesquels je m'étais engagée vis-à-vis de l'équipe. « C'est bien », m'a dit l'homme slave.

Et il a ajouté que s'il allait mieux dans quinze jours ou trois semaines, il reprendrait notre enfant pour partir en vacances...

J'ai acquiescé.

> **Carnet Super Conquérant parme**
> *24-07-02*
> *J'ai peur. Et j'ai confiance en l'avenir. J'ai l'impression d'être à la fois accablée et protégée.*
> *Aujourd'hui Francis me dit : « J'ai surtout peur des influences que Samuel pourrait subir à l'école, parce qu'il est fragile. »*
> *Avec Francis on a parlé de théâtre puis de Samuel dont il est fier comme un pape. Quel gâchis.*

J'aurais pu ne pas redescendre en Avignon pour ces trois jours, mais c'est étrange comme j'avais besoin de le faire. Remplir mon engagement. Profiter encore un peu des compliments. Regonfler mon ego. J'ai donc laissé notre enfant à cette amie précieuse et son compagnon, et je suis repartie avec un jeune homme adorable qui avait eu la gentillesse de me courtiser à cette époque où j'étais incourtisable, et auquel j'avais cédé. Pas longtemps, car seule la solitude pouvait vraiment m'accompagner dans ces moments-là, mais bon. D'avoir été désirée était déjà si singulier. Je lui en serai éternellement reconnaissante même si le garçon, lorsque je mis fin à notre histoire, si envahie par une autre peine, a eu cette réplique : « Tu sais, tu as trente-cinq ans, un enfant de trois ans. Tu vas être veuve, seule avec lui. Ça ne sera pas simple pour toi de retomber sur quelqu'un qui veuille bien s'engager... » Merci mon ami, pour ta clairvoyance ! (Pourquoi cet homme-là dit cette phrase ce jour-là ? Par dépit, bien sûr, il la pense. Il la conçoit pour se défendre de l'injustice qu'il ressent quand je refuse son affection à un moment de ma vie où, croit-il, n'importe quelle femme l'accepterait ? Bon. Mais pourquoi la prononcer ? Si ce n'est pour blesser ? Comment peut-on vouloir blesser ceux qu'on dit aimer ? Je ne comprends pas. Il y a dans cette logique absurde tout mon étonnement sur le monde. Quotidien. J'entends désormais l'amour derrière beaucoup des agressions que je subis dans ma sphère privée, mais je n'en suis pas moins stupéfaite. Est-ce vraiment ainsi que l'on doit s'étreindre ?)

Carnet Super Conquérant parme
27-07-02
Tout ce qui se passe à Avignon est magique. Pour le reste, je suis au bord de la dépression. Tout est lourd. Trop lourd. Tout m'épuise. Même les joies m'inquiètent.

Une fois revenue à Paris, je décidai de ne me consacrer qu'à notre fils, que j'avais récupéré, et son père. Il était toujours à l'hôpital et avait effectivement fait installer son banc de montage dans la chambre. Il y travaillait dès qu'il avait un regain d'énergie. J'avais beau savoir que cette rechute était fatale, une part de moi ne s'y résolvait pas. Je me mis en quête de « miracles ». Tout ce que je dénichais dans le registre : « Mon cancer était incurable et je m'en suis sorti » faisait mon affaire. Je regardais les sites et forums de ce type. J'en parlais autour de moi. Quelques docteurs thaumaturges, quelques machines quelque part en France aux pouvoirs surnaturels m'étaient conseillés, je prenais des notes, j'appelais. Je fixais des rendez-vous. Nous étions fin juillet et le Russe était trop faible pour se déplacer, ce qui rendait le miracle encore moins accessible, soit ! Je me déplaçais sans lui. Je lui racontais. Il acceptait ces démarches, non sans se moquer un peu, mais il me laissait faire et m'écoutait, alors que j'appris plus tard, de la bouche de « la maîtresse », qu'il était très dur avec elle dès qu'elle parlait d'engager ce genre de prospections. Venant de moi, étonnamment, ça passait.

Pourtant je n'y croyais pas vraiment non plus. Mais à la fois... Qui sait ?

Il m'appela un jour pour m'annoncer qu'il allait sortir de l'hôpital. Il serait mieux chez lui. On lui laisserait son aide respiratoire pour qu'il puisse se reposer davantage. Il était clair que ses jours étaient comptés. J'allais le voir dans sa belle maison à l'autre bout du monde, celle aménagée avec « la maîtresse », et dans laquelle je m'étais juré de ne jamais mettre les pieds, mais on s'en balance, des principes, dans ces cas-là.

Un mercredi matin où je devais lui rendre visite, alors que sa sœur m'informait qu'elle préférait remettre au jeudi pour que son mari puisse se joindre à nous, j'appelai l'homme slave pour décaler d'un jour notre venue.

— Je viendrai plutôt demain parce que...

— Non. Viens aujourd'hui.

— C'est juste que...

— Viens aujourd'hui.

— Bon.

J'y allai avec notre enfant, sa sœur (sans son époux), et une petite masseuse-sorcière que j'avais trouvée dans mes discussions diverses. Elle pratiquait des massages des pieds ; je savais que ça faisait beaucoup de bien aux personnes en fin de vie et le Russe adorait ça !

Il a d'abord demandé à ce que je sois seule avec lui, un peu. Il m'a parlé de notre enfant. Il m'a remerciée d'avoir mis en place très vite les principes de la garde sans céder sur les possibles libertés d'organisation qu'il voulait prendre à l'époque, parce qu'il n'en aurait pas profité autant. Il a parlé de l'éducation religieuse qu'il lui donnerait plus tard parce qu'il tenait à ce qu'il ait des valeurs morales, de l'école qu'il faudrait qu'on choisisse en fonction de sa sensibilité, quitte à ce que ce soit une école privée. Il m'a redit son amour pour lui. Il m'a confirmé qu'il avait pris une assurance décès à notre nom, parce que ça, les impôts ne pourraient pas s'en saisir. Il a précisé qu'il en avait pris une aussi au nom de « la maîtresse » et une au nom de « l'assistante ». Il était relativement serein. Contre toute attente, il envisageait l'avenir. La mort n'avait qu'à bien se tenir. Si elle rôdait dans le coin elle ne trouverait pas où s'accrocher. Il la narguait. Il la niait. Il la bouterait hors de lui jusqu'au dernier souffle. Je ne démentais pas. Peut-être pour l'adouber ? Peut-être parce que je suis sur ce point de la même sorte que lui ? Incrédule et immortelle.

Cahier Samuel

Observations Francis
« Définitivement très sociable, séducteur, charmeur.

> *Je préfère qu'il s'attaque aux plus faibles car moins de frais en pharmacie. En plus c'est un gros problème de savoir s'il est intéressant de s'attaquer à plus fort que soi (je plaisante...).*
> *Il aime bien dessiner, lire, écouter la musique du moment, dès lors que ce n'est pas trop long.*
>
> *Ce n'est pas un ange mais un amour.* »

Puis il a demandé à ce que notre enfant nous rejoigne et s'est réjoui à l'idée du petit massage. Alors que la jeune femme officiait il a même murmuré :

« Elle est gentille la dame... » Ce qui était une façon bien à lui de dire qu'elle était jolie. « Très gentille même... »

J'ai souri.

Après son massage, elle est sortie.

Nous sommes restés assez longtemps, comme ça. Tous les deux. Puis tous les trois. Jusqu'à ce qu'il me signifie que c'était bon. Je pouvais partir.

Avant de monter en voiture, « la maîtresse » m'a confié qu'il demandait toujours à travailler, mais qu'il n'y parvenait plus en réalité. Il restait immobile devant son banc de montage. C'était la fin.

Je suis repartie dans un état de chagrin indicible. Épuisée.

Comme je le suis aujourd'hui que j'écris cette histoire.

La nuit qui suivit, l'homme slave la passa au bord de l'étouffement ; on dut l'emmener d'urgence à l'hôpital. Il était inconscient.

Je me souviens que le matin de ce jour-là, avant d'aller le voir à l'hôpital, je me suis rendue à un rendez-vous avec un jeune producteur de télévision un peu infatué. Je n'avais pas annulé ce rendez-vous. J'étais incapable d'annuler quoi que ce soit. Je faisais ce que j'avais à faire. Quand je suis arrivée, il s'est exclamé : « Dis donc, qu'est-ce que tu es belle ! Tu as l'air en superforme ! Bravo pour ton article dans *Le Figaro*. »

J'ai sursauté, puis j'ai remercié, sans démentir. Qu'importait. Ce serait sans doute toujours ainsi : aux yeux de nombre de mes interlocuteurs, je serais « la scénariste » ou « l'auteur ». Puisqu'elle avait un article dans *Le Figaro*, et qu'elle était bronzée, la scénariste-écrivain de théâtre était en pleine forme. Soit.

L'après-midi je suis allée à l'hôpital.

Mon amie d'enfance était venue à la maison ces derniers jours et m'avait proposé de rester le temps qu'il faudrait pour s'occuper de notre fils. Il ne fallait pas que je m'inquiète. Je pouvais aller et venir comme je voulais.

À l'hôpital, « la maîtresse » était là, bien sûr, mais il y avait aussi « l'assistante » et une invitée surprise : la seconde épouse de l'homme slave ! Une femme presque soixantenaire, comme lui, de fait, et qui s'était rapprochée de « la maîtresse » ces derniers mois pour une raison que j'ignore encore aujourd'hui. Nous étions donc quatre donzelles autour de lui dans un petit ballet habile pour ne pas nous croiser trop, ne pas nous parler trop, ne pas aborder les sujets qui fâchent. Un peu tendues...

Le lendemain pourtant, alors qu'il était sous morphine, à nouveau conscient, nous nous retrouvâmes toutes les quatre en même temps dans la chambre. Aucune de nous ne voulait vraiment en sortir, agrippées que nous étions à notre envie d'être près de lui puisque la fin n'était pas loin. En silence, ou presque, avec quelques phrases anodines éparses pour ponctuer la scène, on se supportait bien («Elle passe à quelle heure l'infirmière ?» «On a prévenu le Secours catholique ?» «Tu reviens demain ?» «Il a dit quoi exactement, le médecin ?»). En un pacte implicite, nous avions suspendu tous nos griefs, pour offrir à l'homme slave ce tableau dont il se régalait. Car il nous regardait, enjoué. Il souriait. Il souriait à grande bouche comme ce n'était pas arrivé depuis longtemps. Certes, la chimie n'y était pas pour rien et il n'était plus très lucide, mais je suis certaine que la vue de son harem participait considérablement de sa joie soudaine ! Son rire me faisait rire. Vraiment. Il avait l'air d'un enfant pas mécontent, finalement, du dernier tour que prenaient les choses. Une fois de plus, la mort en velours noir pouvait aller se rhabiller !

Ici, c'étaient dentelles, et froufrous. On donnait un bal.

La responsable du service finit par nous faire sortir de la chambre parce que, tout de même, il fallait le laisser se reposer et il avait un traitement à recevoir. Je m'exécutai en jetant un dernier œil amusé à son grand sourire et à sa main qui me faisait coucou. Notre dernier échange conscient.

À peine dehors, la responsable me demanda de lui consacrer un instant. Elle avait des questions à me poser, si je permettais !

Elle s'y perdait un peu ! J'étais *qui*, moi ?

Je n'ai pas su bien dire. J'ai répondu :

— Murielle.

— Oui, mais vous êtes qui ?

Je tentai :

— La mère de son fils.

— Ah, d'accord. Vous êtes mariés ?

— Non...

— Il n'est pas marié ?

— Il a été marié deux fois mais... il est divorcé. Et puis c'était il y a longtemps.

— Il y a d'autres enfants ?

— Oui... Enfin, c'est compliqué...

— Est-ce que l'une de ces femmes est la mère d'un des enfants ?

— Non...

— Mais *où* sont les autres mères ?

— Je ne sais pas exactement...

— ... ?

— En fait les autres enfants ne sont pas reconnus !

— Ah. Mais alors... QUI porte son nom ?

— ... mon fils.

Elle parut soulagée.

— Bon ! Alors, c'est vous.

— C'est moi, quoi ?

— C'est vous mon interlocutrice.

— Mais... je ne suis pas sa dernière compagne...

— Ah, ne m'embrouillez pas ! Il n'est pas marié actuellement ?

— Non.
— Alors c'est vous !

J'ai souri.
C'était moi.
C'était moi, l'interlocutrice, aux yeux de la société. Moi, la femme qui aurait le dernier mot s'il le fallait. Moi qui signerais les papiers s'il y en avait à signer. Je savais que ça ne me servirait pas à grand-chose mais j'ai gardé longtemps cette phrase en moi, adoubement secret d'un ange en blouse blanche : *«Alors, c'est vous.»*

Mot du matin. Période heureuse
« Bonne journée, ma petite femme. Bonne journée, fais attention à tout. Je t'aime très. Lui. »

L'homme slave allait mourir. C'était une question d'heures... de jours. On ne savait pas. Comme son père, il avait signifié qu'il voulait donner son corps à la science. Mais il l'avait fait sur un papier volant, une lettre testamentaire qui n'avait aucune valeur juridique, et l'hôpital nous fit savoir que sa demande pouvait être refusée. On ne donne pas son corps à la science comme ça ! Il faut remplir un papier officiel ! Nous devions donc attendre de voir si l'Administration était d'accord pour accéder à ses vœux malgré l'absence du formulaire ad hoc. Il avait également exprimé sur cette note son souhait d'une cérémonie religieuse à l'église, animée par Jean Debruynne, notre ami prêtre. Mais là encore nous avions des données inconnues : l'ami prêtre devait impérativement se rendre au Liban du 16 au 30 août et nous étions le 10. Si l'homme slave mourait avant, il pourrait officier, mais s'il mourait après, il faudrait attendre son retour, ou prendre quelqu'un d'autre.

Lors d'une réunion à laquelle assistaient «la maîtresse», le frère et la sœur de l'homme slave, et moi, nous évoquâmes les deux questions. Que faire si l'Administration refusait le don du corps à la science? On enterre? On incinère? Et que faire si l'homme slave mourait *après* le départ de Jean Debruynne? On attend son retour, ou on demande à un autre prêtre? Pour ma part, mon premier souhait était que les vœux du Russe soient exaucés : «Donner son corps à la science» et être «béni» par Jean Debruynne. Par conséquent, j'étais prête à attendre le retour du Liban du prêtre si toutefois l'homme slave mourait après le 16 août. Par ailleurs, si on nous refusait le don du corps à la science, ce qui était la question aujourd'hui, je préférais que le père de mon fils soit *enterré*.

«La maîtresse» s'insurgea immédiatement! Quoi? Enterré! Quelle horreur! Ça ne ressemblait tellement pas à son compagnon! Non, cet homme-là, il fallait l'incinérer, et jeter ses cendres dans la mer! Ou ailleurs! C'était comme ça qu'il était! Libre! Pas enfermé dans une boîte! Quant à attendre le prêtre, elle hésitait... Vraiment... Elle n'aurait pas la force d'attendre le retour du Liban. Non. Il fallait qu'elle puisse commencer à faire son deuil le plus vite possible.

Je me retins de lui rappeler qu'il y avait plus élégant que de penser à *faire son deuil*, alors que le concerné respirait encore à quelques mètres de là mais je ne me retins pas de lui dire que je me foutais de jeter les cendres du Russe dans la mer, ou ailleurs! Je me foutais de savoir qu'il était libre et n'aurait pas voulu être enfermé dans une boîte ! Si ça avait été le cas, il aurait exprimé ce souhait sur sa lettre testamentaire. Par conséquent, soit on parvenait à faire exécuter ses vœux *à lui*, soit, si nous n'y parvenions pas, on considérait les vivants avant tout, et notamment mon enfant dont je voulais qu'il ait un endroit, une adresse pour se recueillir ! La tension montait. Le frère du Russe s'interposa pour dire qu'il fallait finir le tour de table : à titre personnel, il était d'accord pour attendre le retour de Jean Debruynne s'il le fallait, mais en revanche il était plutôt partisan de l'incinération. La sœur du Russe prit la parole à son tour : elle était d'accord pour attendre le retour du prêtre, et, si le don du corps à la science nous était refusé, elle était favorable à l'enterrement. Puis elle ajouta que Romain l'avait chargée de dire qu'il était aussi partisan de l'enterrement.

Cela sonna comme un coup de tonnerre ! La maîtresse hurla ! Comment ça, mais qu'est-ce que Romain venait faire là-dedans ? On ne pouvait pas compter Romain ! Romain n'était pas reconnu ! Romain ne comptait pas ! L'homme slave ne pouvait pas être enterré ! Ce n'était pas POSSIBLE ! Je me mis à hurler à mon tour ! Toute la bonne tenue que nous avions réussi à préserver ces derniers jours vola en éclats ! Je perdis mon sang-froid. J'explosai. Elle aussi. Je fus sur le point de la menacer de prendre la décision toute seule, puisque j'en avais le droit juridique ! Mais j'évitai et proférai des hauts cris d'un autre genre. Plus personne ne pouvait en placer une ! Jusqu'à ce que la sentence du frère et de la sœur tombe : on ne pouvait pas, non, on ne pouvait pas ignorer la parole de Romain sous prétexte qu'il n'était pas reconnu. Si le don du corps à la science ne nous était pas accordé, à la majorité, nous ferions un enterrement.

Je m'apaisai.

Je retournai voir le Russe après cette scène. Il était plongé dans un état d'inconscience comateux. Je demeurai silencieusement dans sa chambre. Je profitai de ses derniers souffles. Avant de quitter la pièce je murmurai : « Tu m'auras saoulée jusqu'au bout... mais qu'est-ce que je t'ai aimé... »

Et je suis sortie.

Le lendemain matin, vers 7 heures, « la maîtresse » (dont j'apprendrais un jour qu'elle avait regretté ses propos) m'appela : le saltimbanque était mort au petit matin ; son frère était auprès de lui.

Nous avions finalement obtenu qu'il puisse donner son corps à la science, comme il le souhaitait, malgré l'absence d'un formulaire dans les normes.

Nous étions le dimanche 11 août.

Mon amie d'enfance qui dormait à la maison me laissa partir vers l'hôpital et garda mon fils. Sur la route, avant même que j'arrive, France Info annonçait sa disparition.

Carnet Super Conquérant parme

11-08-02

Francis est mort ce matin à 8 heures 15.

Sa mort a été annoncée plusieurs fois à la radio. Europe 1, France Info. Je crois que c'est bien pour lui. [...] *Quand j'ai vu son corps éteint, je l'ai trouvé beau.*

Je me suis dit qu'il ne fallait pas voler ce moment à Samuel.

J'avais trente-cinq ans et je n'avais jamais vu de mort.

Huitième mouvement

Carnet Super Conquérant parme

11-08-02

Moi, j'ai parlé à Francis. Je suis venue le voir seule et je lui ai parlé. Je lui ai dit à quel point je l'ai aimé, que je l'aimais encore. Que j'avais une énorme reconnaissance. Qu'on avait eu un très bel amour. Qu'on avait fait la plus belle des créations ensemble. Qu'il m'avait fait souffrir mais moins qu'il le pensait. Que c'était aussi un moyen de m'échapper pour moi, cette rupture. Que je ne lui avais pas dit parce que j'avais eu peur de lui faire mal. Je lui ai dit à quel point il était hors du commun. À quel point j'étais fière de notre amour et de notre enfant.

J'écris tout ça sur le parking de l'hôpital. Tout le monde est parti. Il est 17 heures. Je crois bien être la dernière à avoir vu son corps.

Il y a tout ce qui n'est pas réglé. Il y a la suite. Dure mais vivante. Je vais bien. Je n'ai pas envie d'aller mal.

Romain est venu dès le dimanche à l'hôpital et, très vite, il a posé des questions sur cet autre fils, Julien, dont nous avions entendu parler mais que nous n'avions pas rencontré. (Ou peut-être lui si, une fois, quand il était petit ?) On a fouillé dans l'agenda de l'homme slave mais c'est « l'assistante » qui, lorsqu'elle est arrivée, nous a dit qu'elle connaissait son nom de famille et nous l'a donné. En effet, nous l'ignorions, mais le Russe avait fait travailler son fils aîné sur un projet quelques années plus tôt, et elle avait gardé une trace de son nom. Elle ne savait pas s'il était à Paris, en province, ou à l'étranger. Il avait la nationalité franco-américaine et pouvait tout à fait résider aux États-Unis.

Romain a dit qu'il tenterait de le localiser et de le prévenir, dès le lendemain, lundi. La cérémonie religieuse devait avoir lieu le mercredi 14 août. Ça lui laissait quarante-huit heures.

Le mardi soir, il m'a téléphoné.

— Ça va, Romain ? Tu tiens le choc ?

— J'ai la gueule de bois.

— Tu as bu ? lui ai-je demandé.

— J'ai trop bu. J'ai retrouvé Julien. On s'est vus hier soir. On a bu de la vodka toute la nuit. Il sera là à la cérémonie.

— Tu l'as retrouvé !

— Oui. Dans l'annuaire. J'ai appelé les deux ou trois numéros qui pouvaient correspondre et j'ai fini par tomber sur lui. Je lui ai dit : « Je suis ton frère. Notre père vient de mourir. » Il m'a dit qu'on allait se voir pour en parler. Et boire un verre. On n'en a pas bu qu'un !

— Ouah...

— Comme tu dis.

En même temps que notre fils apprenait la disparition de son papa, il allait falloir lui annoncer l'arrivée d'un nouveau grand frère... ! Une dernière figure de l'acrobate de haut vol. Un dernier tour de passe-passe. Et même si j'appréhendais de faire cette annonce à mon fils ainsi que toutes les explications à venir, que j'aimais cette nouvelle ! Quelle joie ! Quelle drôle de joie !

Carnet Super Conquérant parme

13-08-02

Rester avec l'interrogation d'un homme. La question qu'il pose : ÉNORME. J'ai vécu plus de cinq ans avec lui. Je l'ai aimé pendant dix-sept ans. J'ai eu des clés mais il m'en manque. La chanson que j'ai écrite il y a quinze ans disait vrai : « Les hommes ont l'air d'un grand point d'interrogation. »

La grande église de la place de Catalogne était bien remplie pour un mois d'août. Avec cette ambiance si particulière des cérémonies de décès, où l'on est à la fois envahis par la tristesse et heureux de retrouver certains revenants, pas vus depuis longtemps, et auxquels on est tout près de crier un « Hello ! » presque guilleret. Moi, je cherchais un visage. Un, en particulier. C'était lui le plus important pour moi, ce jour-là. Je peux le dire. Tout le reste me pesait considérablement. Je ne m'étais occupée de rien. Je crois que « l'assistante » et le frère du Russe avaient pris l'événement en charge. « La maîtresse » peut-être aussi ? Je n'avais pas désiré prendre la parole. J'avais hâte que ça passe.

Mais le rencontrer, lui, ça, je trouvais que c'était magnifique.

C'est Romain qui me conduisit jusqu'à lui, fier et pudique. Quand on s'approcha, une silhouette se leva, haute.

Et alors je le vis.

Julien.

Autant dire « l'homme slave ». « L'homme slave » jeune. La même taille, le même charme, les mêmes traits ! Plus fin, mais le teint blanc, les cheveux clairs, les yeux bleus, et le beau visage déjà taillé au couteau. J'en fus si frappée que je frissonnai des pieds à la tête.

Ne rien montrer.

Ne pas le dire.

L'accueillir.

Il était accompagné de sa mère, une belle femme que je saluai également. Il avait une voix grave aussi. Moins grave que celle de son père, mais si proche néanmoins. Une belle expression, un peu étonné d'être là. Ému. Digne.

Je lui dis à quel point sa présence me touchait. Je lui demandai s'il avait vu mon garçon, de trois ans et demi, qui devait gambader pas loin. Il dit qu'il l'avait aperçu, oui. « Très mignon. » Il souriait. Il avait un regard franc.

Je lui demandai s'il viendrait avec nous, après la cérémonie, pour boire un verre à la maison, parce que ça me ferait vraiment plaisir, et à mon garçon aussi. J'attendis sa réponse comme si elle allait donner la couleur de l'avenir.

Comme si quelque chose d'indéfini en dépendait. Je ne savais pas quoi. Le prolongement sans doute.

Le pardon ?

Il acquiesça encore. Il serait là. Oui.

Comme Romain, il serait là pour son frère. Désormais.

À sa façon de jeune homme fragile et inattendu.

À leur façon d'hommes qui ont des vies à faire.

Mais là.

Forte de cette rencontre, je rejoignis ma place pour la cérémonie.

La nécessaire cérémonie.

Il y eut Jean Debruynne et sa peine, et sa poésie.

Il y eut le frère de l'homme slave et sa douleur contenue.

Il y eut la présence discrète et forte de la sœur du Russe. Belle femme. Et de son époux à la solidité paternelle.

Il y eut des chansons, des témoignages. (« Ah ah ah ah, putain de toi, ah ah ah ah ah, pauvre de moi ! »)

Et dans l'assemblée, des amis. Des potes. Des relations de travail dont on est surpris de la présence, du petit mot prononcé.

Des femmes, beaucoup de femmes, certaines que je ne connaissais pas. Non loin de moi, une femme en pleurs. Qui était-elle ? Peut-être celle qui a mis le feu à la maison du Russe ?

Il y eut de l'électricité dans l'air. Entre « la maîtresse » et moi, entre « l'assistante » et moi, entre « la seconde épouse » et moi...

Il y eut beaucoup d'amour aussi, de sentiments contradictoires.

De la stupeur.

Des cœurs gros.

Du recueillement.

Il y eut notre fils courant dans les travées et qui, quand il entendit son prénom dans la bouche du prêtre s'exclama : « Oh, il m'a dit moi ! »

Et moi qui retiens mes larmes à toute force.
Moi qui tente de ne penser à rien.
Moi qui commence la mise à distance.
L'anesthésie.
Le plan d'urgence.
L'adieu.
L'interminable adieu.

Coda

Journal informatique 4

11-11-07

Samuel (huit ans*) m'a dit aujourd'hui : « Je te préviens, si tu trouves un amoureux, je fais une fugue. » Je lui ai dit que j'avais envie de trouver un amoureux moi quand même, depuis le temps. Une belle histoire d'amour. J'ai quarante ans, quand même...*
« Ben je ferai une fugue alors », il a conclu.

12-12-08

J'ai dit à Samuel (neuf ans) *au restau indien hier :*
— Tu sais, dans nos résolutions de l'année, j'avais mis : « Trouver un amoureux. »
— Oui... ?
— Ben je crois que j'ai trouvé...
Il a levé les yeux de son téléphone et il a dit :
— Je vais faire une fugue, alors.
— Tu peux attendre un peu, parce que j'ai trouvé, mais je sais pas encore si ça va marcher et tout ça... c'est le début. Je te le dis parce que j'ai l'impression que ça va durer.
— Il va habiter chez nous ?

— Non ! C'est le début, Samuel !

— Bon. J'attends un peu. Mais après, si c'est pas bien, je ferai une fugue.

— OK.

— OK.

...

Et on a souri.

Remerciements

Betty Mialet et les Éditions Julliard.

Jean-Pierre Améris, Véronique Olmi et mes premiers lecteurs si précieux.

La photocomposition de cet ouvrage
a été réalisée par
GRAPHIC HAINAUT
59163 Condé-sur-l'Escaut

Cet ouvrage a été imprimé en France par

CPI
BUSSIÈRE

à Saint-Amand-Montrond (Cher)
en novembre 2013

N° d'édition : 53522/01 – N° d'impression : 2005630
Dépôt légal : janvier 2014